Autorenbücher 31

Herausgegeben von
Heinz Ludwig Arnold und Ernst-Peter Wieckenberg

Die bisher erschienenen Bände:

Die Reihe wird fortgesetzt

Über den Verfasser

Jay Rosellini, geb. 1947, studierte Germanistik an den Universitäten Illinois und Indiana, sowie in München und an der FU Berlin. Hauptarbeitsgebiete: Literatur und Gesellschaft in der DDR, Deutsche Kultur- und Sozialgeschichte. Seit 1982 ist Jay Rosellini Associate Professor of German am Massachusetts Institute of Technology in Cambridge, Mass., wo er seit 1978 deutsche Sprache und Literatur unterrichtet.

Jay Rosellini

Volker Braun

Verlag C. H. Beck
Verlag edition text + kritik

Die ‚Autorenbücher‘ sind eine Gemeinschaftsproduktion
der Verlage C. H. Beck und edition text + kritik

Für E. F. R.

CIP-Kurztitelaufnahme der Deutschen Bibliothek

Rosellini, Jay:
Volker Braun / Jay Rosellini. – München : Beck ;
München : Verlag Edition Text u. Kritik, 1983.
(Autorenbücher ; 31)
ISBN 3 406 08692 6
NE: GT

ISBN 3 406 08692 6

Umschlagentwurf von Dieter Vollendorf, München
Foto: Digne Meller Marcovicz

Gesamtherstellung: C. H. Beck'sche Buchdruckerei, Nördlingen
Printed in Germany

Inhalt

I. Einleitung

Volker Braun schreibt seit über zwanzig Jahren, und in der DDR gilt er schon lange als einer der wichtigsten Schriftsteller seiner Generation. In der Bundesrepublik konnte man aber noch 1977 lesen, er scheine als Stückeschreiber „selbst Kennern noch verblüffend unbekannt" zu sein,[1] und im selben Jahr meinte ein schweizerischer Kritiker, Braun sei in seinem Land „vor allem durch seine Äußerung zur Ausbürgerung Wolf Biermanns" bekanntgeworden.[2] Laufend erscheinen Kritiken und Aufsätze über ihn, und die Zeitschrift ‚text + kritik' widmete dem Autor vor einigen Jahren eine ganze Nummer.[3] Doch bisher fehlte eine Gesamtdarstellung, die alle Werke Brauns – die bekannten und die eher unbekannten, die veröffentlichten sowie die unveröffentlichten – behandelte. (Ian Wallace bereitet im Augenblick den ersten umfassenden Forschungsbericht vor.) Der Bogen reicht von den ersten Lyrik- und Prosaversuchen (ca. 1959) bis zum vorerst letzten Theaterstück ‚Dmitri' (1980). (Ein Roman über ‚Hinze und Kunze', der noch im Entstehen war, als diese Einleitung verfaßt wurde, konnte nicht berücksichtigt werden.) Die einzelnen Werkanalysen, die den größten Teil der vorliegenden Arbeit ausmachen, setzen sich mit zwei Prosabänden, fünf Gedichtsammlungen und zehn Dramen auseinander. Angesichts einer literarischen Produktion solchen Ausmaßes konnte im Rahmen dieser ersten Monographie nicht versucht werden, alle Aspekte des Braunschen Schaffens zu beleuchten.[4] Im Laufe der Arbeit kristallisierte sich – fast von selbst – eine kritische Perspektive heraus: auf den folgenden Seiten betrachte ich Volker Braun vor allem als *Produzent von Öffentlichkeit*. Dabei liegt der Akzent auf dem, was er ins öffentliche Bewußtsein heben will (dabei soll die chronologische Anordnung der Werkanalysen Brauns Arbeit als historischer Prozeß sichtbar werden lassen).

Eine derartige Sichtweise führt zwangsläufig zu einer Unterordnung ästhetischer Fragen in den jeweiligen Werk-Kapiteln, also soll an dieser Stelle skizziert werden, was für einen Literaturbegriff Braun in den letzten zwei Jahrzehnten entwickelt hat.

> „Eine Literatur, die sich nicht sehr um soziale Veränderungen schert, kann nicht von sich behaupten, sehr humanistisch zu sein."[5]

Auf dem Einband des DDR-Taschenbuchs ‚Gedichte',[6] das eine Auswahl aus Brauns Lyrik enthält, findet man einen kurzen Text[7] über das Verhältnis zwischen Literatur und Politik. Darin heißt es, die „vom Zustand der Gesellschaft erzählende Dichtung" komme „der Politik ins Gehege: als Partnerin". Man liest auch, das Gedicht werde sich engagieren, es werde „operativ" sein. Das ist die Schreib-Strategie Volker Brauns in nuce. Er schreibt nicht für die Schublade, sondern für die Straße: immer wieder betont er, daß die Poesie, als „Organ der Veränderungen" (‚Notate', S. 79), erst dann begreiflich werde, wenn sie „Vorgang zwischen Menschen wird" (ebd., S. 75). Hinter der abstrakten Bezeichnung „Vorgang" steht Brauns Bedürfnis, mit seinen Lesern bzw. Zuschauern in einen *Dialog* zu kommen. Es käme ihm nicht in den Sinn, als eine Art agitatorischer Oberlehrer aufzutreten, da er als Materialist weiß, wie wenig der erhobene Zeigefinger neue Denkweisen aus dem Nichts schaffen kann: „... Töricht ist ... der Wunsch, das Bewußtsein durch bloße ‚Überzeugungsarbeit' zu ‚heben'. ..." (ebd., S. 30). Wenn die Literatur aber keinen didaktischen Charakter hat, wie wirkt sie auf ihre Rezipienten? Braun umkreist diese Problematik ständig, ohne sich – zumindest öffentlich – ausführlich dazu zu äußern. Er hält die literarische Arbeit für unersetzbar (ebd., S. 112), doch er erklärt nur sehr allgemein, warum das der Fall wäre. Die Literatur sei auf eine „besondere" Weise „wirklichkeitsmächtig", sie könne „umfassender und subtiler als alles die Epoche repräsentieren und die Sinne der Zeitgenossen treffen". (ebd.)

Sie arbeite mit „besonderen Mitteln des Erlebenmachens"[8] und könne Bedürfnisse wecken.[9] Der Eindruck könnte leicht entstehen, Braun interessiere sich nicht sehr für die ästhetische Seite seiner Arbeit,[10] doch das wäre ein Trugschluß. Eher richtig wäre, daß er überhaupt zurückhaltend ist, wenn es darum geht, Dichtungstheoretisches bzw. Interpretationen seiner eigenen Werke zu liefern. Mehr als einmal hat er die Befürchtung geäußert, man würde seine Schriften „aus zugespitzten theoretischen Behauptungen"[11] beurteilen.

Dafür ist Braun nicht um Worte verlegen, was den „sozialen Auftrag"[12] der operativen Literatur betrifft. (Ehe man auf seine diesbezüglichen Vorstellungen eingeht, sollte man sich vergegenwärtigen, daß sich diese Vorstellungen in erster Linie auf die Praxis in der DDR beziehen. Vor Jahren hat sich Braun zwar geärgert, weil er auf einer Lese-Tournee in der Bundesrepublik als ‚DDR-Schriftsteller' galt (vgl. ‚Notate', S. 35), doch es besteht kein Zweifel, daß er sein Handwerk im Westen anders betriebe. Man kann sich etwa denken, daß er in der Literatur der Bundesrepublik einen ähnlichen Platz einnähme wie Peter Weiss). Für Braun ist *affirmativ* das Gegenteil von *operativ;* wer sich auf „das bloße Preisen" beschränkt („diese rotgestrichne Hermetik"), tut niemandem einen Gefallen: „. . . Die Anteilnahme erstarrt zu Affirmation. Von der Betätigung bleibt nur Bestätigung . . ." (‚Notate', S. 95).[13] Darüber hinaus grenzt er sich von einer pseudokritischen Literatur ab, die bei den Symptomen gesellschaftlicher Widersprüche stehenbleibt, innerhalb der Grenzen der Revolution operierend, „statt *mit ihr* die Grenzen aufzusprengen". (‚Notate', S. 38) Die revolutionäre (nicht: kritische) Literatur, auf die er aus ist, ist allerdings nicht dazu da, Lösungen anzubieten. Braun sieht sich in der DDR mit „Epochenwidersprüchen" konfrontiert, die nicht so bald verschwinden würden: deren „Lösbarkeit" (‚Notate', S. 44) müsse gezeigt werden, wenn der Kampfwille der Revolutionäre nicht vorzeitig erlahmen sollte.

Diese ‚lange Sicht' könnte in die Nähe der Apologetik rücken, würde man in der DDR öffentlich verkünden, was die Widersprüche wären, doch das ist (noch) nicht der Fall. Diese Situation hat Braun vor ein paar Jahren so charakterisiert: „... Man kann dem Sozialismus nicht vorwerfen, so zu sein, wie er ist, aber man kann ihm vorwerfen, nicht sehen zu wollen, wie er ist."[14] Braun weiß allerdings, daß derjenige, der in seiner Gesellschaft diesen Vorwurf erhebt, nicht mit Verständnis, geschweige denn Lob rechnen kann. Er bekundet zwar den Willen, in seinen Werken „ans Ende" zu gehen (‚Notate', S. 98), doch er täuscht sich nicht darüber hinweg, daß der Freiraum, den er für seine Arbeit braucht, erkämpft werden muß: „... Es hilft nun aber nichts, zu sagen, es gebe für uns keine Tabus, wenn es sie gibt. ... diese Gesellschaft kann nur weiterexistieren und sich entwickeln, indem sie ihre Tabus aufgibt, das heißt indem sie sich selbst rigoros anrührt. ..."[15] Für den ‚Öffentlichkeits-Produzenten' Braun bedeutet das, daß Literatur und (gesellschaftliches) Leben nicht zu trennen sind, daß der Schriftsteller die hohe Warte des ‚objektiven' Beobachters verlassen muß: „... Realismus kann nicht mehr nur heißen, ein richtiges Bild der Kämpfe zu geben, sondern sich in den Kampf zu stellen ..." (‚Notate', S. 111). Früher oder später muß man allerdings danach fragen, welcher Kampf damit gemeint ist, d. h. von welchem Geschichts- bzw. Sozialismusbild Braun bei seinem Schaffen ausgeht.

> „... vieles, was einst war, dauert noch; vieles, was sein wird, beginnt schon. Das Fieber, das uns schüttelt, die Spannung, die uns zerreißt. ..."
>
> (‚Büchners Briefe')

Volker Braun gehört zu der ersten Generation in der DDR, die „unbelastet von Problemen der Schuld und des Sich-Wandeln-Müssens oder irgendwelcher Heimkehr" ist.[16] Wie viele andere war er imstande, eine ,,ungebrochene ,idealistische' Jugendentscheidung für die kommunistische Idee"[17] zu treffen. Dieser jugendliche Idealismus hielt auch lange an, und zwar bis ca. 1968. Während dieser Zeit übte Braun zwar Kritik an Einzelerscheinungen (er beklagte z. B. die ,,unentwickelte politische Masseninitiative" [,Notate', S. 9] und kritisierte den Brauch, Beschlüsse ,,nachträglich" zu demokratisieren [,Notate', S. 32], doch im Grunde stellte er die von der Partei praktizierte Methode des Marxismus-Leninismus nicht in Frage. Charakteristisch für seine damalige Einstellung ist sein ,,Brief an die außerparlamentarische Opposition" in der Bundesrepublik aus dem Jahr 1968.[18] Braun berichtet darin von dem bevorstehenden Volksentscheid über die neue DDR-Verfassung und stellt lapidar fest: ,,... Volksentscheide sind ein Ausdruck und eine Bedingung der Volkssouveränität in entwickelten sozialistischen Staaten. ..." Diese Feststellung könnte natürlich auch als Provokation aufgefaßt werden. Braun glaubte zu dieser Zeit, daß die Widersprüche in der DDR zwar ,,neuartig", aber ,,nicht *klassen*antagonistisch" waren. (,Notate', S. 20; Hervorhebung von mir.) Deutlichster dichterischer Ausdruck dieser Haltung ist das Stück ,Hinze und Kunze', dessen erste Fassung 1967/68 entstand.

Es ist nicht möglich, den genauen Zeitpunkt anzugeben, an dem Braun damit begann, seine politischen Prinzipien zu überprüfen, doch sein bereits in den frühen sechziger Jahren zum Ausdruck gebrachter Glaube an den *prozeßhaften* Charakter des osteuropäischen Sozialismus (,,... Der Staat ... ist ein Prozeß. ..." – ,Notate', S. 13) wurde zweifellos von dem Einmarsch der Truppen des Warschauer Pakts in die ČSSR im August 1968 erschüttert. (Vgl. die ambivalente Schilderung der Prager Ereignisse in dem ,Kast'-Bericht ,Die Bühne' und im Gedicht ,Prag' aus ,Gegen die symmetrische Welt'.) Auf jeden Fall fing Braun Ende der sechziger Jahre mit den historischen Studien an, die die Grundlage für sein heute noch völlig unbekanntes Drama ,Lenins Tod' (1970) bilden sollten: ,,... Ich studierte die Geschichte der Oktoberrevolution und watete durch das Blut der dreißiger Jahre. Ich sah mich gegen eine Wand von Bajonetten wandern. Ich spürte die Tinte der Lügen brennen auf meiner Haut. ...“[19] Die neu gewonnenen (Er-)Kenntnisse ließen Braun allerdings nicht der Resignation verfallen; vielmehr plädierte er dafür, von Geschichtsklitterung Abschied zu nehmen, da sie dem Sozialismus nur schaden könnte: „... Statt die Geschichte im nachhinein zu korrigieren, wollen wir die Mühe verwenden, die Zukunft zu korrigieren ...“ (‚Notate‘, S. 65). Seitdem ist über ein Jahrzehnt ins Land gegangen, und man kommt um die Feststellung nicht herum, daß Brauns Empörung („... Wer nicht wagt, über alles die volle Wahrheit zu sagen, hat kein Recht, Genosse zu sein. ...“ – ‚Notate‘, S. 65) – zumindest öffentlich – keine Wirkung gezeitigt hat. Braun würde heute bestimmt noch sagen, daß Geschichtsbewußtsein „Selbstbewußtsein“ sei (‚Notate‘, S. 139), doch als einzelner sieht er sich außerstande, Lücken im Geschichtsbild seiner Mitbürger zu füllen. (‚Lenins Tod‘ war wohl als Versuch in dieser Richtung gedacht, doch dieses Drama kann in der Schublade – wo es heute noch liegt – wenig ausrichten.) Die Rückschläge der siebziger Jahre (Veröffentlichungs- und Aufführungsschwierigkeiten, das Nachbeben der ‚Biermann-Affäre‘, die Übersiedlung vieler Kollegen in den Westen) brachten ihn schließlich dazu, seine Arbeit als Schriftsteller in einem neuen Licht zu sehen. Hatte er früher die Ansicht vertreten, man könnte den Sozialismus gleichsam mit der Feder (mit-)verändern („... Literatur ... ist eine Abteilung mit gleichen Rechten in unsrer Kolonne ...“ – ‚Notate‘, S. 113), so mußte er einsehen, daß die bestehenden Verhältnisse nicht von Worten verändert werden könnten: „... Ich habe eines Tages gesagt, daß die sozialistische Demokratie mein zentrales Thema wäre. Ich möchte das nicht zurücknehmen, aber ich würde mich heute nicht so ausdrücken. Man kann im Bereich des Überbaus viel machen, doch man kommt auf keine grundlegende Lösung, wenn man sich nicht nach der Basis richtet, wo bestimmt wird, was oben passiert ...“[20] Braun teilt nicht mehr die „amtliche“ Meinung, „mit dem Abflauen dieser Klassengegensätze verschwänden die antagonistischen Widersprüche überhaupt".[21] Die ,,politische Schichtung", die auf die noch bestehende Arbeitsteilung zurückzuführen sei, lasse sich nicht ,,administrativ oder schöngeistig" aufheben, sondern nur durch ,,Umwälzung der ökonomischen Strukturen" (ebd.). Der neue Standpunkt hat in den Werken der siebziger Jahre Spuren hinterlassen (vgl. die Werkanalysen unten), doch es ist noch nicht klar, wie er den künftigen Werdegang des Schriftstellers Braun beeinflussen wird. Eine Rückkehr zu den stürmischen Anfängen des Verfassers von ,Provokation für mich' ist jedenfalls ausgeschlossen: Braun kann mit dem ,,aktionistischen Pathos mancher Gedichte der frühen sechziger Jahre"[22] nichts mehr anfangen.

In den siebziger Jahren schrieb Braun einige Essays und Prosastücke, in denen er ausführlich auf den Wandel seiner politischen Vorstellungen einging. Am wichtigsten ist die programmatische Flugschrift ,Was bleibt zu tun' aus dem Jahr 1974.[23] Dieser Text ist eine Art Weiterführung der Leninschen Schrift ,Was tun?' von 1902. Zu einer Zeit, in der es zugehe, ,,als wären die Klassiker tote Hunde", holt Braun Lenins Pläne hervor, um sie – im Hegelschen Sinne – aufzuheben. Das damalige Vorgehen des Bolschewiki-Führers wird keiner Kritik unterzogen, aber es wird verdeutlicht, daß man nicht im Geist Lenins handelte, wollte man einstige Taktiken ,,aus einer Epoche in die andre herüberschleppen". Brauns detaillierte Vorschläge lassen sich auf drei Hauptpunkte reduzieren: 1. Das Hineintragen von revolutionärem Bewußtsein in die Arbeiterklasse mittels einer von ihr getrennten Avantgarde sei unter konspirativen Umständen eine Notwendigkeit gewesen, heute wäre es eher ein Hemmschuh der Entwicklung. Statt Agitation müsse die Partei an der Beseitigung der ,,Trennung von Geistes- und Handlangerarbeit" arbeiten. 2. War Spontaneität einst eher eine Schwäche der Arbeiterbewegung (Braun meint, damals habe nicht Luxemburg, sondern Lenin recht gehabt), so gehe es jetzt im Gegenteil darum, die Grenzen der ,,Masseninitiative" auszuweiten, damit die ,,Anonymität der Vorgänge" zerstört werde. 3. Die konspirative Verschwiegenheit der Partei (deren Ursprung im Polizeistaat des Zaren liegt) müsse einer ,,weitgehende(n) Öffentlichkeit" der Arbeit weichen, in deren Rahmen Fehler eingestanden und Meinungsverschiedenheiten genutzt werden. Es sei unumgänglich, die ,,ägyptische Pyramide", das ,,Monopol an Verfügungsgewalt" zu brechen. Im 1977 entstandenen Essay ,Büchners Briefe' ist der revolutionäre Optimismus etwas gedämpft, und die Kritik ist eher schärfer. Braun beschreibt hier eine Art ,,Protosozialismus", in dem administrative Beamten ,,für alle Klassen zu regieren suchen" (diese Formulierung erinnert an Rosa Luxemburgs Einschätzung der Verhältnisse in Rußland nach der Machtübernahme durch die Bolschewiki). In seiner Gesellschaft, in der die ,,Massenproduktion von Demokratie" noch nicht freigegeben sei, setzt Braun seine Hoffnung nunmehr auf den ,,radikalen Sprengstoff", der in den ,,neuen Qualitäten der sozialistischen Arbeiterklasse" liege. Ihre erwachenden Bedürfnisse, ,,der Hunger nach schöpferischer Tätigkeit" würden ,,die Fahne der Freiheit" sein. In der DDR habe man Leute wie Thomas Müntzer, Georg Büchner oder Lenin ,,überholt, ohne sie einzuholen". Gerade dieser letzte Satz veranschaulicht den weiten Weg, den Volker Braun seit dem Studium der (marxistisch-leninistischen) Philosophie zurückgelegt hat: die utopisch anmutenden Hoffnungen, die er jetzt artikuliert, deuten auf eine Nähe zu Ernst Bloch hin, der Leipzig – und die DDR – verließ, als Braun im zweiten Jahr seines Studiums war.[24]

Neben den programmatischen Äußerungen in ,Was bleibt zu tun' und ,Büchners Briefe' hat Braun seine politischen Überlegungen in zwei kurzen Prosatexten verarbeitet, die vorführen, wie treffsicher er die Waffe der Satire zu gebrauchen weiß. Der eine trägt den vielverheißenden Titel ,Weitgehend durchdachter Plan einer schmerzlosen und radikalen Lösung der herangereiften ideologischen Probleme des realen Sozialismus'.[25] Am Anfang stellt Braun fest, die Verantwortlichen in seinem Land stünden vor einem Dilemma. Von ,,abweichend Denkenden" würde die tägliche Arbeit gestört: ,,. . .in den mit Mühe saubergehaltenen Institutionen sammelt sich immer wieder Unrat von Kritiken und Vorbehalten. Ein Haufen rüder Querulanten steht vor den Ämtern, den Redaktionen, den Großbaustellen und belästigt die verantwortlichen Genossen, die nichts als ihre Arbeit tun, mit verworrenen und utopischen Einwänden ..." Da dieser „beleidigende Anblick", dieses „beschämende Schauspiel" dem Land (und den sozialistischen Bruderländern, in denen ähnliches vor sich gehe) nicht mehr zuzumuten sei, müsse eine „allgemeine Lösung" gefunden werden (oberflächliche Maßnahmen wie Berufsverbote, „wie sie in einigen kühnen Ländern praktiziert werden" [!], wären nicht ausreichend). Braun schlägt nichts weniger als eine „zweite große Völkerwanderung in Osteuropa" vor: statt der alten nationalen Grenzen, innerhalb derer „die Bevölkerungen in völlig wirrer, spontaner Weise zusammengesetzt" seien, müßte man neue Grenzen politischer Art ziehen. Nachdem man die Osteuropäer kategorisiert hätte („Anhänger stalinistischer Praktiken, Anhänger des neuen ökonomischen Systems, Anhänger der Arbeiterselbstverwaltung, Anhänger des Eurokommunismus usw."), könnte „in dem zu gründenden Rat für gegenseitige ideologische Hilfe" die Standortverteilung der politischen Positionen beraten werden. Für unverbesserliche Sektierer und Splittergruppen gäbe es genug „Landzungen oder kleinere Inseln". Auch in ‚Die Welt, wie sie ist' (1979)[26] wird eine Diagnose des osteuropäischen Sozialismus vorgenommen, doch diesmal ist der Diagnostiker ein Außenstehender. (Die Inspiration für diesen Text kam von Voltaires gleichnamigem Pamphlet, in dem von dem Usbeken Babuk berichtet wird, der 1748 beauftragt wurde, „über die Torheiten und Ausschweifungen der Perser ausführlich Meldung zu machen". Zweck des Auftrags war, festzustellen, „ob die Welt, wie sie war, nur bestraft oder völlig zerstört werden müsse".) Der verwundete nikaraguanische Freiheitskämpfer Tomas Intenso wird nach einer medizinischen Behandlung in der DDR darum gebeten, den real existierenden Sozialismus zu beurteilen. Mit dem äußerst differenzierten Bericht des sandinistischen Partisanen wissen die führenden Genossen aber nichts anzufangen: „Du erkennst das gute Neue, und scheinst es nicht hinzunehmen. Das ist ein ungewöhnliches Verhalten für einen Genossen.“ Die sozialistischen „Genien“ erinnern sich an „alte Zeiten voll kürzerer, einfacher Antworten“, doch Intenso, das Kind einer anderen Zeit, hat stets beide Seiten der Medaille vor Augen: „‚Persien, wie es ist, ist eine‘, er verschluckte das Wort: geringe, ‚eine Hoffnung; Persien, wie es wird, eine große.‘“ Hinzuzufügen wäre: je eher die Überlegungen Brauns, die in seinen – noch – unveröffentlichten Essays und Satiren zum Ausdruck kommen, zum Gegenstand öffentlicher Erörterung werden, desto größer wird die Hoffnung sein.

Diese kurze Skizze der Entwicklung von Volker Brauns politischen Vorstellungen stellt ein Zwei-Phasen-Modell auf: bis etwa 1968 mehr oder weniger orthodoxer Marxismus-Leninismus, danach eine immer schärfere sozialistische Kritik am herrschenden System in Osteuropa. Es ließe sich über die Genauigkeit dieser Einteilung streiten, doch es sollte im Rahmen dieser Einführung betont werden, daß das eben skizzierte *politische* Schema nicht ohne weiteres auf die *literarische* Produktion übertragen werden kann. Braun ist kein Politiker, und es ist zumindest etwas gewagt, ihn einen „Philosophen“[27] zu nennen. Er ist ein politischer Schriftsteller (angesichts seiner besten Leistungen kann man ruhig sagen: ein politischer Dichter), der bereits am Beginn seiner Laufbahn das vorweisen konnte, was man bei diesem Handwerk am dringendsten braucht: die Fähigkeit, die Dinge so wahrzunehmen, daß man ihnen auf den Grund gehen kann. Die – z. T. krassen – Widersprüche, die vielen seiner Werke innewohnen, lassen sich vielleicht auf genau diese Beobachtungsgabe bzw. auf den Grundwiderspruch zwischen seinem scharfen Blick und seinen jeweiligen politischen Ideen zurückführen. Befaßt man sich mit Brauns Schaffen in seiner Gesamtheit, so kann man in der Tat verfolgen, wie der ‚dichterisch-politische Zwiespalt‘ allmählich überwunden wird. Das heißt nicht, daß sich Braun in seinen späteren Werken nicht mit Widersprüchen beschäftigt, aber diese Werke selbst sind weniger widersprüchlich. Es wäre jedoch verfehlt, von einer ‚Vollendung' des Dichters Braun zu reden: auch jetzt muß das klare Sehen, gekoppelt mit dem klaren Denken, poetische Gestalt annehmen, ehe es an den Rezipienten vermittelt werden kann, auch wenn dieser Prozeß nunmehr auf höherer Ebene vor sich geht. Es liegt nahe, an dieser Stelle Brauns Verhältnis zum kulturellen Erbe zu beleuchten, um dann zusammenzufassen, welche Techniken er in den Gattungen Lyrik, Drama und Prosa ausprobiert hat.

> „In einer guten Tradition kann man nicht einfach fortfahren wie in einem Zug, da muß man neue Gleise bauen, und zwar nach den Forderungen des gegenwärtigen Geländes."
>
> (‚Notate', S. 109)

„Die Kontinuität in der geistigen Kultur ist ... unmöglich, ohne daß sich der Mensch der Bedeutung der überlieferten Kulturgüter bewußt wird und zu ihnen Stellung nimmt." Mit dieser Formulierung aus dem ‚Kulturpolitischen Wörterbuch' (Stichwort „Kulturerbe")[28] könnte sich Volker Braun vorbehaltlos identifizieren: seit Jahren befindet er sich auf der Suche nach Brauchbarem und Aktuellem in den literarischen Zeugnissen der Vergangenheit (und – bis zu einem gewissen Grad – der Gegenwart[29]). Er würde jedoch nicht unbedingt mit der These übereinstimmen, die DDR-Kultur gründe sich „auf die Bewahrung und schöpferische Fortführung aller revolutionären und humanistischen Traditionen ...",[30] denn die beiden Begriffe „Bewahrung" und „schöpferische Fortführung" werden in der DDR oft äußerst einseitig definiert. Seine eigene Haltung dem Kulturerbe gegenüber kommt in dem kurzen Text ‚Die Goethepächter' aus dem Jahre 1968 zum Ausdruck. Anders als die „neue(n) Aristokraten", die „aus Goethes Werk einen Werkhof ... für die schwer erziehbare Nation" gemacht hätten („Sie haben seine Schwellen gebohnert – aber wagen sich nicht mehr darüber."), rechnet sich Braun zu den ,,alten Freunde(n)", die mit ihm ,,Späße treiben" (,Notate', S. 49). Diese ,,Späße" sind nichts weniger als der Versuch, ehrfürchtige ,,Erbepflege" (die die Tür zur Gegenwart verschlossen hält) durch ein möglichst naives Herangehen an die jeweiligen Texte zu ersetzen. Braun geht davon aus, daß die Aufstellung eines Kanons mehr schadet, als sie nutzt, weil dadurch allzu leicht der Eindruck entsteht, aus den ,klassischen' Werken sei nichts Neues herauszuholen. Er weiß auch, daß die Kanonisierung auch als Mittel zum Vertuschen von unbequemen Aspekten eingesetzt werden kann: ,,... Wir ehren Müntzer, wir ehren Heine, wir ehren Lenin und wissen kaum, von wem wir reden. Diese Leute, gestehn wirs nur ein, sind noch immer kaum zitierbar ..." (,Büchners Briefe'). Es wäre allerdings falsch, Brauns oben skizziertes Verhältnis zum Erbe als statisch zu bezeichnen; in Wirklichkeit kann man eine zunehmende Radikalisierung ausmachen. Während Braun 1973 den Streit um Heiner Müllers ,Macbeth'-Bearbeitung schildert (,Notate', S. 142ff.), ohne für Müller Partei zu ergreifen, läßt sich heute nicht bestreiten, daß sein Umgang mit dem Erbe immer mehr an die provokativen Demontagen Müllers erinnert.[31]

> ,,Es ist schwierig in Umbruchzeiten, mit allen Gattungen zu arbeiten, denn arbeiten heißt sie entwickeln."[32]

Bei der Interpretation der *Lyrik* Volker Brauns hat sich in der DDR – z. T. gestützt auf Aussagen des Autors (vgl. ,Notate', S. 114f. bzw. 120) – die Ansicht durchgesetzt, es gäbe drei Entwicklungsstufen.[33] In ,Provokation für mich' (1965) sei Braun als jugendlicher Aktivist aufgetreten, dessen vorwärtsdrängende Ungeduld mit einer noch undialektischen Sichtweise gepaart gewesen sei; in ,Wir und nicht sie' (1970) habe eine Einübung in die Dialektik eine gewisse Abstrahierung des lyrischen Sprechens nach sich gezogen, und in ‚Gegen die symmetrische Welt' (1974) bzw. ‚Training des aufrechten Gangs' (1979) sei die eigene Subjektivität des Lyrikers in eine Diskussion der ‚großen' Fragen integriert worden. Diese kritische Perspektive hat Wesentliches zutage gefördert, doch gewisse Kontinuitäten bzw. zeitbedingte Erscheinungen sollten dabei nicht übersehen werden. Wie Heinz Czechowski treffend bemerkt hat,[34] entsprang Brauns frühe Hinwendung zum „Sprech-Gedicht" weniger eigenen Neigungen als den Bedingungen der „Lyrik-Welle" in den frühen sechziger Jahren, in deren Rahmen viele öffentliche Lesungen veranstaltet wurden. Darüber hinaus zeugen bereits frühe Gedichte wie ‚Jazz' oder ‚Provokation für mich' von Brauns Fähigkeit, dialektisch zu denken. Die ‚Abstraktheit' des zweiten Bandes ist deutlich ausgeprägt, doch das lyrische Ich in ‚Provokation für mich' gibt sich zwar individualistisch, aber nicht in dem Sinne ‚subjektiv', daß die introspektive Selbstbefragung der späteren Sammlungen zum Vorschein käme. Richtig ist jedoch, daß eine Verquikkung von echter Subjektivität und politischem Engagement erst in ‚Gegen die symmetrische Welt' gelingt.

Der Lyriker Braun setzt sich unaufhörlich mit den Möglichkeiten poetischen Sprechens auseinander, die seine Vorgänger entwickelt haben. Bei den pathetischen Versen der Frühphase stand vor allem der ‚Dichter der Oktoberrevolution', Wladimir Majakowski, Pate, und zur gleichen Zeit begann die Beschäftigung mit dem ‚Gebrauchslyriker' Brecht, die bis heute andauert. Die Tatsache, daß Brechts Einfluß sich als nachhaltiger erwies denn derjenige Majakowskis, ist wohl nicht zuletzt darauf zurückzuführen, daß die Verhältnisse in der DDR mit den Zuständen im nachrevolutionären Rußland wenig Ähnlichkeit haben. Die differenzierte Sprechweise etwa der ‚Buckower Elegien' läßt sich dafür heute noch ‚ausbeuten'.[35] Brauns in der Mitte der sechziger Jahre einsetzende Rezeption der Odendichtung Klopstocks bzw. Hölderlins erfolgte zunächst im Rahmen einer kulturpolitischen Auseinandersetzung um das ‚lange Gedicht',[36] das von einigen jüngeren Lyrikern als Gegenentwurf zur „leer und blaß gewordene(n) Liedlyrik"[37] der fünfziger Jahre aufgestellt wurde. Braun hat später seine Suche nach gültigen Ausdrucksformen für das politische Gedicht, in dem „das Individuelle" sich ausspreche, folgendermaßen dargestellt: „... Hölderlin, den Brecht überholte, ohne ihn einzuholen: darum bedeutet uns Brecht soviel, aber nicht alles ..."[38] In der Praxis prägt sich diese Erkenntnis so aus, daß Braun zwischen zwei Polen schwankt: einerseits erstrebt er ein „Höchstmaß an Klarheit für den wirklichen Leser" (das gilt für fast alle Kurzgedichte), andererseits reizt es ihn, ein „Übermaß an Tiefe für einen idealen Leser" anzubieten.[39] Im vorerst letzten Gedichtband ‚Training des aufrechten Gangs' besteht die „profane" Linie neben der „pontifikalen" fort;[40] erstmalig begegnet man aber den Früchten einer Auseinandersetzung mit der ‚spätbürgerlichen Moderne': die Lektüre der Lyrik T. S. Eliots führt zum Versuch, das Gedicht mittels Montage und Assoziation ‚aufzubrechen'. Zum gegenwärtigen Zeitpunkt läßt sich nicht voraussagen, inwiefern diese Erweiterung von Brauns poetischem Blickfeld zum allmählichen Zurückdrängen der politischen Lyrik in der Nachfolge Brechts führen wird. Auf jeden Fall wäre es nichts weniger als erstaunlich, folgte der operative Lyriker Braun dem Weg seines Kollegen Günter Kunert, der sich in letzter Zeit in der Nähe der ‚Statischen Gedichte' Gottfried Benns bewegt. Eins ist unbestreitbar: sollte sich Volker Braun jemals vom politischen Gedicht verabschieden, so wäre das nicht die Folge eines stilistischen Notstands, sondern Ausdruck einer tiefen Skepsis, was die künftige Entwicklung der DDR betrifft. Wenn es soweit käme, hätte niemand – sei er nun Literaturfreund oder nicht – Grund zur Freude.

Volker Braun gehört zweifellos zu den bedeutendsten deutschsprachigen Lyrikern der Gegenwart, doch immer mehr betrachtet er sich in erster Linie als *Dramatiker*.[41] Bereits als Zwölfjähriger schrieb er ein Stück. Hinter seiner Bevorzugung der dramatischen Gattung stecken allerdings nicht nur ‚innerliterarische' Überlegungen. Als Produzent von Öffentlichkeit faßt er die Bühne vor allem als Ort einer unmittelbaren Begegnung auf: „... Im Theater passiert die Auseinandersetzung mit dem Publikum direkt und öffentlich. Solange die Literatur nötig hat, Kollektivität zu befördern, kann sie das besser in Formen tun, die einen kollektiven Vorgang enthalten ..."[42] Diese Einschätzung, daß sich durch die Aufführung eines Dramas ein Höchstmaß an Operativität verwirklichen lasse, teilen offensichtlich auch die Kulturpolitiker in der DDR: im eigenen Land hat Braun alle seine Gedichtbände veröffentlichen können (nur die ‚Hinlängliche Erfahrung', ‚Der Müggelsee' und Teile der frühen ‚Annachronik' sind dort nicht erschienen), während eine Reihe von Stücken nicht an das Tageslicht bzw. die Bühnenbeleuchtung gekommen sind. (Diejenigen, die aufgeführt werden, werden auch nicht so oft gespielt wie viele ‚sozialistische Boulevardstücke'.) Bisher hat man ‚Lenins Tod' und ‚Guevara oder Der Sonnenstaat' weder gedruckt noch aufgeführt. (‚Guevara' kam 1977 am Mannheimer Nationaltheater zum ersten Mal auf die Bühne, nachdem im selben Jahr die Proben am Deutschen Theater in Berlin/DDR abgebrochen worden waren.) ‚Dmitri' soll aber am Berliner Ensemble (und eventuell auch in Bochum) aufgeführt werden, und der Henschel-Verlag plant einen Band ‚Stücke 2', der u. a. ‚Guevara', ‚Schmitten' und ‚Dmitri' enthalten soll. ‚Die Kipper' wurden erst sieben Jahre nach ihrer Entstehung in Leipzig und Magdeburg uraufgeführt.[43] Überzeugendster Beleg für die Hypothese, daß diese fatale Theaterpolitik nur Inhalte berücksichtigt, ist das Totschweigen von ‚Lenins Tod', dem in dramentechnischer Hinsicht wohl traditionellsten Stück Brauns. Dem Theater wird es noch nicht gegönnt, ein Haus zu sein, „in dem die Möglichkeiten der Gesellschaft durchgespielt werden, damit die günstigsten wahrscheinlicher werden" (‚Notate', S. 136). Braun stellt sich ein Theater vor, auf dem „gesellschaftliche Experimente" gemacht werden können, „die im andern Leben teuer und gewagt wären" (‚Notate', S. 46). Die Erfahrung hat ihn aber oft gelehrt, daß die Bretter der DDR zu sehr die Welt bedeuten, als daß man auf ihnen politische Denkspiele durchführen könnte, die „im andern Leben" undenkbar wären.

Volker Braun hat einmal erklärt, daß der Fabelbau Bertolt Brechts, der mit Klassenkämpfen zu tun hatte („... Die einen müssen verschwinden, damit die andern leben können. ... Es genügt die einfache Wahrheit. ..." ‚Notate', S. 19), bei der Darstellung der Verhältnisse in der DDR nicht angewandt werden könnte, weil die „neuartigen" Widersprüche zwischen der „Führung" und den „Geführten" nicht klassenantagonistisch seien: „... Die Helden sind Freunde. ... Der Kampf muß nicht tödlich sein ..." (‚Notate', S. 20). Diese frühe Aussage Brauns (1966) berücksichtigt nicht die Tatsache, daß Brecht immerhin sieben Jahre lang *in der DDR* Theaterarbeit machte. Es ist bekannt, wie schwer es diesem fiel, eine Theaterform zu finden, die eine Auseinandersetzung mit seiner neuen ‚revolutionären' Umgebung erlaubte (vgl. z. B. die Arbeit am ‚Büsching'-Fragment). Im theoretischen Bereich kann der Nachgeborene Braun zwar verkünden, mit jedem Stück müsse „neue Dramaturgie" entwickelt werden (‚Notate', S. 125), doch in der Praxis sieht er sich mit denselben Problemen konfrontiert, die Brecht soviel Kopfzerbrechen bereiteten. In seinen eigenen Stücken begegnet man der „beweglichen Einheit" der Widersprüche zwischen der offenen Form und der geschlossenen, was – wie er selbst bemerkt – auf Brecht zurückgeht, der die offene Form „in festen Strukturen, z. B. der Parabel oder der Chronik" aufgefangen habe (‚Notate', S. 133f.). Vieles, was Braun bis zu den frühen siebziger Jahren über das Wesen des ‚neuen' Dramas schrieb (es gehe nicht mehr nur um die Darstellung von Charakteren oder Leidenschaften, sondern um „Unternehmungen, die die Lebensweise der Gesellschaft ganz ändern"; man müsse nicht nur „die Wandlung von Figuren", sondern auch „das Entstehen und das Lösen gesellschaftlicher Widersprüche" zeigen; wichtiger als „bestimmte Haltungen" seien exemplarische „Vorgänge". (‚Notate', S. 124f. bzw. 136), könnte von Brecht stammen. Bis hin zu ‚Tinka' (1972/73) ist der Dramatiker Braun – anders als der Lyriker – ein ausgesprochener Brechtianer, der Elemente der Chronik und der Parabel zu Modellen gesellschaftlicher Umwälzung zusammenfügt.

(‚Schmitten' transzendiert dieses Schema, doch die Fertigstellung erfolgte erst 1978 – neun Jahre nach der Niederschrift der ersten Fassung.) Auch danach gewähren die politische Thematik und der weitgehende Verzicht auf Psychologisierung zugunsten einer Typisierung der Gestalten eine gewisse Kontinuität, doch ab etwa der Mitte der siebziger Jahre prägt die dramatische Produktion auch eine Auseinandersetzung mit Surrealem, Groteskem und Absurdem. Die durchgehende Fabel der frühen Stücke wird verfremdet (‚Guevara' ist eine „rückläufige Chronik") bzw. in relativ unabhängige Segmente aufgeteilt (‚Schmitten', ‚Simplex Deutsch'). In ‚Simplex Deutsch' gibt es keine durchgehende Bühnenfigur, und die Handlung von ‚Dmitri' wird durch einen theoretisierenden Exkurs bzw. den Einbruch der Gegenwart in die Historie aufgebrochen. Derartige Experimente gehen über den Horizont des Brecht-Theaters hinaus, doch es läßt sich noch nicht voraussehen, inwiefern sie einem endgültigen Abschied von Brauns dramatischen Anfängen gleichkämen. Man sollte nämlich nicht übersehen, daß das Stück ‚Großer Frieden', das nach ‚Guevara' entstand, eine große Ehrerbietung dem Verfasser des ‚Turandot' gegenüber darstellt. Auf jeden Fall steht Braun erst am Beginn seiner Suche nach heute gültigen Formen des sozialistischen Dramas. Diese Suche wird leider immer noch dadurch erschwert, daß die theatralische Realisierung der fertigen Stücke in der DDR eher eine Seltenheit bleibt.[44] (Die geplante Aufführung von ‚Dmitri' [vgl. oben] ist deshalb sehr zu begrüßen.) Angesichts der operativen Absichten Brauns muß das Ausweichen auf bundesrepublikanische Bühnen (wie im Falle von ‚Guevara') ein unbefriedigender Kompromiß bleiben.

Als *Prosaist* ist Braun nicht sehr bekannt. Präziser ausgedrückt: in der Bundesrepublik hat es vor allem eine große Diskussion um die ‚Unvollendete Geschichte' gegeben, während ‚Das ungezwungene Leben Kasts' kaum rezipiert worden ist; in der DDR ist die ‚Unvollendete Geschichte' – besonders für die Kritik – ein nahezu nicht-existentes Werk, und um das ‚Kast'-Buch machen die meisten Kommentatoren einen großen Bogen, seitdem der äußerst kritische vierte Teil ,Die Tribüne' dazugehört. Außer in einigen kurzen Prosaskizzen[45] verwendet Braun seit dem Ende der fünfziger Jahre einen fast ,dokumentarischen' Stil, der den Eindruck erweckt, als handele es sich um eine objektive Berichterstattung über wirkliche Ereignisse. Es ist nicht uninteressant, daß er sich im Jahre 1981 seiner ersten längeren Prosaarbeit – einem Roman über ,Hinze und Kunze' – (vgl. das gleichnamige Drama) widmete, denn früher hat er die operativen Möglichkeiten dieser Gattung eher skeptisch eingeschätzt („Die Wirkung von Prosa ist schwer kontrollierbar."[46]). Man kann sich gut vorstellen, daß der frustrierte Stükkeschreiber Braun, dessen Produktion nicht immer an die Öffentlichkeit kommt, herausfinden möchte, wo die Grenzen des Zumutbaren im epischen Genre liegen.

„Braun ist kein selbstzufriedener Schönredner."[47]

„... burschikoser Apologet des ,ersten deutschen Arbeiter- und Bauern-Staates' ..."[48]

„... der neben R. Kirsch und Mickel hartnäckigste Marxist unter den bedeutenden DDR-Dichtern ..."[49]

Ein ausführlicher Bericht über die Wege der Volker-Braun-Forschung würde den Rahmen dieser Arbeit sprengen, doch ein paar Bemerkungen zur Laufbahn des Schriftstellers Braun bzw. zu seiner Rezeption im Westen sind angebracht, nicht zuletzt deshalb, weil sie einiges zur Beleuchtung der Arbeitsbedingungen eines politischen Autors deutscher Zunge beitragen können. Dabei erübrigt sich fast das Eigenschaftswort „politisch": die Existenz von zwei deutschen Staaten, die die miteinander konkurrierenden Systeme an exponierter Stelle vertreten, macht die kritische Beschäftigung mit Literatur zwangsläufig zu einem politischen Vorgang. Der ‚Fall Braun' ist bei weitem nicht so brisant wie etwa der ‚Fall Biermann', doch auch er ist ein kleines Lehrstück über das Funktionieren gewisser kulturpolitischer bzw. ‚kulturbetrieblicher' Mechanismen.

In der DDR schien es zunächst so zu sein, als würde Braun das Amt des repräsentativen Dichters seiner Generation antreten. Die ‚Provokationen' des jungen Gedichteschreibers, der während der ‚Lyrik-Welle' der frühen sechziger Jahre bekannt wurde, konnten als systemimmanente Kritik aufgefaßt werden, und der trotzig-herausfordernde Ton brachte etwas Leben in die bisher eher biedere literarische Bude. Dieselben (Kultur-) Politiker, die Wolf Biermanns Gitarre bereits 1964 als gefährliche Knarre einstuften, betrachteten den Verfasser von ‚Provokation für mich' offenbar als einen sicheren Verbündeten. Das änderte sich jedoch schon im Jahre 1966: der Vorabdruck von ‚Kipper Paul Bauch' in der FDJ-Zeitschrift ‚Forum' und die Veröffentlichung von einigen Braun-Gedichten in Hans Magnus Enzensbergers ‚Kursbuch' hatten zur Folge, daß die Uraufführung von Brauns dramatischem Erstling bis 1972 ‚verschoben' wurde, und der Gedichtband ‚Wir und nicht sie' konnte erst 1970 erscheinen. Seit 1966 gibt es in der DDR den Schriftsteller Braun in doppelter Ausführung: der eine Autor wird gefördert und gelobt (Heinrich-Heine-Preis 1971, Heinrich-Mann-Preis 1980), während sein schwieriger Doppelgänger zur Persona non grata erklärt wird. Ein seltsamer Nebeneffekt dieser Praxis ist der Brauch gewisser DDR-Kritiker, Werke wie ‚Lenins Tod' oder die ‚Unvollendete Geschichte' zu erwähnen oder gar zu analysieren, ohne daß ebendiese Werke den DDR-Lesern bzw. -Zuschauern zugänglich gemacht würden. Auf diese Weise geht man auch mit Heiner Müller um („... Die Nationalpreise für provinzielle Theaterstücke, statt für Müller – wer ist Müller? ..."[50]), doch Braun scheint eher als sein Kollege einen gewissen ‚Insider-'Status zu genießen: noch 1976 schrieb er einen Artikel über das neue Parteiprogramm der SED für das ‚Neue Deutschland'.[51] Die Behandlung Brauns nach der Biermann-Ausbürgerung ist auch bezeichnend: als einer der Erstunterzeichner der Biermann-Petition wurde er zwar aus dem Vorstand der Berliner Sektion des Schriftstellerverbandes ausgeschlossen, doch er konnte seine Mitgliedschaft im Verband – und in der SED (von der Partei bekam er eine ,,einfache Rüge") – beibehalten. Die Stücke ‚Großer Frieden' und ‚Simplex Deutsch' konnten nach 1976 auf die Bühne kommen, ‚Guevara' aber nicht (von ‚Lenins Tod' ganz zu schweigen). Es ist nicht abzusehen, inwiefern sich Braun in Zukunft mit dieser zwiespältigen Lage wird abfinden wollen bzw. können; auf jeden Fall wird vieles wohl von der verlagspolitischen Behandlung seines ersten Romans abhängen.

Westliche Kritiker, die sich mit Brauns Werken befaßt haben, sind zu den verschiedensten Einschätzungen gekommen, und das hat in erster Linie mit der politischen Einstellung der jeweiligen Kritiker zu tun. (Die vorliegende Arbeit ist da keine Ausnahme.) Im Jahre 1978 schrieb Peter Schütt, der in der Braun-Forschung die ‚DKP-Linie' vertritt, Braun sei in der Bundesrepublik ,,von der herrschenden Kritik über ein Jahrzehnt als ‚Minnesänger des totalitären Regimes' abqualifiziert" worden und stehe zur Zeit ,,auf der ‚Dissidentenliste', die ein paar Experten in den einschlägigen Medien herumreichen".[52] Der erste Teil dieser Behauptung ist eine grobe Vereinfachung der tatsächlichen Lage. Obwohl Sabine Brandt 1965 in der Frankfurter Allgemeinen von diesem ,,Minnedienst" sprach,[53] gab es im selben Jahr eine ausgewogene Rezension von ‚Provokation für mich' im ‚Spiegel',[54] und 1966 schrieb der Lyriker Heinz Piontek in ‚Die Welt' (!), Braun wirke ,,sympathisch durch seine Frische, seinen Elan".[55] Selbst in der ,,geldbürgerlichen" ‚FAZ'[56] erschienen differenzierte Beiträge über Braun.[57] (Die Ausfälle gegen Braun, die Schütt meint, stammen z. B. von Kommentatoren wie Rudolf Krämer-Badoni,[58] die kaum ernst zu nehmen sind.) Schütts Worte über die ‚Jagd nach Dissidenten' treffen auch nicht ganz zu. In den siebziger Jahren versuchte mancher Kritiker, Braun zum Dissidenten aufzubauen (Karl Corino etwa, der noch 1974 in bezug auf das ‚Kast'-

Buch von den „Konzessionen eines Opportunisten"[59] gesprochen hatte, entdeckte in der ‚Unvollendeten Geschichte' eine „Einübung in die Opposition".[60] Rolf Michaelis verstieg sich sogar zu der Behauptung, dieser kurze Prosatext habe der Literatur der DDR „Würde zurückgegeben".[61] Hauptvertreter dieser Richtung ist wohl Andreas W. Mytze.), doch in der ‚Frankfurter Rundschau' konnte man z. B. auch folgendes lesen: „... Schließlich handelt es sich bei dem Schriftsteller Volker Braun nicht um einen rechten oder linken Dissidenten, sondern um einen realistischen Autor, der mit dem literarischen Realismus marxistisch ernst macht."[62] Wolfgang Schivelbusch, der Braun den „offenste(n) literarische(n) Kritiker der Verhältnisse in der DDR" nannte, meinte gleichzeitig, es sei schwierig, „ihn in das gewöhnlich auf ostdeutsche Schriftsteller angewandte Zweierschema ‚kritisch' oder ‚affirmativ' einzuordnen".[63] Braun interessiert sich übrigens nicht wenig für das, was in westlichen bzw. östlichen Medien über ihn geschrieben wird, wie sich anhand von zwei Beispielen nachweisen läßt. Als er das Gefühl hatte, daß seine Unterschrift unter der Biermann-Petition im Westen mißbraucht wurde, ließ er eine Erklärung dazu im ‚Neuen Deutschland' veröffentlichen,[64] und als Sibylle Wirsing 1978 in der ‚FAZ' behauptete, er sei „offenbar zur friedlichen Koexistenz mit seinem Staat entschlossen" und „von diesem nun auch offiziell rehabilitiert worden",[65] schrieb Braun an die ‚FAZ'-Redaktion, er habe seine „Unterschrift gegen die Ausbürgerung Biermanns niemals widerrufen": „... im Gegenteil, ich habe unsere Petition sogar öffentlich, im ‚Neuen Deutschland', begründet ..."[66]

Im Augenblick befindet sich Volker Braun in einer eigenartigen Lage. Er gehört neben Heiner Müller und Christa Wolf zu den profiliertesten Vertretern der DDR-Literatur, doch die bekanntesten unter seinen Generationsgenossen (Jurek Becker, Biermann, Bernd Jentzsch, Sarah Kirsch, Reiner Kunze, Klaus Schlesinger u. a.) gehen ihrer Schreib-Arbeit seit einiger Zeit im Westen nach.[67] Wie bei kaum einem anderen Kollegen sind seine Werke mit der DDR und ihrer Entwicklung eng verknüpft: man kann sich schlecht vorstellen, wie er außerhalb der Grenzen seines Landes schreiben könnte (der ‚Fall Biermann' hat den Wert solcher Aussagen freilich relativiert). In der Bundesrepublik sehnen bestimmt nicht wenige Beobachter den Tag herbei, an dem Braun sein Land endgültig verläßt, damit die Praktiken der SED noch einmal angeprangert werden können. An dieser Stelle möchte ich betonen, daß ich ein solches Ereignis für tragisch hielte: der Weggang Brauns wäre ein großer Verlust für die Menschen in der DDR, denen er noch viel zu sagen hat. Man kann nur hoffen, daß die Freiräume, die Braun – und nicht nur er – für seine Arbeit braucht, in den kommenden Jahren vergrößert werden. Es wäre allerdings naiv, einen derartigen Prozeß als eine rein kulturelle Angelegenheit hinzustellen: der künftige Werdegang Brauns hängt wesentlich von der Zukunft ganz Osteuropas ab, deren Konturen zum gegenwärtigen Zeitpunkt noch nicht auszumachen sind.

Ohne die vielen anregenden Gespräche mit Volker Braun hätte dieses Autorenbuch in seiner jetzigen Gestalt nicht entstehen können. Ihm möchte ich an dieser Stelle für seine Bereitschaft zur kritischen Auseinandersetzung herzlich danken. Für die kritische Lektüre des Manuskripts danke ich auch Marc Silberman, Rüdiger Mangel, Christine Cosentino und Michael Geisler.

II. Die Werke Volker Brauns

1. Zu den frühen Arbeiten

Im Rahmen dieser Arbeit ist es nicht möglich, alle frühen Werke Volker Brauns ausführlich zu betrachten. Da diese ersten Versuche jedoch von demjenigen, der sich mit dem Werdegang des Schriftstellers Braun befassen möchte, unbedingt berücksichtigt werden müssen, schien es angebracht, sie in einer kurzen Zusammenfassung vorzustellen. Bereits im ersten Gedichtband ‚Provokation für mich' (entstanden 1959–64), in den Stücken ‚Die Kipper' (1962–65), ‚Freunde' (1965) und ‚Hinze und Kunze' (1. Fassung 1967–68 unter dem Titel ‚Hans Faust'), im Agitprop-Band ‚KriegsErklärung' (1966) und im Lyrikband, ‚Wir und nicht sie' (1965–68) werden Fragen aufgeworfen, denen der Autor auch heute noch nachgeht.

Die ersten literarischen Erzeugnisse, die Braun noch gelten läßt, stammen aus der „Übergangsperiode' zwischen der „Errichtung der Grundlagen des Sozialismus" und deren „Stabilisierung".[1] 1959 wurden die ersten „Brigaden der sozialistischen Arbeit" gebildet, und ein Jahr später wurde die Kollektivierung der Landwirtschaft abgeschlossen. Nach dem Bau des „antifaschistischen Schutzwalls" im August 1961 begann eine „Etappe der Festigung der ökonomischen Grundlagen und der gesellschaftlichen Verhältnisse".[2] Der VI. Parteitag der SED (Januar 1963) befaßte sich mit der „Strategie zur Gestaltung der entwickelten sozialistischen Gesellschaft".[3] Diese ‚bewegten Jahre' erlebte Volker Braun zunächst als Arbeiter, dann als Student der Philosophie; bei seinen ersten Werken konnte er sowohl von praktischer Erfahrung als auch von theoretischen Überlegungen ausgehen. Er wußte überdies, daß Aufgaben auf ihn warteten: Auf der Bitterfelder Konferenz im April 1959 hatte der SED-Vorsitzende Walter Ulbricht einerseits die fehlende literarische Gestaltung „des brausenden umwälzenden Lebens in unserer Gegenwart" bemängelt, andererseits die Schriftsteller dazu aufgefordert, „an den Brennpunkten der Entwicklung" zu wirken und selbst am „sozialistischen Aufbau" teilzunehmen.[4] Ganz im Sinne von Ulbrichts Ausführungen – in derselben Rede wird der Beitrag des Schriftstellers zur „Beschleunigung der Entwicklung" (ebd., S. 553) betont – äußerte sich Volker Braun in einem 1964 geführten Gespräch mit der Kritikerin Silvia Schlenstedt: „Eine positive Haltung einnehmen gegenüber den Prozessen, die sich bei uns abspielen, muß, meine ich, bedeuten, diese Prozesse zu beschleunigen."[5]

In ‚Provokation für mich'[6] liegen die Sprech-Übungen eines ‚idealistischen Agitators' vor: „Die frühen Gedichte waren ein sehr persönliches Mich-Aussprechen zu Vorgängen, in denen ich mich als Jugendlicher sah, was den Vorteil hatte, daß ich bei meinen Erlebnissen blieb. Es geschah oft als provokatorisches Daherreden, ein strenger Bau der Gedichte wurde nicht unbedingt angestrebt."[7] Das trotzige ‚Vorwort' (S. 9) postuliert eine abstrakte Kollektivität jenseits bürgerlicher Kunstvorstellungen, und in „Kommt uns nicht mit Fertigem" (S. 10) erfolgt – neben einer Abgrenzung von der kapitalistischen Bundesrepublik – ein Aufruf an die Altersgenossen, die ‚permanente Revolution' voranzutreiben: „. . . Alles Alte prüft: her, Kontrollposten Jugend! / Hier wird Neuland gegraben und Neuhimmel angeschnitten – / Hier ist der Staat für Anfänger – Halbfabrikat auf Lebenszeit . . ." In diesen vor Kraft strotzenden Bildern findet ein Hauptthema von Brauns Gesamtschaffen seinen Niederschlag, nämlich die Notwendigkeit der ständigen revolutionären Bewegung, ohne die alles Erreichte zum Hemmschuh des weiteren Fortschritts werden müßte. Braun entgeht allerdings der Gefahr – und das unterscheidet ihn grundsätzlich von den ‚Aufbaulyrikern' der fünfziger Jahre –, seine Ansprüche als Realität hinzustellen: Er leistet sich zwar (wenn auch schnoddrige) Lobesworte für selbstlose FDJler („Jugendobjekt"), doch dafür unterschlägt er nicht, daß nicht wenige Jugendliche damals von derartiger Selbstlosigkeit kaum begeistert waren. In manchen Gedichten kommt es etwas zu schnell zur Überwindung des ,falschen Bewußtseins', doch man sollte sich bei der Lektüre vergegenwärtigen, wie wenig die bloße Darstellung negativer Erscheinungen damals erwünscht war. Braun konnte augenscheinlich nicht davon ausgehen, daß seine (dem heutigen Leser überdeutliche) Parteilichkeit klar zu erkennen war; er fühlte sich zum direkten Bekenntnis verpflichtet: ,,. . . Ministerium, schließ deine Mappe: das sind parteiliche Verse." (,,Zueignungen zum Zyklus für die Jugend", S. 69). Die in der ,,Gebrauchsanweisung zu einem Protokoll" (S. 71) zitierte Kritik an der Braunschen Sichtweise (,,Ich bin der Braun, den ihr kritisiert / Wegen häufigen Erwähnens von Worten wie / MÜDIGKEIT, TRÄGHEIT, welche / Überholt sind . . .") führt aber nicht zur Selbstkritik, sondern eher zur Versteifung der eigenen Einstellung. Die Schlußverse der ,,Provokation für mich" (S. 70; bissiger Untertitel: ,,als im dritten Viertel des 20. Jahrhunderts die Gedichte entbehrlich wurden") könnten als eine Art poetisches Programm des jungen Volker Braun gelten:

. . . Die Freunde loben nicht tollkühn wie wir:
Sie preisen den Plan, indem sie ihn ändern –
Das nenn ich: positiv sein! Das Positive verbessern!
Wir aber, in unserer Dichterbrigade
Rühmen nur, bessern nichts, sind denkfaul, entbehrlich
Wir nehmen uns selbst nicht für voll
Uns nenn ich noch: negative Dichter

Die Agitprop-Verse der ,KriegsErklärung' (diese Fotogramme wurden 1966 für eine Vietnam-Matinee des Berliner Ensembles geschrieben) verzichten fast völlig auf eine persönliche Perspektive. Als Vorbild diente Bertolt Brechts ,Kriegsfibel', eine Art kritische Chronik des Zweiten Weltkrieges, die zu seinem ,,literarischen Report über die Exilzeit" gehört.[8] Brauns Agitation wirkt allerdings abstrakter als diejenige seines Vorläufers: während Brecht bei aller Parteilichkeit weder seine eigene Mitschuld noch die Widersprüche in seiner Haltung verschleiert, schreibt Braun über einen fernen Krieg zwischen zwei Ländern bzw. Völkern, die er nicht kennt. Seine Solidarität mit dem antiimperialistischen Kampf der Vietnamesen ist zweifellos echt, und seine moralische Empörung ist berechtigt, doch in Ermangelung eigener Erlebnisse und Erfahrungen beruht die ‚KriegsErklärung' zu sehr auf Information aus zweiter Hand, als daß sie überzeugen könnte. Die begrenzten Kenntnisse des außenstehenden Beobachters wirken sich auch auf die Wahl der Gestaltungsmittel aus. Wie bei Brecht werden Fotos aus Zeitungen und Zeitschriften durch kurze Gedichte (meist leicht verständliche Vierzeiler) erläutert bzw. kommentiert, doch Brauns Auseinandersetzung mit dem Bildmaterial erreicht nicht das Niveau der ‚Kriegsfibel': der einst von Brecht angestrebte ‚Dialog' mit den Abgebildeten (z. B. mit Angehörigen der Wehrmacht) fällt aus, weil die Vietnamesen und Amerikaner letzten Endes Fremde bleiben. Die ‚KriegsErklärung' ist eine Auftragsarbeit, die nur als Dokument ihrer Entstehungszeit das Interesse heutiger bzw. künftiger Leser erwecken dürfte.

Zu Volker Brauns Erstlingsdrama – es hieß zunächst ‚Der totale Mensch', dann ‚Kipper Paul Bauch' und schließlich ‚Die Kipper' – gibt es Dutzende von kritischen Beiträgen in Zeitungen, Zeitschriften und Abhandlungen, doch gerade die Folgen des Erstdrucks sind dazu geeignet, die Praktiken der DDR-Kulturpolitik zu erhellen. Nachdem ‚Kipper Paul Bauch' in der FDJ-Zeitschrift ‚Forum' erschienen war (Heft 18, 1966), verlor der stellvertretende Chefredakteur, der die Verantwortung für die Veröffentlichung übernommen hatte, seinen Posten. (Der damals nicht sehr bekannte Redakteur hieß Rudolf Bahro.) Die Proben für die Uraufführung am Berliner Ensemble, wo Braun zu der Zeit als Dramaturg tätig war, wurden abgebrochen. Zur Premiere der ‚Kipper' kam es erst 1972 in Leipzig; die Urfassung ist bis heute nicht aufgeführt worden.

Alle Fassungen des Stückes stellen den Alltag ungelernter Arbeiter dar, die im Braunkohlentagebau Sand von Zügen kippen, doch Braun betont, daß er kein ,,Stück über die Produktion", sondern ein ,,philosophisches Stück" geschrieben habe: ,,... ich habe das tiefe Gefühl, daß ich kein wichtigeres Thema als dieses wählen könnte."[9] Dieses Thema, nämlich ,,der Anspruch des Einzelnen auf seine Realisierung" (,,... das ist eine Problematik, die uns voraussichtlich noch Jahrhunderte beschäftigen wird ..."), rechtfertigt eigentlich schon die Verwendung der Bezeichnung ,,Produktionsstück", jedoch in einem höheren Sinne: ,,Produktion muß etwas Umfassenderes als etwas bloß Technisches sein, etwas Menschlicheres. Es geht mir um die Fragwürdigkeit heutigen Produzierens überhaupt, darum, daß der Mensch nicht nur Produzent von Waren, sondern seiner eigenen Persönlichkeit, der Produzent menschlicher Beziehungen sei."[10] Braun will also der Frage nachgehen, ,,was eine Gesellschaft wirklich mit sich anfängt, wenn sie fragt, nicht wie Produktion funktioniert, sondern wie der Mensch lebt".[11]

Paul Bauch will ,,aus Langeweile"[12] – später ,,aus Sport" (S. 44) – statt 18000 nun 20000 Kubikmeter Sand kippen, und als charismatischer Redner begeistert er die sonst eher phlegmatischen Mitglieder der ,,Brigade Frieden" für die Leistungsschicht. Sein Traum vom neuen Menschen läßt sich aber nicht verwirklichen, weil er ein neues Bewußtsein gleichsam aus dem Nichts zu schaffen versucht, ohne die materielle Basis zu ändern. Er beschwört den Kippern eine ideale Welt herauf (,,... Wir sind keine Menschen wie früher. Wir sind frei ... Alles muß schön sein ..." – S. 28), und deren Begeisterung ermöglicht zunächst unerhörte Leistungen, doch der Katzenjammer kommt, als das Unerhörte zur neuen Norm wird. Nach einem Arbeitsunfall, der eine direkte Folge der unverantwortlichen ,,sportlichen" Hetze auf der Halde ist, erkennt Bauch seinen fundamentalen Irrtum: ,,Es war alles falsch. – Mehr Arbeit, davon wird sie nicht besser." (S. 68) Der Widerspruch zwischen den allgegenwärtigen sozialistischen Sprüchen und den menschenunwürdigen Arbeitsbedingungen nicht weniger DDR-Werktätigen läßt sich noch nicht aufheben, und

Braun verzichtet bewußt auf ein Happy-End in der Art der publizistischen Stückeschreiber. Paul Bauchs Versuch, die Ketten der entfremdeten Arbeit abzuwerfen, wird als Illusion und zugleich als sehr menschliche Geste dargestellt.

Das kleine Stück ‚Freunde' ist eine Art Umkehrung des ‚Kipper'-Dramas. Paul Bauch gelingt es zeitweilig, eine orientierungslose Gruppe ungelernter Arbeiter in ein produktives Kollektiv umzuwandeln; in ‚Freunde' wird eine vorbildliche Jugendbrigade mit dem ruhelosen Wanderer Hannes Mink konfrontiert. Diesmal wird die philosophische Ebene ganz ausgelassen, und die Intimszenen, die vorher fehlten, werden nachgeholt – und zwar so konsequent, daß in der ,,Publikumsaussprache" nach einer Aufführung zu hören war, ,,ein Sofa" und ,,permanentes In-den-Armen-Halten"[13] dominierten. Mink, ein Einzelgänger, dessen Potential (anders als im Falle Bauch) zwar angedeutet, doch nie vorgeführt wird, verliebt sich in die ,,schöne" Anka, die sich wiederum auf eine Beziehung mit dem verheirateten Brigadier Beier einläßt. (Anka ist ein Frauentyp, der in vielen Braun-Werken auftaucht: ihre ‚Emanzipation' vollzieht sich hauptsächlich in ihren ‚freien' Liebesbeziehungen. Die Männer – Mink, zum Beispiel – stehen derartigem Frauen-Verhalten oft ratlos gegenüber.) Das Dreiecksverhältnis wird in einer von der Kaderleiterin geführten öffentlichen Versammlung erörtert (vgl. dasselbe Phänomen in ‚Kast' II und in Marinkas Monolog in ‚Kipper Paul Bauch'), wobei stark voneinander abweichende Vorstellungen von sozialistischer Moral an den Tag kommen. In ‚Freunde' wird diese Problematik in einer Momentaufnahme flüchtig beleuchtet, ein Verfahren, das für das ganze Stück kennzeichnend ist (auch andere Themen, wie das Wesen der Individualität oder die persönliche und politische Dynamik einer Gemeinschaft werden nur kurz gestreift). Insgesamt kann man sagen, daß ‚Freunde' im Grunde eine dramatische Fingerübung ist. (In kulturpolitischer Hinsicht ist es freilich interessant, daß dieser Stückentwurf im selben Jahr zur Premiere kam wie die viel gewichtigeren ‚Kipper'.) ‚Kipper Paul Bauch' und ‚Freunde' zeigen zwei

Seiten des jungen Dramatikers Braun, die vorerst nur in der Prosa der ,Kast'-Berichte zur dialektischen Einheit zusammengefügt werden konnten.

Obwohl ,Die Kipper' und ,Freunde' erst im Jahre 1972 aufgeführt wurden, sollte man nicht den Eindruck bekommen, als wäre Volker Braun etwa an einem Provinztheater bzw. auf einer Studentenbühne ins Theaterleben der DDR eingezogen. Sein Stück ,Hans Faust' kam nämlich 1968 am 20. Jahrestag der Wiedereröffnung des Nationaltheaters Weimar an geschichtsträchtigem Ort auf die Bühne. Diese erste Fassung ist aber nie gedruckt worden, und Brauns ambitiöser Versuch konnte sich keinen festen Platz im Spielplan erobern. Erst nach mehreren Umarbeitungen wurde er 1973 unter dem Titel ,Hinze und Kunze' in Karl-Marx-Stadt wieder gespielt. Im Programmheft des Städtischen Theaters Karl-Marx-Stadt zu dieser Aufführung sind Brauns Notate ,,Fragen eines Arbeiters während der Revolution" abgedruckt. Dazu gehören Gedichte und kurze Prosatexte, die die Grundprobleme des Dramas erläutern. In ,Ursächliches zu ,Hinze und Kunze'' (1968) wird bemerkt, daß die ,,großen Unternehmungen des 20. Jahrhunderts", die nicht aus den Individuen erklärlich wären, ,,Einzelne aus der Masse sichtbar" heraushöben. Die ,,Aktivisten" jeder beginnenden sozialistischen Revolution stünden, ,,bewußt oder unbewußt, in einer Art Bündnis mit der Führung der Gesellschaft". Diese Leute würden dank der Kraft der Gesellschaft ,,Riesen".[14] Ohne die ,,Beugung ins Joch der gestellten Aufgaben" blieben sie jedoch ungebraucht und unbekannt. In der revidierten Stückfassung gehen der Maurer Hans Hinze (früher: Hans Faust) und das Parteimitglied Kurt Kunze (ein ehemaliger Schlosser, der als Widerstandskämpfer ins KZ kam) einen neuartigen Pakt ein, der in der Formulierung Hinzes so lautet: ,,Solang wir nicht zufrieden sind, bleiben wir / Zusammen, und der vorher aufhört / Und den andern im Stich läßt – der soll draufgehn / Im grauen Alltag und vergessen sein ..."[15]

Brauns erklärte Absicht, in diesem Stück ,,das Verhältnis Führung-Geführte historisch-materialistisch" zu betrachten,[16] könnte den Zuschauer bzw. Leser leicht zu der Annahme verleiten, er würde ein Bild der Dynamik Partei/Arbeiterklasse zu sehen bekommen. Diese Annahme erweist sich jedoch als falsch, denn dargestellt wird eher ein Bündnis zwischen zwei Angehörigen der *Elite* des Arbeiter- und Bauernstaates: zum stark ausgeprägten Klassenbewußtsein des vorwärtsdrängenden Arbeiters Hinze gesellt sich die organisatorische Fähigkeit des Parteivertreters Kunze. Obwohl Hinzes Leistungen (Aktivistentum, Studium, Leistungstätigkeit) ohne die ,,Führung" Kunzes undenkbar wären, spielen die tatsächlich ,,Geführten", nämlich die arbeitenden Massen – ohne die der Aufbau des Sozialismus nur ein Traum bliebe – kaum eine Rolle im Stück. Kunze stellt sich zwar vor, wie schön es wäre, wenn die Werktätigen ,,nicht mehr als dressierte Naturkraft und Vollzugsorgan der staatlichen Vernunft" (S. 80) agierten, doch Brauns Szenen stellen das Volk – wenn überhaupt – nur als *Objekt* der Geschichte dar. Das Ganze ist im Grunde so unbefriedigend, daß man nicht umhin könnte, ‚Hinze und Kunze' als eine apologetische Legitimierung der bestehenden Verhältnisse abzutun, gäbe es nicht zwei Nebengestalten – Propeller und Marlies – die über das gegebene Schema hinausweisen. Bei allen Schwächen bietet das frühere Stück ‚Kipper Paul Bauch' viel mehr Bedenkenswertes zum Themenkomplex ‚Aufbau des Sozialismus' als ‚Hinze und Kunze'.

Das ungleiche Paar Hinze/Kunze übt auf Volker Braun anscheinend immer noch eine starke Faszination aus. Im Jahre 1981 schrieb er einen ‚Hinze-und-Kunze-Roman', und 1980 wurden ‚Geschichten von Hinze und Kunze' erstmals veröffentlicht.[17] Diese kurzen Prosatexte, die einen sehr an Brechts ‚Geschichten vom Herrn Keuner' erinnern, sind offensichtlich ein viel geeigneteres Mittel für Brauns Überlegungen zum Thema ‚Führung-Geführte' als das dramatische Genre: in aphoristischer Kürze werden Einfälle und Einsichten unter die Lupe genommen, und die Freude am dialektischen Denken ist unverkennbar. Es ist allerdings so, daß sich Braun immer häufiger mit dem Standpunkt Hinzes identifiziert. Dessen Widerspruchsgeist kontrastiert mit der schwerfälligen, wenn auch gutgemeinten Orthodoxie Kunzes. An dieser Stelle sei ein Beispiel für diese Methode angeführt:

DER UNDANK DES VOLKES

Kunze fragte: Warum sind unsere Menschen unzufrieden? und gar nicht dankbar? Die so vieles haben, wovon sie einst nur träumen konnten! Fernseher Kühlschrank Waschmaschine und den Sozialismus. – Sie wollen nicht dankbar sein für etwas, das sie selber machen, sagte Hinze.

Diese wenigen Zeilen zeigen, was für ein Potential in ‚Hinze und Kunze' verspielt wurde. Auf den Roman darf man gespannt sein.

Volker Brauns dritter Lyrikband ‚Wir und nicht sie', der Gedichte aus den Jahren 1965–68 enthält, erschien 1970. Der Titel bezieht sich auf Klopstocks Ode ‚Sie, und nicht wir' (an La Rochefoucauld) aus dem Jahre 1790. Klopstock besang damals die Errungenschaften der Französischen Revolution und beklagte das Ausbleiben des Volksaufstands in der eigenen Heimat. Über anderthalb Jahrhunderte später kehrt Braun die alte Formulierung um, und er schaut nun nicht mehr über den Rhein, sondern über die Elbe. Konnte der selbstbewußte junge Sozialist bereits in ‚Provokation für mich' von der Warte der Revolution aus auf die Bundesrepublik herunterblicken, so glaubt er es jetzt um so mehr zu können. In der zweiten Hälfte der sechziger Jahre, als Wolf Biermann von dem „Edel-Nazi-Kanzler"[18] singt, dichtet Braun aus der Perspektive des ‚Siegers der Geschichte': „... Euch ist nichts möglich / Oder, was wir brechen, unsere Schranken / In die fordert euch das Land / Noch einmal da wird geschehen / Unsre Vergangenheit ..."[19] Was die ‚deutsche Frage' im allgemeinen anbetrifft, so ist Braun allerdings alles andere als naiv: er weiß genau, daß die politische Dynamik in seiner Heimat in nicht geringem Maße von Zuständen in der Bundesrepublik abhängt: „... Wie kommen wir über den Hang / Hinweg, ohne Hängen und Würgen ..."

(‚Wir und ihr', S. 17). In ‚Doppelter Befund' klingt die Sprache des Heineschen ‚Wintermärchens' an: „... Kein halbes Fürstentum: zwei Länder / Kleben mir an den Sohlen ..." (S. 44) Das deutet darauf hin, daß Braun nicht nur als homo politicus unter dem deutsch-deutschen Zwiespalt leidet.

In den Gedichten, die sich mit DDR-Zuständen auseinandersetzen, geht es vor allem um die Entwicklung der Basisdemokratie. Im ‚Lagebericht', dem ersten Gedicht des Bandes, heißt es dazu: „... Armeen / Formieren sich in den Taktstraßen zum allmählichen Schlag / Ins Kontor der Geschichte." (S. 7) Braun hält es deswegen für nötig, die Lebensbedingungen und Handlungsmöglichkeiten dieser „Armeen" in vielen Gedichten zu untersuchen, weil die wahren Verhältnisse von einer Flut von Beschönigungen überdeckt werden: „... Auf die Schminktöpfe trommeln die Heilskünstler, Lob / Trieft aus den Blättern, jeder Furz klingt als Fanfare ..." (ebd.) Das wirkliche Leben der Arbeitermassen steht nicht in den Zeitungen, und jene können sich kaum um Politik kümmern, weil sie „... betäubt / Vom Schichtsoll ..." sind (‚Regierungserlaß', S. 16). Der Charakter ihrer Arbeit wirkt politischer Betätigung sogar entgegen: „... *Wie,* an den laufenden Maschinen, bleibt / Uns eine Wahl zwischen zwei Hebeln? ..." (‚Fragen eines Arbeiters während der Revolution',[20] S. 73). Für Braun besteht kein Zweifel darüber, daß die Passivität der Arbeiter in einer sozialistischen Gesellschaft äußerst problematisch ist („... Kleinlich wird der Wurf, eh die Saat den Boden trifft / Bis das Land, das allen gehört, auch auf alle hört ..." – ‚Bleibendes', S. 21), doch außer seinem Glauben an die allmähliche Beseitigung der stumpfsinnigen Arbeit in der Industrie bietet er letzten Endes eher eine Bestandsaufnahme als eine Analyse, denn die zentrale Frage, nämlich das Verhältnis zwischen der Avantgarde und den Massen, wird nur gestreift.

Anders als in ‚Provokation für mich' geht es Braun in ‚Wir und nicht sie' allerdings nicht nur um die beiden Republiken deutscher Nation: genauso wichtig ist ihm jetzt die internationale Perspektive. Die amerikanische Aggression in Vietnam, die in der ‚KriegsErklärung' im Agitprop-Stil angeprangert wurde, wird viel differenzierter thematisiert. Das ferne Leiden bricht unerwartet in den DDR-Alltag hinein: „... Ich steh ruhig. / Irgendwo, in den Besitzungen meiner Gedanken / Brennt es." (‚Elendsquartier', S. 28). Der Sozialist Braun scheint nicht mehr akzeptieren zu können, daß er nur durch seine Teilnahme am langwierigen Aufbau einer sozialistischen DDR zum Befreiungskampf der unterdrückten Völker beitragen soll: „... Mein bebautes Land, zufrieden, nicht schön / Das ein Trost ist, das verletzbare, friedliche / Frei vor den Ufern der Länder! aber es tröstet mich nicht." (‚Wir und nicht sie', S. 26).[21] Er gibt sich nicht der Illusion hin, die trotz aller Solidaritätserklärungen bestehende Kluft zwischen den hochentwickelten Industrieländern und der Dritten Welt könnte ohne weiteres überbrückt werden; deshalb wartet das Gedicht ‚Schöneweide', in dem dieses Dilemma sprach- und bildkräftig gestaltet wird, mit keinen Lösungen auf. Diese Problematik machte dem Internationalisten Braun („... Ich bin international / Wie das Moos ..." – ‚Landverweis', S. 58) auch in den siebziger Jahren zu schaffen und wurde schließlich im Drama ‚Guevara oder Der Sonnenstaat' ausführlich erörtert.

2. Das ungezwungne Leben Kasts (I)

Volker Braun ist zunächst als Lyriker an die Öffentlichkeit getreten, und sein Name ist im ost- und westdeutschen Theaterleben allmählich bekannt geworden, doch seiner Prosa hat man eigentlich erst nach der Veröffentlichung der ‚Unvollendeten Geschichte' im Jahre 1975 Beachtung geschenkt.[1] ‚Das ungezwungne Leben Kasts' ist immer noch ein relativ unbekanntes Werk, was man u. a. daran erkennen kann, daß die 2. erweiterte Auflage von 1979 bisher kaum zur Kenntnis genommen worden ist. Dabei sind die vier Teile des Buches, nämlich ‚Der Schlamm' (1959), ‚Der Hörsaal' (1964), ‚Die Bretter' (1968) und ‚Die Tribüne' (1974, in der 2. Auflage hinzugefügt), wie keine anderen Werke dazu geeignet, den Zusammenhang zwischen dem persönlichen Werdegang des Autors und der Entwicklung der DDR-Gesellschaft zu beleuchten. Braun führt kein Tagebuch,[2] und er hat mit dem ‚Kast' auch keine notdürftig verschleierte Autobiographie vorgelegt. Im Hinblick auf seine lyrischen Arbeiten hat er einmal betont, daß es ihm um „das *Exemplarische* der sinnlichen Erfahrung" ginge: „Subjektivität heißt also nicht, das Gedicht handle vom Autor, sie ist nicht ichförmig."[3] Trotz solcher Beteuerungen – die auch für das epische Genre gelten können – kann man freilich nicht übersehen, daß das ‚ungezwungene' Leben der Titelgestalt zahlreiche Parallelen zu den Erlebnissen seines Schöpfers aufweist. (Der letzte Teil ist gerade deshalb von zentraler Bedeutung, weil darin von diesem Muster abgewichen wird, den Anspruch auf das Exemplarische unterstreichend.) Ausgehend von den Absichten Brauns („Im übrigen ist das Leben zu ändern."[4]) scheinen die Bemühungen vieler Kritiker, diese Prosa genau zu kategorisieren, müßig zu sein.[5] Braun und Kast sind nicht identisch, doch gleiche oder ähnliche Erfahrungen wurden zweifellos von dem Autor *und* vielen seiner Altersgenossen gemacht. Eigene Erlebnisse bilden die *Grundlage* für das Nachdenken über das Verhältnis zwischen psychischen und gesellschaftlichen Prozessen. Zu untersuchen ist, inwiefern die literarische Umsetzung solch abstrakter Überlegungen gelungen ist. Eine Äußerung aus dem Jahre 1973 belegt, wie sehr es Braun jenseits aller Dokumentation bzw. Interpretation auf eben diese Umsetzung ankam: „Ich habe eine Geschichte erzählt – eine allerdings komplizierte. Es ist die Frage, ob man sie nicht hätte aufblähen müssen. Aber was dort an Ideellem herauskommt, das wird nirgends separat formuliert oder zu Grunde gelegt."[6]

Der 20jährige Volker Braun schrieb den ersten ‚Kast-Bericht'[7] 1959, im Jahr also, in dem die Schriftsteller der DDR auf der 1. Bitterfelder Konferenz auf die „unmittelbare Beteiligung an Arbeit und Leben der Werktätigen in Betrieben und Genossenschaften"[8] eingeschworen werden sollten. Es ist hier nicht der Ort, die Erfolge und Mißerfolge des ‚Bitterfelder Weges' darzulegen, doch ein Punkt sollte hervorgehoben werden: die damaligen Aufrufe galten Autoren, die wenig Neigung dazu zeigten, die Sphäre der materiellen Produktion kennenzulernen und literarisch zu gestalten. Beim jungen Braun lagen die Dinge jedoch anders: er brauchte keine Stippvisite in der Arbeitswelt zu machen, weil er zu der Zeit Arbeiter *war*. (Der schreibende Arbeiter Braun war natürlich kein ‚echter' Proletarier; er hatte das Abitur gemacht und wartete auf einen Studienplatz. Einige Jahre später sprach er bereits als Schriftsteller über die Kulturpolitik jener Zeit: „Ich verstehe den Bitterfelder Weg nicht so, daß man unbedingt für sehr lange Zeit an einem Fleck bleiben soll. Ich glaube, wenn ich mich fünf oder zehn Jahre in der LPG aufhielte, würde meine Erlebnisfähigkeit unweigerlich sehr eingeschränkt."[9]) Die harte körperliche Arbeit im Tief- bzw. Tagebau war für ihn damals kein beliebiger Gegenstand – sie war sein Hauptzugang zur gesellschaftlichen Realität. Als ‚angehender Intellektueller' war er aber gleichzeitig imstande, sich die notwendige Distanz zu verschaffen, ohne die eine naturalistische Milieuschilderung nicht zu vermeiden gewesen wäre.

‚Der Schlamm' beginnt in medias res: Hans Kast (der Vorname fällt erst im zweiten Teil des Buches) fährt mit einem Bus durch die Landschaft, die er kaum wahrnimmt („... das alles ging mich nichts an." – S. 7), zum „größten Bauplatz des Kontinents". Er sieht das Land als „Entwurf" an und ist selber „völlig leer, gleichgültig" (ebd.): Mensch und Umwelt als Tabula rasa. Da der Ich-Erzähler gleich zu einer ausführlichen Schilderung der Arbeit seiner Tiefbaubrigade übergeht, weiß der Leser zunächst nichts von den Gründen hinter dieser Gleichgültigkeit. Erst später erfährt man, daß Kast nach einer Auseinandersetzung mit dem Direktor die Schule verlassen hat; er habe nicht mehr aushalten können, daß „Lippenbekenntnisse" die Schüler zu „Heuchlern" machten („... es würde nichts als Worte verlangt, die wären leicht zu sagen, die zögen keine Konsequenz für uns nach sich ..." – S. 21). Der Weg zur Großbaustelle, „auf der was geschah und Geld verdient wurde" (S. 9), erscheint vor allem als Flucht aus einer unhaltbaren Lage, nicht als bewußte Entscheidung zur Teilnahme am sozialistischen Aufbau, wie Kast dann (dem Freund Günter gegenüber) rückblickend behauptet: ,,Du weißt, ich habe versucht, ganz selbstlos, von mir absehend zu arbeiten, mitten im Land." (S. 39)[10] Tatsache ist, daß Kasts eher abstrakte Vorstellung von Arbeit – und Leben – durch den Brigade-Alltag radikal geändert wird: ,,Ich hatte noch nie eine solche Beziehung zu den Dingen um mich gehabt, früher hatte ich in den Einbildungen gelebt, die ich auf dem Papier erfand, jetzt floß eine große vollgefüllte Landschaft um mich, die sich vor den Händen bewegte, langsam, doch unaufhörlich, mit immer gleichen Bildern, doch sich zu etwas anderem ausbildend, das ich schon sah hinter dem Schlamm." (S. 31) Solche Worte kommen einer Romantisierung der Produktion – wie sie nicht selten in DDR-Betriebsromanen vorkommt – gefährlich nahe, doch Braun ergänzt die idealistische Perspektive durch nüchterne Einsichten: Kast entdeckt zwar die ,,Schönheit" seiner Arbeit (S. 44), doch er ist sich dessen bewußt, daß der niedrige Stand der Technologie und damit die primitiven Arbeitsbedingungen[11] nicht durch heroische Aufbauparolen vertuscht werden können (,,Es war noch diese eintönige, einfache Arbeit, die alten Römer, nein, ihre Sklaven hatten sie mit Perfektion betrieben ..." – S. 31). Kasts Agitation unter den Kumpels geht entsprechend kläglich aus: sein FDJ-Blauhemd wirkt als rotes Tuch (er bekommt eine Arbeiterfaust ins Gesicht), und alle lachen, als er einen Geldbetrug unter den sozialistischen Brigaden mit Sprüchen herunterspielen will (,,Aber an den Händen sind Schwielen. Das ist die größere Ehrlichkeit ..." – S. 10). Die ehemaligen Schulkameraden können Kasts Blauäugigkeit auch nicht begreifen; sie würden nie freiwillig in der ,,Taiga" arbeiten (S. 25). Ihre jugendliche, aus vermeintlicher Überlegenheit stammende Blasiertheit läßt sie allerdings herablassend-sarkastisch auf die ‚herrschende Klasse' blicken: ,,Bowle für den Märtyrer, für den Helden der Arbeit!" (S. 25)[12] Braun gibt sich also einerseits nicht der Illusion hin, daß das von Walter Ulbricht anvisierte Ziel einer ,,sozialistischen Gemeinschaft" im Rahmen der gegebenen ökonomischen Möglichkeiten zu erreichen wäre; andererseits scheut er sich nicht vor einem Bekenntnis zu seinem „unvollkommenen“ Land: „... es bewegte sich, aber nicht geheimnisvoll, nicht unabhängig von uns, nicht gegen uns, sondern als unsre Arbeit, als unser Leben.“ (S. 45)[13] Dieser Satz enthält die für den ganzen ‚Kast‘-Band zentralen Begriffe Arbeit und Leben, und es sind Überlegungen zum letzteren, die den ersten Teil über die Grenzen einer Industriereportage hinausführen.

„Wie lange kann man so leben?“ (S. 23) Diese Frage des jungen Hans Kast bezieht sich nicht nur auf die Produktionssphäre: die gesamtgesellschaftliche Zukunftsperspektive verflüchtigt sich, solange die individuelle Entwicklung nicht vorankommt, und Kasts ‚Privat‘-Leben ist hoffnungslos durcheinander. Die Entfremdung von den Schulfreunden, die ihr „festes Leben“ vor sich haben (S. 38), wird durch die Trennung von der „ungezwungenen“ (S. 14) Freundin Anka nur noch verschlimmert. Am Ende der erschöpfenden Arbeitswoche bzw. nach Feierabend jagt Kast verzweifelt dem Phantom ‚Glück‘ nach, das fast immer die Gestalt einer Frau annimmt. Er weiß zwar, daß Leben oder Schaffen, Arbeit oder Genuß „eine seltsame Alternative“ ist (S. 30), doch er begreift (noch) nicht, daß sich entfremdete Arbeit und ‚schwierige‘ Zweierbeziehungen wechselseitig bedingen. Kast verliebt sich wiederholt Hals über Kopf, möchte die jeweilige Freundin „besitzen, wie das die Menschen machen“ (S. 26) und ist einfach zu unreif, als daß ihm dämmerte, wie sehr er Frauen als Objekte behandelt. Er reagiert zum Teil auf eine derart pubertäre Weise, daß man sich des öfteren vergegenwärtigen muß, wen man vor sich hat, nämlich einen ernsthaft-engagierten jungen Sozialisten, der zum Aufbau einer humanen Gesellschaft beitragen will. Braun führt am Beispiel Kasts mit aller Deutlichkeit vor, daß der Prozeß der Vermenschlichung nur dann Fortschritte machen kann, wenn die Waffe der Kritik sowohl nach außen als auch nach innen gerichtet wird. Der junge Kast bleibt aber zunächst im ‚Schlamm‘ stecken.

Zieht Braun 1959 gleichsam die Bilanz seiner ‚Handarbeiterjahre', so verarbeitet er fünf Jahre später in ,Der Hörsaal' die Erlebnisse der Studentenzeit. Die Grundproblematik des ersten Berichts wird nun im Kopfarbeiter-Milieu auf höherer Stufe weiter erörtert, und Kasts vormals dunkle Ahnungen weichen immer differenzierteren Einsichten: ,,Ich sagte . . . freilich müsse man sich einsetzen, aber sich selbst dabei ,realisieren'! Sonst käme nur der augenblickliche Vorteil für unsere ,Sache' heraus, aber hernach sei der einzelne immer wieder bei dem Nullpunkt, als Nichts, der sich nicht mitentwickelt hat." (S. 67) Solche neugewonnenen theoretischen Erkenntnisse lassen sich allerdings nur mühsam in der Privatsphäre anwenden. Wie Büchners Lenz neigt Kast zur Melancholie (,,. . . ich lebte so vorläufig hin." – S. 51); er spürt sehr stark, daß ihm etwas Wesentliches fehlt, doch er kommt nicht dahinter, was es sein könnte. Wie schon im ersten Bericht spielen Frauen bei der tastenden Identitätssuche eine Schlüsselrolle.

Im Hörsaal – über den ,Urfaust' wird gelesen – lernt Kast die Medizinstudentin Linde kennen. Seine Aufmerksamkeit gehört deshalb nur in zweiter Linie dem Professor, doch er hört einen Satz, der seinen momentanen Geisteszustand treffend charakterisiert: ,,Faust will bindungsloser Mensch sein, will alles inbesitz nehmen." (S. 57) Diese paradoxe Haltung bestimmt dann Kasts Verhalten Linde gegenüber: je intensiver die Beziehung wird, desto unruhiger wird er. Er glaubt zu merken, daß dieselbe Frau, die sich zunächst auf keinen Fall von ,,festgelegten Verhaltensweisen" (S. 60) beeindrucken läßt, langsam ihren reizvollen ,,Widerspruchsgeist" (,,. . . sie nahm alles hin." – S. 84) verliert. Bei ihr stellt er eine wachsende ,,Bindungssucht" (S. 92) fest, bei sich selbst Angst vor der ,,idiotischen Zweisamkeit" (S. 93). Das Durcheinander in seinem Kopf wird anläßlich eines ,Uni-Skandals' offensichtlich: bei dem öffentlichen Verhör eines verheirateten Dozenten, der mit einer seiner Assistentinnen eine Affäre hat,[14] stimmt derselbe Kast, der sonst für ,offene' Beziehungen und natürliche Sinnlichkeit plädiert, für dessen Entlassung. ,,Zerknirscht" über seine ,,Feigheit" liest er nachher in Engels' ,Ursprung der Familie', was er schon wußte: die ‚neuen' Menschen würden sich ,,den Teufel darum scheren, was man heute glaubt, das sie tun sollen ..." (S. 87) Aus dem Konflikt zwischen der amtlich verordneten Sittlichkeit und den eigenen Gefühlen bzw. den Lehren der Klassiker(!) findet Kast noch keinen Ausweg, was aber nicht verwunderlich ist, denn sein Dilemma besteht nach dem Abschied von Linde fort: wie sollte er zwischen den eigenen Interessen und den Ansprüchen der Gesellschaft einen Ausgleich zustande bringen?

Wenn sich dieses Dilemma darauf reduzieren ließe, daß es jungen Menschen schwerfällt, sich in die Gesellschaft der Erwachsenen einzufügen, wäre das Ganze ziemlich banal, und es hätte nur zufällig mit der DDR zu tun. Die typischen Ängste und Hoffnungen der Jugend sind im ‚Hörsaal' durchaus da, doch ein kurzer Kast-Satz weist darauf hin, was an qualitativ Neuem hinzukommt: ,,Nur durch unsere ganze Person wird die Gesellschaft natürlich: zu unserer Natur." (S. 67) Mit anderen Worten: Kast hat gelernt, daß die zum Wesen der bürgerlichen Gesellschaft gehörige Spaltung des Menschen in einen öffentlichen und einen privaten Teil im Sozialismus verheerend wäre, und er versucht, dieser Erkenntnis gemäß zu handeln. Er muß aber erfahren, daß Einordnung anscheinend mehr gilt als Eigeninitiative. Als Gruppenorganisator wird er abgelöst, weil er sich weigert, sich von den ,,undialektischen", ,,subjektivistischen", ,,dekadenten" Bildern zu distanzieren, die er beim Ernteeinsatz auf einer LPG (vgl. ‚Flüche in Krummensee'!) gemalt hat. Wie sein Kommilitone Frank kann er sich nicht mit der ,,Kluft zwischen Denken und Fühlen" abfinden, die durch ,,Behandlung von ‚Fällen' und Bearbeitung von Köpfen" nicht zu schließen wäre (S. 62). Kast muß dagegen kämpfen, daß Leute wie Egon, die auf die ,,Masse" herabsehen (,,... noch durch und durch ein Kind, und doch schon so beamtenhaft und stocktrocken ..." – S. 62[15]), künftig die Entwicklung bestimmen bzw. verhindern. Vom Ausgang dieses wichtigen Kampfes bzw. der ihn beschreibenden Kast-Episode wird erst am Ende des vierten Berichts erzählt.

Allgemeine Betrachtungen zu Gehalt und Gestalt des ganzen Kast-Buches werden unten angestellt; an dieser Stelle sollte aber noch ein Aspekt der beiden ersten Teile erwähnt werden: ‚Der Schlamm' und ‚Der Hörsaal' veranschaulichen die Einheit von Volker Brauns Frühwerk, was man u. a. daran erkennen kann, daß es bis in die Themen- und Wortwahl hinein viele Ähnlichkeiten mit den Gedichten aus ‚Provokation für mich' (1959–1964) bzw. mit ‚Kipper Paul Bauch' (1962–1965) gibt. Mittels verschiedener künstlerischer Formen versucht der junge Braun, die brennenden Fragen, die ihn bewegen, zur Diskussion zu stellen. Dabei gehen die drei Werke derart ineinander über, daß es zu ‚Selbstzitaten' kommt.[16] Das Erscheinungsjahr der ersten Buchausgabe von ‚Das ungezwungne Leben Kasts' – 1972 – sollte also nicht darüber hinwegtäuschen, daß die erste Hälfte zu der ersten Schaffensphase Brauns gehört.

3. Das ungezwungne Leben Kasts (II)

Nach Darstellungen der körperlichen und geistigen Arbeit in den ersten beiden Berichten macht Braun in ‚Die Bühne' (ursprünglich: ‚Die Bretter') einen ersten Versuch, beide Arten von Tätigkeiten in ihrer wechselseitigen Bedingtheit im Rahmen des gesamten politischen Systems vorzuführen. Dies geschieht (noch) nicht in der Gesellschaft, sondern innerhalb einer Institution, die herkömmlicherweise Abbilder der gesellschaftlichen Realität entwirft: es handelt sich um das Theater. ‚Die Bühne' ist allerdings nicht nur eine ‚Theatererzählung': auf drei Ebenen – im Stück auf der Probebühne, in den Haltungen und Meinungen des Kollektivs (der Schauspieler, des Regisseurs, der Dramaturgin, des Intendanten und des Autors Kast) und in den Ereignissen vom August 1968 (in Prag, nicht Paris) – bemüht sich Braun, dem Wesen der ‚sozialistischen Demokratie' auf den Grund zu gehen. Parallel dazu wird anhand der ‚schwierigen' Beziehung zwischen den Liebenden Kast und Susanne die Verzahnung von Privatleben, Arbeit und Zeitgeschehen ans Licht gebracht.

Der dritte ‚Kast-Bericht' kommt einem viel autobiographischer vor als die anderen drei Teile, weil Braun davon abgesehen hat, sich die Handlung eines ‚fiktiven' Theaterstücks auszudenken: obwohl kein Titel genannt wird, ist es offensichtlich, daß Kasts Werk ‚Hans Faust' bzw. ‚Hinze und Kunze' ist. Das hat den Vorteil, daß die Theaterarbeit glaubhaft wirkt (‚Hans Faust' wurde 1968 uraufgeführt; im selben Jahr schrieb Braun ‚Die Bretter'). Der Nachteil ist aber, daß der Leser, der Brauns Stück kennt, es gleichsam ‚vergessen' muß, denn Kasts Text soll das Verhältnis ‚Führung-Geführte' darlegen, was ‚Hinze und Kunze' nicht tut (vgl. oben). Kast ist trotz einiger Bedenken (vgl. vor allem die Bemerkungen zur Frauenproblematik – S. 136f.) mit seinem Stück und den Proben („... So kann Arbeit sein ..." – S. 104) zunächst zufrieden, obgleich er es nicht gut findet, daß die Konzeption „in der Leitung ... nicht mit den Schauspielern" entwickelt wird (S. 107). Im Gespräch mit einem „lebhaften Greis", der nichts vom Brechtschen Theater hält („... Wo ist da der Humanismus? Was für Menschen in den Stücken! Schlimm! ..." – S. 108), dient Kast als Sprachrohr für Brauns eigene Vorstellungen: „... Die Lösung für den einzelnen allein interessiert nicht ... Geht um Lösungen für alle ..." (S. 109) Jenseits aller Kunstdiskussionen erweist sich dieser Spruch als besonders relevant und aktuell, als die Truppen des Warschauer Pakts in die ČSSR einmarschieren. Der anfangs lakonische Berichtstil des Ich-Erzählers („... Dann kam der 21. August. ..." – S. 112) reicht bald nicht mehr aus, um die Tragweite dieser Aktion zu verdeutlichen. Nach einer ungewöhnlich ‚heftigen' Probe sieht sich Kast mit etwas grundsätzlich Neuartigem konfrontiert: „... es war mir klar: die Arbeit konnte nicht unbefangen, nach eignem Zweck weitergehn, sie wurde hineingezogen in diesen Tag ... mir war das ganze Spiel auf einmal unwichtig. ..." (S. 114) Mit anderen Worten: Kast muß einsehen, daß das kollektive Unternehmen des sozialistischen Aufbaus, zu dem er bisher als kritisch-solidarischer Künstler hat beitragen wollen, nicht von allen Beteiligten im selben Maße mitbestimmt wird. Gewisse Entscheidungen werden einfach ohne Diskussion getroffen, und diese

Konstellation wird nicht von heute auf morgen abgeschafft werden: ,,. . . Es gibt noch Vorgänge, und noch für einige Zeit, die wir nicht als unsre eignen erkennen, da wir nicht beansprucht sind. Es sind nicht unsre eignen . . ." (S. 115)

Wie zu erwarten, macht die große Politik vor den Toren des Theaters nicht halt: da gewisse Diskussionen in der Gesellschaft unerwünscht sind, müssen sie auch von der Bühne verschwinden. Eine Szene des Kast-Stückes, in der Normenerhöhung und Aufruhr zur Sprache kommen, wird so sehr zusammengestrichen, daß sie keinen Sinn mehr ergibt, was dem Dramatiker nicht entgeht: ,,Ich merkte: alles wurde unverständlich. Die Welt war abgebaut, die Härte war heraus – und mit ihr die Kraft der Personen . . ." (S. 129) Kast kann es nicht fassen, daß die Schauspieler (mit Ausnahme von Rolf) die Textänderungen einfach hinnehmen; es stellt sich dann heraus, daß es im Kollektiv große Meinungsverschiedenheiten gibt, was sowohl die Theaterpolitik als auch den ,Prager Frühling' betrifft. Kurt, Gewerkschaftsvertrauensmann im Theater und Parteisekretär im Stück, kritisiert den ,,Romantizismus" der ,,unfähigen" Prager Führung (S. 118) und befürwortet autoritäre Führung im Theater (S. 128f.). Fritz (die ,Faust'-Gestalt im Stück) wirft Kurt Passivität vor (,,. . . Du läßt dich abspeisen mit Beschlüssen . . ." – S. 130), verlangt so viel Demokratie auf der Bühne wie im Betrieb (S. 131) und stellt hinsichtlich der ČSSR ,,. . . die fehlerhafte, bürokratische Planung und Leitung des Aufbaus, die Deformation der Demokratie, die Entfernung der Führung vom Volk . . ." (S. 118f.) fest. Es gelingt Braun, stark voneinander abweichende Demokratievorstellungen und ihren Niederschlag im Alltag vorzuführen, doch es sollte nicht übersehen werden, daß er mit seiner Methode nicht ,ans Ende' geht: Rolf (der ,Aufwiegler' Propeller im Stück) will sich mit ,,Anbiederei und Anweisungen" hinter der Bühne (S. 130) nicht abfinden, doch der Leser erfährt nicht, wie er zu den Prager Ereignissen steht. Die Demokratie, die im Theater sowie in der Gesellschaft noch nicht ganz möglich ist, wird auch aus dem Privatgespräch ausgeklammert, das vom öffentlichen Medium

Literatur vermittelt wird. Kasts erhoffte Umwälzung des noch „unentwickelten“ Theaters – „... ein ständiges öffentliches Proben gesellschaftlicher Lösungen ... eine Praxis im Versuchsstadium ...“ (S. 127) – bleibt Zukunftsmusik: seine ganze Arbeit ist „... nicht mehr wert als Meinungen ...“ (S. 124), und Meinungen sind gerade zu diesem Zeitpunkt nicht gefragt, wie Kast vom Intendanten belehrt wird: „... Wir können uns nicht auf Diskussionen einlassen und jeden fragen, jetzt. Wir kämen in Teufels Küche! ...“ (ebd.)

In ‚Die Bühne‘ gewinnt Kast die Erkenntnis, daß die Kunst die Spielregeln des Gesamtsystems beachten muß, und er erfährt auch am eigenen Leib, wie wenig das Privatleben bzw. die Liebe von den Auswirkungen der allgemeinen Gegebenheiten freigehalten werden kann. Als Susanne nach einer langen, beruflich bedingten Trennung in der Stadt ankommt, wo Kasts Stück aufgeführt werden soll, ist sie „ganz durcheinander“ (S. 117), und zwar aus zwei Gründen: sie hat im Betrieb gekündigt (ihr Projekt wurde – wie in ‚Hinze und Kunze‘ und ‚Tinka‘ – plötzlich auf Eis gelegt, und sie ist „beschwichtigenden Aussprachen“ – S. 118 – nicht gewachsen), und auf dem Wege zu Kast ist sie durch „Transporte“ und „Panzerkolonnen“ gefahren: „... die Straßen dröhnten, die Leute schauten hinter den Fenstern, Benzinwolken. Und und und ...“ (S. 116) Zu diesem ‚Durcheinander‘ kommen dann die Auseinandersetzungen um Kasts Stück hinzu. In dieser Lage leidet auch die Sexualität derart unter den Ängsten und Sorgen der Partner, daß sich Susanne schließlich fragt, ob man sich „mit diesen Vorgängen im Kopf“ lieben könne (S. 132). Tatsächlich schlafen die beiden erst ganz am Ende des ‚Berichts‘ miteinander, nachdem sie die schwere Entscheidung getroffen haben, sich wieder zu trennen: Susanne wird sich an ihrem alten Arbeitsplatz für Veränderungen einsetzen, und Kast wird an dem Theater bleiben. („... Wir hatten uns entschieden. Wir würden die Härte auf uns nehmen ...“ – S. 136). Diese Lösung ist nicht unproblematisch, doch sie vertuscht auf jeden Fall keine Widersprüche, und für Resignation ist kein Platz mehr. Kast ist am Ende „bis ins

Innre ruhig" (S. 138), weil er sich zu kämpfen entschlossen hat, nicht etwa deshalb, weil er opportunistisch das Ende der Dubček-Ära begrüßt.[1] ,Die Bühne' endet nicht unter dem Vorzeichen eines illusionären Optimismus, sondern im Bewußtsein der Notwendigkeit des Kampfes: „,... wir würden uns allem stellen müssen. Daß nicht alle möglichen Ereignisse die Arbeit zerstören, uns selbst zerstören ..." (S. 137)

In ,Die Tribüne', dem letzten ,Kast-Bericht', wird dieser Kampf auf der höchstmöglichen Stufe ausgetragen. Jetzt geht es nicht mehr um einzelne Aspekte des Systems, sondern um das Ganze, was man vor allem an der Arbeit der Titelgestalt erkennen kann: Kast ist inzwischen Parteisekretär geworden. Er ist nicht sicher, ob er für diese Arbeit „hart genug" sei,[2] da er sich „überwinden" mußte, ehe er die Funktion übernahm (S. 140), doch gleichzeitig weiß er, daß sein Entschluß nur die logische Folge seiner bisherigen Erfahrungen ist: „,... Die Empfindung, mich gerettet zu haben aus dem Einerlei der einzelnen Tätigkeit, das bis hierher mein Leben war (vgl. ,Faust'!). Ich bin auf den Bau gegangen, ich habe mich der Wissenschaft ergeben, habe mich in die Kunst geflüchtet. Alles ist beschränkt gewesen, festgenagelt in einen ,Bereich'. ... Das jetzt konnte die Arbeit sein, mit der ich auskommen konnte. ... Wenn das nichts war, gab es gar nichts ..." (S. 142). Kasts neue Funktion, „die für alles einsteht oder nichts" (S. 181), ist die letzte Station seiner Odyssee durch den real existierenden Sozialismus, und Braun entwirft aus der Perspektive seines machtausübenden Helden ein Panorama der DDR, das viele wesentliche Punkte berührt.

Wie ein Simplicissimus des 20. Jahrhunderts (vgl. ,Simplex Deutsch'!) hat Kast sein naives Herangehen an die Dinge auch in diesem letzten Bericht beibehalten, doch als Parteifunktionär kommt er damit nicht sehr weit. Er möchte die Arbeiter als gleichberechtigte Partner behandeln, doch diese Haltung erntet nur Mißtrauen. Zunächst ist er verblüfft („,... Sie empfanden ihre Arbeit als die alte Lohnarbeit, und uns, der Leitung, mußte der Lohn entrissen werden ..." – S. 150), doch bald begreift er, warum dieser ,,Abstand" so stark empfunden wird: die Intensivierung der Produktion muß – angesichts des Technologie-Rückstands – mit ,,Gewalt und Härte" durchgesetzt werden (S. 151). Diese Einsicht führt sofort zu grundsätzlichen Überlegungen: ,,... war es nicht entsetzlich, wenn nur diese eine menschliche Angelegenheit, zu produzieren, intensiviert wurde, und alle andern Regungen, mitzudenken, sich zu vergnügen, bleiben mäßig wie sie waren? ..." (ebd.). Als Kast gegen eine Gruppe von Arbeitern vorgehen muß, die ihren Tagesablauf ohne Rücksicht auf die Norm gestaltet haben (,,... Es hatte alles etwas Gewaltsames, Anarchisches ..." – S. 154), gesteht er sich ein, daß das ,,Einpressen" in den Plan zwangsläufig einen Verlust an Lebensqualität mit sich bringen wird. Anders als in ,Hinze und Kunze' wird das Verhältnis ,Führung-Geführte' zum Gegenstand einer regelrechten Auseinandersetzung, und dabei fallen Sätze, die ans Unerhörte grenzen. Als Susannes Freund Werner meint, die ,,Ungleichheit"[3] könne nur dann verschwinden, wenn ,,jeder, wirklich jeder ... Zugriff zu jeder Information" hätte, denkt Kast, die Brisanz dieser Worte sehr untertreibend: ,,Wenn dies öffentlich würde, was ich hier wiedergebe, würde es eine Diskussion auslösen." (S. 157) Der Braunsche Kunstgriff besteht natürlich darin, daß das alles sehr wohl an die Öffentlichkeit gelangt, allerdings nur an die literarische; was daraus wird, liegt an den Lesern.

Durch den Abschluß seiner ,Fallstudie Kast' läßt Braun aber keinen Zweifel daran, was für Folgen radikale Gedankengänge *nicht* (mehr) haben sollten. Kasts eigenwillige Bemühungen um die Automatisierung seines Betriebes führen zunächst dazu, daß er zur Kreisleitung der Partei bestellt wird. Das Gespräch kommt in eine Gefahrenzone, als Kast, der sich nicht ,,ducken" will, von einer Veränderung der ,,Strukturen" redet, damit die Leute ,,wirklich gefordert würden und gebraucht für ein Leben aus mehr als blinder Mühe". Der 1. Sekretär will erst dann weiterdiskutieren, nachdem Kast zur ,,Besinnung" gekommen sei (S. 167f.). In einem Parteiverfahren wird beschlossen, Kast auf einen ,,Lehrgang" zu schicken, doch dort spitzen sich die

Konflikte noch weiter zu: angewidert vom „abstrakte(n) Geseich“ bzw. von der „zynische(n) Weltanschauungsroutine einiger Referenten“ reagiert Kast nach einiger Zeit wieder aggressiv, und in den Seminaren kommt es zu „frontalen Zusammenstößen zwischen den felsenfest subalternen Kundgebungen einer gewissen Spezies mittlerer Jahrgänge und der nüchternen Draufsicht anderer Genossen“ (S. 183f.).[4] Der ‚Herausgeber‘ der Kast-Notizen berichtet, daß Kast von der „Reglementierung“ gekränkt sei, daß er nicht wisse, wie er wieder an die Arbeit gehen sollte, die „lebenswichtig ... und so leicht ein Hohn auf seine Gesinnung“ wäre (S. 186). Dieses Problem wird nicht mehr gelöst, weil Kast bei einem mysteriösen Autounfall ums Leben kommt, doch seine verunstaltete Leiche wirkt wie ein Sinnbild des Dilemmas: „... Das Genick war gebrochen, das Gesicht unkenntlich ...“ (S. 188)

Kasts Dilemma ist allerdings nicht nur politischer, sondern auch persönlicher Art. Als er mitten in der Nacht auf der Landstraße verunglückt, ist er auf dem Weg zu seiner Frau Susanne; bis zuletzt fühlt er sich zwischen dem Bedürfnis nach einer bedingungslosen Beziehung und dem Anspruch auf größtmögliche Freiheit hin- und hergerissen. Kast und Susanne „bekriegen“ sich mit Reden (S. 169), doch gerade in einem Bild *ohne* Worte erblickt Kast sein Ideal: „... Sie drehten sich umeinander, ohne sich zu berühren und jeder seiner Eingebung nach. ... Sie waren ein Paar, und keiner behinderte den andern und beschränkte seine Bewegung ...“ (S. 166) Der Tanz, der hier beschrieben wird, ist nur von kurzer Dauer, was den utopischen Charakter dieser ‚Vision‘ unterstreicht; im Alltag behaupten die festgefahrenen Verhaltensweisen ihr Recht. Kast ist immer noch überzeugt, daß die „idiotische Zweisamkeit“ (S. 93) überwunden werden muß („... Zwei können sich nicht ausschöpfen, der Mensch hat zu viele Gefilde in sich ...“ – S. 172), aber er hält eine Trennung von Susanne für einen „feigen Entschluß“ (S. 173). Beide Partner verwickeln sich in Liebesaffären, und beide fühlen sich früher oder später unwohl dabei; das Patt im ‚Ehekrieg‘ scheint perfekt zu sein: „... Ich hatte, ich wollte kein ‚anderes Verhältnis', wie Susanne sagte, sondern ein freieres, und das war zwischen uns offenbar nicht möglich. Aber ich wollte es mit ihr ..." (S. 176f.) Die Hoffnung auf menschlichere Verhältnisse muß an die kommenden Generationen weitergereicht werden, und Kast hütet sich vor überschwenglichem Optimismus: er liebt seinen Sohn, weil er „zu den andern gehören könnte, die ungezwungener leben" (S. 169), aber „unserer heutigen Vernunft" gibt er „noch wenige Jahrtausende" (S. 168). Ehekrisen und Trennungen sind in Kasts Freundeskreis so sehr die Regel, daß sich beim Leser die Frage nach dem Zusammenhang mit dem Gesamtsystem unweigerlich aufdrängen muß.

Braun überläßt es den Rezipienten seiner ‚Kast-Berichte', die Antwort auf diese Kernfrage zu suchen. Zerstreut über den ganzen Text findet man kleine Hinweise (vgl. z.B. Kasts Gespräch mit dem Technischen Leiter über den ‚Funktionsteil Mensch'), und jedem wird einleuchten, daß der „gewohnte" Zustand, nämlich die „äußerste Anspannung aller Nerven und Sinne" im Dienst der Produktion (S. 147), auf die Dauer unhaltbar wird. Was den traurigen Schluß der ‚Tribüne' und damit des ganzen Buches betrifft, so muß man etwas Merkwürdiges feststellen: Bleibt man rigoros im Rahmen des vorgegebenen Textes, so kann man dem mutmaßlichen Selbstmord des einst so engagierten Kast kaum etwas Positives abgewinnen (es kommt eher Resignation auf bzw. Zorn gegen diejenigen, die ihn so weit gebracht haben). Denkt man jedoch über Brauns literarische Ahnen nach, so eröffnet sich eine ganz andere Perspektive: nicht nur in Motiven und Formulierungen,[5] auch im Grundgestus erinnert der Schlußteil der ‚Tribüne' sehr an Goethes ‚Leiden des jungen Werthers'. Kast stirbt, aber nicht Braun, der seiner Titelfigur in vielem, jedoch nicht in allem ähnelt. ‚Das ungezwungne Leben Kasts' ist genausowenig wie Goethes Jugendwerk eine Aufforderung zum Selbstmord – es wirkt vielmehr wie ein Aufruf an alle, die Zustände zu beseitigen, die Kast keine andere Alternative gelassen haben. Es bleibt allerdings schleierhaft, warum diese wichtige Botschaft vor allem an diejenigen unter Brauns Lesern vermittelt werden sollte, denen der Goethe-Text geläufig ist.

Seit Publikation der 2. Auflage der ‚Kast-Berichte' sind die meisten Kommentare zu diesem Werk – besonders diejenigen aus dem Westen, aber nicht nur sie – überholt. Angesichts der ‚Tribüne' stimmt es weniger denn je, daß Braun gesellschaftliche Konflikte „herunterspielt",[6] daß die Konflikte „nicht tragisch" seien,[7] oder daß Braun „gegen Kast" schriebe.[8] Eine Bemerkung der DDR-Kritikerin Ursula Reinhold aus dem Jahr 1973 behält ihre Gültigkeit aber heute noch: „. . . Braun macht sichtbar, daß die Rigorosität der Fragestellung, die Unbedingtheit, mit der sein Held Arbeit und Genuß in eins sucht, nichts Ausgedachtes ist, sondern durch den Sozialismus selbst provoziert wird . . ."[9] Die Bedeutung des Wortes „Sozialismus" ist vielfältiger als die in diesem Satz implizierte, doch es ist klar, daß der Lebenslauf etwa eines bundesrepublikanischen Kast ganz andere Konturen aufweisen würde, da ein Sozialist im Kapitalismus in erster Linie *gegen* das bestehende System kämpft (vgl. Kasts Gedanke, „daß es noch niemals so war, daß einer für eine Gesellschaft ist – und doch zugleich sie mit derselben Energie ändern will wie in alten Zeiten . . ." – S. 178). Allerdings darf nicht außer acht gelassen werden, daß die in der DDR vorherrschenden Widersprüche nicht alle unbedingt neuartig sind, was man z. B. an einem von Braun in der ‚Tribüne' verwendeten Stilmittel absehen kann. Die Sprache (eine Mischung aus Alltagsschnoddrigkeiten, sozialwissenschaftlichem Jargon und verfremdeten Zitaten) und die protokollarisch-kühle Erzählhaltung ändern sich von 1959 bis 1974 kaum (es ist erstaunlich, wie früh Braun zu einem eigenen Prosastil fand), doch gegen Ende des letzten Berichts gesellt sich ein Herausgeber bzw. Kommentator zum Ich-Erzähler Kast. Vordergründig wäre das so zu erklären, daß irgend jemand die restlichen „Zettelchen" des Verstorbenen ordnen müßte, aber es kommt noch ein Faktor hinzu: Kasts Denken wird mit der Zeit zunehmend radikaler. Der Herausgeber stellt in der ersten Person Plural – eine gemeinsame Denkweise postulierend – fest, wir hätten gemerkt, „wie gefährlich“ Kasts Zustand gewesen sei (S. 186). In Wirklichkeit verhält es sich so, daß die Verhältnisse, die diesen Zustand verursacht haben, gefährlich sind,[10] und da man ein Risiko einginge, wenn man das öffentlich verkündete, muß der Umweg über die nachgelassenen Papiere Kasts (von dem keine Kritik mehr zu fürchten ist) eingeschlagen werden. Diese Methode ist nicht neu, doch man kann nur hoffen, daß sie in der DDR eines Tages endgültig auf den literarischen Schrotthaufen wird gelegt werden können.

4. Lenins Tod

Im „Lenin-Jahr“ 1970 (man feierte den 100. Geburtstag des russischen Revolutionärs) wurde des Gründers der Sowjetunion auf verschiedene Weise gedacht, und auch zwei deutschsprachige Dramatiker trugen zur Ehrung bei. Peter Weiss' Stück ‚Trotzki im Exil‘ (entstanden 1968–69) wurde veröffentlicht, und Volker Braun schrieb das Schauspiel ‚Lenins Tod‘.[1] ‚Trotzki im Exil‘ wurde damals von den meisten Kritikern verrissen,[2] und die Vorwürfe waren nicht nur ästhetischer Art: „... geringschätzig-ironische Herablassung im Westen, massive politische Angriffe in den sozialistischen Staaten waren die überwiegenden Reaktionen ...“[3] Weiss hatte versucht, einen Mann darzustellen, dessen ganzes Wirken in Osteuropa tabuisiert war – und ist. Der sowjetische Kritiker Lew Ginsburg warf Weiss vor, „ein unwürdiges antisowjetisches Stück“ geschrieben zu haben, eine „grobe ideologische Sabotage“, eine „Beleidigung der Sowjetmenschen und aller wahren Kommunisten“; statt „die schon längst geklärte Verräterrolle Trotzkis“ zu verdeutlichen, habe er „einen bestimmten Misch-Masch aus Trotzkismus, Maoismus, Antisowjetismus und Marcusianismus“ geschaffen.[4] Dafür meinte der trotzkistische Theoretiker Ernest Mandel, Weiss habe „kein ‚trotzkistisches‘ Stück“ verfaßt: „... Heldenverehrung, kritiklose Apologie oder Schwarz-Weiß-Malerei stehen dem Autor fern. Es geht ihm in erster Linie darum, die geschichtliche Wahrheit zu umreißen ..."[5] Gegen die sowjetische Kritik wußte sich Weiss auch selbst zu verteidigen: „... Dieses Stück ... ehrt Lenin, indem es seine fundamentale Regel von der Notwendigkeit der offenen Diskussion befolgt, indem es die Menschen zeigt, die ihm nahestanden, mit denen er sich stritt, an denen er sich entwikkelte, und mit denen zusammen er die größte gesellschaftliche Umwälzung unseres Jahrhunderts einleitete."[6] Weiss plädierte für die Aufführung von Stücken wie ‚Trotzki im Exil' (von denen „ähnliche bestimmt in den Schubladen sozialistischer Autoren" zu finden seien) „auf den Bühnen von Moskau, Prag, Budapest, Rostock oder Ostberlin".[7]

Es lag nahe, diese Stellungnahmen aus der Debatte um Weiss' Stück ausführlich zu zitieren, denn ähnliche – vielleicht sogar dieselben – Urteile wären gefällt worden, hätte es über ‚Lenins Tod' eine kritische Diskussion gegeben. (Interessanterweise heißt die visionäre Schlüsselszene in ‚Trotzki im Exil' – an der man im Osten am meisten Anstoß nahm – ‚Lenins Tod'.) Es ist eine traurige Ironie der Geschichte, daß das Werk des Dramatikers, der im *sozialistischen* Deutschland lebt, einfach totgeschwiegen wird. Auch Brauns Beitrag zum „Lenin-Jahr" gehörte eigentlich auf die obengenannten Bühnen, nicht in die Schublade. In der DDR ist der Titel des Stückes zwar in eine Zeittafel zu Brauns Leben und Schaffen aufgenommen worden,[8] doch er fehlt sowohl in der ‚Geschichte der Literatur der Deutschen Demokratischen Republik'[9] als auch im ‚Lexikon deutschsprachiger Schriftsteller'.[10] In einem 1973 geführten Interview fragte der DDR-Schriftsteller und Kritiker Joachim Walther seinen Kollegen Volker Braun: „Welches Werk hältst du für dein gelungenstes und weshalb?" Die Antwort war: „‚Lenins Tod'. Weil ich das Stück gespielt sehen will."[11] Der – wohl etwas verblüffte – Interviewer Walther war diesbezüglich allerdings nicht weiter neugierig: er ging gleich zu einem anderen Thema über. Acht Jahre nach diesem Interview hat Braun sein Stück weder gespielt noch veröffentlicht gesehen.[12] Um was für ein Schreib-Produkt handelt es sich also, das offensichtlich (zumindest in der DDR) nicht sein kann, weil es nicht sein darf?

Während Peter Weiss im Grunde ein Diskussionsstück schreibt, in dem mittels Rückblenden die wichtigen politischen und kulturellen Auseinandersetzungen von der Jahrhundertwende bis zur Ermordung Trotzkis im Jahre 1940 nachgezeichnet werden, beschränkt sich Braun in seinen 23 Szenen auf die Zeit etwa vom Beginn der NÖP-Periode (März 1921) bis zum Tode Lenins im Januar 1924. Anders als Weiss hält er sich in seinem eher herkömmlichen Geschichtsdrama an die chronologische Abfolge der damaligen Ereignisse. Als zentrales Gestaltungsprinzip läßt sich die Beleuchtung der Vorkommnisse aus verschiedenen Perspektiven erkennen: Sitzungen des Politbüros bzw. des ZK(-Sekretariats) werden einerseits mit den Überlegungen des immer krankeren, von den Entscheidungsgremien immer isolierteren Lenin, andererseits mit den Erlebnissen und Erfahrungen der Massen auf der Straße bzw. in der Fabrik kontrastiert. Im Gegensatz zu ‚Trotzki im Exil' bleiben die kulturellen Debatten der radikalen Intellektuellen und Künstler eher am Rande des Geschehens. Dafür werden die Schriften und Aussagen der Hauptakteure – wie bei Weiss – ausführlich zitiert. (Das gilt vor allem für Lenins letzte Aufzeichnungen, die als sein „Testament" bezeichnet werden.[13])

Bereits in der ersten Szene (‚Markt auf dem Revolutionsplatz') ist im Keim alles enthalten, was sich im Laufe des Stükkes entfalten wird, und Brauns Streben nach differenzierter Charaktergestaltung macht sich auch sofort bemerkbar. Am Anfang fängt ein Händler (d.h. ein ‚NÖP-Mann') einen schmächtigen Jungen, der zusammen mit seinen verwahrlosten Kameraden Piroggen stehlen wollte. Der Händler ist zunächst wütend („Banditen!" – S. 3), doch als der Junge von der großen Hungersnot auf dem Dorf erzählt („. . . Den Kleinen hat Mutter – die Hand festgebunden, weil sie haben sich – angefressen." – ebd.) wird er „sanfter", und der Junge darf die Pirogge essen. Auf einmal drischt er aber „verwirrt" auf ihn ein. (Hat er Schuldgefühle, weil es ihm gut geht?) Drei demobilisierte Rotgardisten (u. a. Markin, dem man auch später begegnet) sehen die ‚Prügelei' und verlangen die Zulassung des

Händlers, den sie für einen Dieb halten, weil er vom NÖP profitiert: ,,Ah, du Händler, stinkst werstweit nach Lavendel, jetzt kriecht ihr wieder vor aus euren vier Zimmerchen, Burschuis, und schachert die Limonen ..." (S. 5) Die analphabetischen Rotgardisten können die – gültige – Zulassung nicht lesen, aber sie werfen den Händler in den Laden und tun so, als wollten sie ihn gleich erschießen. In diesem Augenblick laufen Lenin, Radek und Dsershinski zufällig vorbei und bringen die Sache in Ordnung. Die Bolschewiki-Führer sehen sich also gezwungen, den NÖP-Mann zu verteidigen und die militanten Revolutionskämpfer zu kritisieren: das ist die eigenartige Lage im Jahre 1921. Lenin und die anderen veranstalten dann spontan einen kurzen politischen Lehrgang für die auf dem Markt Versammelten. Radek gesteht, daß das ,,kommunistische Paradies" nur in den ,,Träumen und Broschüren" der Bolschewiki existiert habe, und Lenin umreißt die Hauptaufgabe der Genossen: ,,Jeder gewöhnliche kapitalistische Kommis, in einer Mehlhandlung, versteht sein Fach tausendmal besser als der Genosse, der Kerker und Kugeln nicht fürchtete, und nicht kapiert – daß er arbeiten *lernen* muß! Wir kapieren das nicht, weils noch den kommunistischen Hochmut gibt ... Entweder wir kapieren es jetzt – oder die Sowjetmacht kann so nicht weiterexistieren!" (S. 7f.) Diese bittere Erkenntnis – die Kommunisten müssen (wie einst die Kapitalisten in Westeuropa) zunächst einmal eine Disziplinierung der Arbeitenden durchsetzen – beunruhigt die Umstehenden, doch Lenin betont, daß eine Verschleierung der wahren Verhältnisse nur schaden könnte: ,,... Alle revolutionären Parteien sind daran gescheitert, daß sie überheblich wurden und nicht sahn, was ihre Kraft ist, und Angst hatten, von ihren Schwächen zu reden. – Unsere Kraft seid ihr, unsere Schwäche ist – nicht genügend mit euch zu rechnen..." (S. 8) Damit tritt Lenin als Vertreter der offenen, rücksichtslosen Auseinandersetzung auf, und seine Worte werden begierig aufgenommen, wie die Reaktion einer Frau zeigt: ,,Lieber Genosse, wir hören dich, deine Worte sind so gut ..." (ebd.) In dieser ersten Szene wird allerdings darauf hingewiesen, daß man nicht nur dem volksnahen Pragmatiker Lenin Achtung zollt. Eine alte Frau schreit nämlich: ,,Es leben unsre guten Herrn, die Genossen Lenin und Trotzki!" (ebd.) Braun verschweigt also nicht, daß die beiden damals – entgegen späteren sowjetischen Geschichtsdarstellungen – im Bewußtsein des Volkes gleichsam zu einer Person wurden. Derartige Offenheit prägt auch die folgenden Szenen.

Volker Brauns Werke sind zum größten Teil – in bezug auf die Fragen, die sie aufwerfen – nicht ‚DDR-spezifisch', doch die Szenen in ‚Lenins Tod', die den Machtkampf zwischen Stalin, Trotzki und dem sterbenden Lenin behandeln, sind in der DDR relevanter als im Westen; in den kapitalistischen Ländern stehen auf absehbare Zeit andere Fragen auf der Tagesordnung, während sich die sozialistischen Staaten mit dem Erbe dieses Machtkampfes noch abmühen. Da Brauns ‚Diskussionsszenen' eigentlich nicht so sehr von *dramatischem* Interesse sind, werden an dieser Stelle nur die zentralen *Themen* angeführt. (Die Brisanz liegt wohl darin, daß diese Themen in der Öffentlichkeit – d. h. auf der Bühne – von Menschen aus Fleisch und Blut erörtert werden; auch in der DDR ist z. B. Lenins ,,Testament" in der dort ubiquitären Lenin-Werkausgabe jedem zugänglich, aber das Lesen im stillen Kämmerlein zeitigt eine andere Wirkung als die szenische Veranschaulichung vor einem möglicherweise großen Publikum.) Zusammenfassend könnte man sagen, daß die wesentlichen Aussagen – was ihre Aktualität für die heutige DDR anbetrifft – nicht von Trotzki oder Stalin, sondern von Lenin stammen. Das könnte auch nicht anders sein, denn im Stück kritisiert dieser die Einstellung von *beiden*. (Jenseits dieser Kritik wird aber klargemacht, daß sich Lenin am Ende seines Lebens Trotzki als Bundesgenossen gegen Stalins Machenschaften wünschte.) Lenin warnt vor dem ,,bürokratischen Ungetüm" (S. 10) und prophezeit, die Revolution werde ,,sich selbst . . . für dreißig Jahr" verstümmeln, wenn die Kluft zwischen Partei und Volk nicht überbrückt werde (S. 16). Er bekämpft den ,,großrussischen Chauvinismus" (sprich: Imperialismus) gegenüber den nicht-russischen Unionsrepubliken

(S. 26), der von dem Georgier Stalin („ein wahrer und echter großrussischer Haltsmaul!" – S. 37) vertreten wird. Seine Kritik an Trotzkis autoritärem Führungsstil ist aktuell wie eh und je: „Wir können den Sozialismus nicht durch Erlasse von oben schaffen; wir hören auf, Sozialisten zu sein, wenn wir die Fragen der Demokratie und der Freiheit als belanglos abtun. ... Die Partei hat die Aufgabe, die Tätigkeit der Massen zu lenken, nicht sie zu ersetzen – sie selber muß sich ersetzbar machen. Das ist ihre tiefste Funktion ..." (S. 31 f.) In den Ländern des ‚realen Sozialismus' ist Lenin das große Leitbild, also ist es nicht verwunderlich, daß Braun gerade ihn als Vorkämpfer der Demokratisierung auftreten läßt, doch dieses Verfahren birgt natürlich eine große Gefahr in sich, nämlich die kritiklose Verherrlichung der Lenin-Gestalt. Es ist in der Tat so, daß das von Braun entworfene Lenin-Bild allzu makellos erscheint, und auf die Apotheose, die von Nadeshda Konstantinowna bzw. dem deutschen Arzt Foerster[14] stammt, hätte man auf jeden Fall verzichten können. Will man die wirklichen Verhältnisse im *heutigen* Sozialismus beleuchten, so ist es problematisch, nicht die ganze Wahrheit über die *damalige* Entwicklung darzulegen. Es ist allerdings nicht so, als hätte Braun seine – notwendige – Botschaft nur Lenin in den Mund gelegt, und gerade in der Szene (Nr. 21), in der Lenin infolge eines Schlaganfalls nicht sprechen kann, klingt diese Botschaft am überzeugendsten. Ein Schuster, der Lenin Schuhe anzieht, gibt seine Einschätzung der „Rivaluzion" („... Bin kein Gelehrter, aber Arbeiter, es leuchtet mir ein, was Sie sagen ...") und spricht dabei einen sehr wichtigen Satz: „... Jedes Volk ist eigen, macht seinen eignen Stiefel ..." (S. 82) Mit anderen Worten: jedes Land hat das Recht auf einen eigenen Weg zum Sozialismus. Es gehört zum Dilemma des bestehenden Sozialismus in Osteuropa, daß dieses Recht auch fast sechzig Jahre nach Lenins Tod nur auf dem Papier steht.

Schilderte Braun ausschließlich die Streitgespräche der Sowjetführer, so wäre ‚Lenins Tod' kaum als „Schauspiel" einzustufen, doch das Dramatische kommt – wenn auch nur in einigen Szenen – zu seinem Recht. Auf das Bild des ,,Falstaffschen Hintergrunds"[15] der Revolution in der Eingangsszene wurde oben hingewiesen; um den Rotgardisten Markin, der dort auftritt, wird dann eine Nebenhandlung aufgebaut, die als Kontrast zur Darstellung der Führungsspitze dient. Markin entwickelt sich allmählich – nicht ohne Rückschläge – vom des Lesens und Schreibens unkundigen Soldaten zum klassenbewußten Arbeiter, der die Welt der Bücher sowie die Welt der Arbeit gründlich kennenlernt. In seiner turbulenten Beziehung mit der Arbeiterin Anja überwindet er auch langsam seine patriarchalische Denkweise (ohne freilich ein Anhänger Alexandra Kollontais zu werden), u.a. deshalb, weil Anja es lernt, selbständig zu denken und zu handeln. Die schönste Szene dieser Nebenhandlung – und wohl auch des ganzen Stückes (Nr. 9) – zeugt von der szenischen Phantasie Volker Brauns. Auf der Straße steht eine Menschenmenge vor einer Laienspieler-Schaubühne, und ein ,,Instrukteur" erklärt, man werde jetzt die ,,Prähistorie in der momangtanen Gegenwart" sehen (S. 40). Die Zuschauer, die den Unterschied zwischen Theater und Realität offensichtlich nicht kennen, werden wütend, als sie sehen, wie die deutschen Arbeiter während der französischen Ruhrbesetzung (1923) leiden. Als ,,Poincaré" Arbeiter erschießen läßt, schreit die Menge vor Erregung, und als das ,,Kapital" Kosaken gegen verhungernde Arbeiter und Bauern mobilisiert, greift das Publikum sogar in den Kampf auf der Bühne ein, wobei die Kosaken-Darsteller verprügelt werden! Unter den Zuschauern geht es fast noch bunter zu: ein betrunkener Bettler bittet einen Direktor um einen ,,Zehner, um aufs Wohl der Union zu trinken" (S. 40), Markins Streit mit einem Bauern zeigt, daß die Einheit der Arbeiter und Bauern auf der Bühne eine Erfindung des Agitprop ist (S. 41 ff.), ein ,,materialistischer" Arbeiter möchte nicht ganz auf seinen Gottesglauben verzichten (,,... vielleicht gibt es einen Gott, es wird besser sein, sich mit der Macht und mit Gott gutzustellen, damit es mir gutgeht ... Ich werde so ein künstliches Lämpchen an das Muttergottesbild machen." – S. 42), und der oben erwähnte

Direktor verläßt seine Frau, die mit ihm die Hungerjahre der Verbannung geteilt hat, weil sie ,,zurückgeblieben" sei (und weil er jetzt eine junge Geliebte hat) (S. 43). Am Ende sieht Markin ,seine' Anja mit dem NÖP-Mann aus der ersten Szene vorbeigehen, und er droht, sie ,,in die Produktion" einzugliedern (S. 44). Diese neunte Szene stellt eine gelungene Verbindung von Form und Inhalt dar: das Theater auf der Bühne *und* auf der Straße entwirft das Panorama einer bewegten Zeit; es beschwört eine Welt herauf, deren Vielfalt und Potential wenige Jahre später wie eine glitzernde Fata Morgana verschwand.

In den letzten Szenen von ,Lenins Tod' spielt die Kluft zwischen Vision und Wirklichkeit wieder eine Rolle, und zwar in bezug auf den sterbenden Lenin, der einsehen muß, daß er den Gang der Ereignisse nicht mehr beeinflussen kann (,,... denken können, und nicht handeln – das ist schlimmer ... als tot!" – S. 69). Erst an diesem Punkt werden die Lenin-Auftritte wirklich dramatisch, weil man endlich dem *Menschen* Lenin näherkommt. Er weint, als er an die gescheiterte Revolution in Deutschland denkt, wird ohnmächtig, als er versucht, die Zeitung zu lesen, und muß infolge einer Lähmung noch einmal wie ein kleines Kind schreiben lernen (S. 71 ff.). Um das Ausmaß von Lenins Verzweiflung vorzuführen, griff Braun zu einer sehr wirksamen Technik: in den Szenen 19 und 20 werden die sonst getrennten Schauplätze Lenins Krankenzimmer/Politbüro bzw. ZK nebeneinander aufgebaut. Auf der einen Seite der Bühne sieht man Lenin im Bett bzw. auf einem Stuhl, und manchmal scheint es fast, als könnte er hören, worüber seine Genossen auf der anderen Bühnenseite diskutieren. Während Stalin, Sinowjew und Kamenew gegen Trotzki intrigieren, diktiert Lenin mühsam einen Text über die Notwendigkeit, die Teilnahme der Werktätigen an der ,,Ausübung der Staatspflichten" zu fördern (S. 77), und seine Beurteilung der Erfolgschancen dieser Maßnahme erweist sich als sehr prophetisch: ,,Der Übergang dazu ist besonders schwierig." (S. 78)

Volker Braun wußte, daß das ganze Stück wenig Sinn hätte, endete es mit dieser eher pessimistischen Einschätzung der

Möglichkeiten der Demokratisierung, also ersann er einen Schluß, der alles offenläßt. Ungeachtet des Stücktitels wird der Tod Lenins nicht direkt gezeigt; man sieht nur die Reaktionen der Arbeiter – nicht der Parteiführer – auf dieses Ereignis. Dabei scheint es zunächst, als wäre Braun der bloßen Propaganda bzw. dem Kitsch verfallen. Zuerst sieht man eine Projektion von Briefen parteiloser Arbeiter, die sich verpflichten, in die RKP einzutreten. Markin läuft vor diese Projektion und unterschreibt „mit großen, noch ungelenken Buchstaben" (S. 84). Darauf folgt die Schlußszene, in der Anja einen Sohn gebärt. Nach einer lustigen Diskussion unter den Familienangehörigen über den ‚richtigen' Namen für das Kind entscheidet sich Anja für „Wolodja", den Kosenamen Lenins. Bis zu diesem Zeitpunkt könnte man meinen, Braun mache es sich viel zu leicht: Lenin stirbt, aber die Geburt Wolodjas symbolisiert den neuen Anfang, der zum Ziel führen wird. So einfach ist es aber nicht. Ganz am Ende erscheint Markin mit einem Stoß Bücher, und er teilt den Anwesenden mit, Lenin sei gestorben. Alle anderen weinen, während Markin „lächelnd" zu dem Kind hinstarrt. In diesem Augenblick stürzt Radek herein, und seine Fragen beschließen das Stück: „Genosse Markin, was hast du gelernt? [Packt ihn an der Brust, scharf:] Was hast du gelernt? Werden wir leben wie Freie, oder wie Knechte?" (S. 86) Diese Frage wird an die Zuschauer weitergereicht, die sie gemäß ihren eigenen Erkenntnissen und Erfahrungen beantworten müssen. Als Ausgangspunkt für eine Diskussion zwischen den Schauspielern und dem Publikum würde sich die Schlußfrage Radeks gut eignen.

Es scheint aber müßig zu sein, von Diskussionen im Theater zu reden: auch jetzt, über ein Jahrzehnt nach seiner Entstehung, ist ‚Lenins Tod' ein völlig unbekanntes Werk. Veröffentlicht wurden bisher nur die beiden Gedichte ‚Lied der Gleichen' und ‚Lied vom Kommunismus',[16] die in das Stück eingebaut sind. Volker Brauns Schauspiel ist ein Politikum ersten Grades, weil es grundlegende Fragen aufwirkt, die man in der DDR nicht öffentlich diskutieren darf. Auch im Stück selbst weiß Lenin keine befriedigende Antwort auf Trotzkis Kernfrage: „Verwirklicht denn die Partei *in sich selbst* die Demokratie?" (S. 33) Es unterliegt keinem Zweifel, daß die Uraufführung von ‚Lenins Tod' nur ein kleines Nebenprodukt von gewissen politischen Veränderungen sein wird, die zur Zeit noch nicht in Sicht sind.

5. Gegen die symmetrische Welt

Der Titel des Lyrikbandes ‚Gegen die symmetrische Welt', der zwischen 1969 und 1973 entstandene Gedichte enthält, bezieht sich auf eine Stelle in einem Brief Hölderlins an seinen Bruder aus dem Jahre 1799 (s. u.). Wie im Fall von ‚Wir und nicht sie' bezeugt also bereits das Titelblatt, wie sehr Brauns Bemühungen um Gegenwärtiges von einer Auseinandersetzung mit vergangenen Epochen der deutschen Geschichte geprägt sind, wie wesentlich die Vorstellung der Prozeßhaftigkeit ist. Trotz dieser unübersehbaren Gemeinsamkeit macht sich jedoch eine gewisse Akzentverschiebung bemerkbar: während Braun einst die Aussage Klopstocks im Bewußtsein des inzwischen Erreichten glaubte umkehren zu können, tritt er jetzt eher als Gesinnungsgenosse Hölderlins auf. In der betreffenden Briefstelle heißt es: „... die Besten unter den Deutschen meinen meist noch immer, wenn nur erst die Welt hübsch *symmetrisch* wäre, so wäre alles geschehen."[1] Es liegt auf der Hand, daß Braun, der sich seit jeher in der DDR für das Recht auf ‚Ecken und Kanten' einsetzt, im schönen Satz seines Vorgängers eine noch aktuelle Einsicht erblicken müßte, und eben dieser Satz wird im Gedicht ‚An Friedrich Hölderlin' zitiert: „Dein Eigentum auch, Bodenloser / Dein Asyl, das du bebautest / Mit schattenden Bäumen und Wein / Ist volkseigen; / Und deine Hoffnung, gesiedelt / Gegen die *symmetrische Welt!* ..." (S. 18). Es ist im Grunde dieselbe Stimmung, die in ‚Wir und nicht sie' vorherrscht: das Geleistete wird nicht heruntergespielt (der Boden ist volkseigen), doch es ‚tröstet' den Dichter nicht. Gleichzeitig wird kein Zweifel daran gelassen, daß sich Hölderlins

Traum von einer humanen Gemeinschaft, in welcher Menschenliebe mehr gelten sollte als Ordnungsliebe, verwirklichen wird: „... Brust an Brust weitet sich so, daß die aufsprengt diese / eiserne Scheu voreinander! ..." (ebd.) Dieses Gedicht ist ein Beispiel dafür, wie ein produktives Verhältnis zum Kulturerbe aussehen sollte: jenseits höflich-musealen Interesses wird Hölderlins Denken und Schaffen nach heute noch Gültigem hin untersucht (das falsche Gefühl historischer Überlegenheit hat hier nichts zu suchen). Zu dieser Einstellung dem Erbe gegenüber gehört allerdings auch der Mut, das historisch Überholte im Werk der ‚Olympier' ans Licht zu bringen, und das tut Braun auf überzeugende Weise im Gedicht ‚Im Ilmtal', das an Goethes ‚An den Mond' erinnert. Während Goethe beim Gang durch die schöne Landschaft sich nach verlorenem Liebes- bzw. Freundschaftsglück sehnt („... Selig, wer sich vor der Welt / Ohne Haß verschließt, / Einen Freund am Busen hält / Und mit dem genießt ..."), beklagt Braun gerade seine ungewohnte Absonderung von der Welt. Der Grund für die Isolation („... Einmal lebte ich so, freudig / Mit den Genossen ..." – S. 16) bleibt unausgesprochen, und das private Glück reicht zur Beruhigung nicht hin: „... Nicht glücklich kann ich verschließen / Mich mit ihm vor der Welt ..." (ebd.) An die Stelle der bürgerlichen Idylle tritt das Ideal einer sozialistischen Lebensweise: „... Zu den verstreuten, tätigen / Gefährten, wer es auch sei, muß ich kommen, und nie / Verlassen den großen Kreis // Und was ich beginne, mit ihnen / Bin ich erst ich / Und kann leben, und fühle wieder / Mich selber in meiner Brust." (S. 17). Die beiden Gedichte ‚An Friedrich Hölderlin' und ‚Im Ilmtal' beleuchten zwei Pole des lyrischen Ichs in ‚Gegen die symmetrische Welt': einerseits begegnet man dem Vorwärtsdrängenden, dessen Begeisterung sich von Illusionen freihält, andererseits trifft man auf einen zeitweilig Resignierten, der sich an Hindernissen wund stößt. Erst beide Aspekte zusammen ergeben ein Gesamtbild des lyrischen Ichs.

Die poetischen Erkundungen dieses Bandes werden – auch dies eine Ähnlichkeit mit ‚Wir und nicht sie' – von zwei wichtigen Gedichten gleichsam umrahmt, die das Andauern der Kämpfe und die qualitativ neue Stufe der Auseinandersetzung thematisieren. Im früheren ‚Lagebericht' wurde die Propaganda-Schlacht der am Status quo Interessierten mit einer Vision der um sich greifenden Masseninitiative von unten kontrastiert. In ‚Freiwillige Aussage' wird eine Suche nach der Realität hinter diesen „Lösungen" und „Parolen" angekündigt („. . . Auf der Straße ohne Vorsatz, mit bloßem Auge . . ." – S. 7), und der Suchende ist diesmal als Individuum erkennbar: „. . .Ich schlage (mein Beruf) die Schalungen vom Beton / Von der Brust . . ." (ebd.). Statt die künftige Entwicklung vorwegzunehmen, richtet der Beobachter seinen Blick auf die Gegenwart, auf die alltäglichsten Dinge: „. . . Was bleibt? unter den Deckgebirgen / Der Verheißungen, kühl und wirklich das Leben / Die Mühe, die Lust, der kalte Kaffee . . ." (ebd.). Die Bilanz, die im Schlußgedicht ‚Der Lebenswandel Volker Brauns' gezogen wird, fällt auch nicht so positiv aus wie diejenige in ‚Um sinnloses Wutvergießen zu vermeiden'. Die damalige Zuversicht des kollektiven „Wir", die trotz aller zur Kenntnis genommenen Gefahren geäußert wurde, weicht jetzt der Unsicherheit eines durchaus verwundbaren Einzelnen: „. . . Für einen Augenblick im Dämmer seh ich meine / Schienbeine glänzen / Wie Totengebein, und ich liege abwesend von mir / Und ich frage mich, ob ich zuviel nicht rede // Zuviel nicht rede für unsern Kopf und Kragen." (S. 86) Angesichts der vorherrschenden Stimmung in diesen ‚Rahmengedichten' kommt man nicht umhin, danach zu fragen, inwiefern der charakteristische Aktivismus des Lyrikers Braun sich mit dem utopischen Hoffen sowie dem Anflug von Resignation in den in ‚Gegen die symmetrische Welt' gesammelten Versen vereinbaren ließe.

Die Bestimmung des neuen Standorts zwischen Utopie und Gegenwart ist eine zu schwere Aufgabe, als daß sie in einem Anlauf erledigt werden könnte: verschiedene Perspektiven sind dazu erforderlich. Das Gedicht ‚Karl Marx' trägt z. B. zur Orientierung auf der Ebene der revolutionären Theorie bei. In drei Teilen wird angeblich ‚objektiv' berichtet (die ironische

Umkehrung muß vom Leser geleistet werden), was uns Marx abgenommen bzw. überlassen hätte. Nicht mehr nötig wären die „Mühe" seiner „übermenschlichen Arbeiten" und die grausame „Härte" gegen sich selbst, seine Familie und seine Mitarbeiter (S. 46). Vererbt hätte er uns allerdings eine Haltung, die im Laufe der Zeit immer unentbehrlicher werden müßte:

> . . . Aber was hat er uns überlassen!
> Welchen Mangel an Illusionen.
> Welchen weltweiten Verlust
> An sicheren Werten. Welche verbreitete
> Unfähigkeit, *sich zu unterwerfen!*
> Und wie ausgeschlossen, unter uns
> Nicht *an allem zu zweifeln.* Seither
> All unsre Erfolge: *nur Abschlagszahlungen*
> Der Geschichte. Dahin die Zeit
> Sich nicht *hinzugeben an die Sache*
> Und wie unmöglich, nicht ans Ende zu gehn:
> Und es nicht für den Anfang zu halten!
> (S. 47)

Entspräche dieses Bild tatsächlich der DDR-Wirklichkeit, dann würde zweifellos passieren, was Wolf Biermann einmal – in einem anderen Zusammenhang – prophezeit hat: „. . . Zu uns fliehn dann in Massen / Die Menschen, und gelassen / sind wir drauf vorbereit' . . ."[2] Da die explosive Verquickung von Hingebung und Zweifel jedoch immer noch unerwünscht ist, muß agitiert werden, und das ‚Revolutionslied' zeigt, was für eine Agitation vonnöten ist. Braun kämpft hier gegen die Gefahr der Verkleinbürgerlichung: „. . . Keine Laus im Fell mehr und kein Loch im Bauch / Die warme Stube auch – / Das kann nicht alles sein . . ." (S. 48)[3] Die „Freie(n)" – so werden die Genossen und Mitbürger angeredet – wären erst dann wirklich frei, wenn sie den künftigen Kurs selbst bestimmen könnten. Das Volkseigentum an den Produktionsmitteln ist nur der erste

Schritt: „,. . . Nicht die Fabriken nur: den Staat . . .“ (ebd.) Die Wir-Form, in der die Weiterführung der Revolution in Richtung sozialistische Demokratie gefordert wird („,. . . Es reicht uns noch nicht aus . . .“-ebd.), wirkt wegen seiner Abstraktheit nicht ganz überzeugend; dafür kommt ein Schichtarbeiter in einem anderen Gedicht selbst zu Wort. In ‚Allgemeine Erwartung‘ ist die Botschaft dieselbe (der Vers „Das kann nicht alles sein“ wird sogar sechsmal zitiert), doch diesmal lernt man die konkreten Bedingungen kennen, denen die Forderungen und Hoffnungen entspringen. Der Arbeiter, der „,. . . in einer Halle / Die vor Hitze flirrt . . .“ (S. 55) laut denkt, ist ein Held, und zwar gerade deshalb, weil er keiner ist: „,. . . Ich Selbstausbeuter, Hennecke, inoffizieller / Held der Arbeit, die eine Sache der Ehre ist / (Die Ventilatoren sind ausgefallen!) . . .“ (S. 56) Bei aller Kritik möchte er das bisher Geleistete nicht bagatellisieren („,. . . Schon das . . . / Ich hätte es nicht gedacht / Von mir und meinen bedenklichen Brüdern / In diesem besessenen Land . . .“ – S. 57),[4] doch er wird das Gefühl nicht los, daß das erst der Anfang ist: „,. . . Das meiste / Ist noch zu erwarten.“ (S. 59) Diese Schlußfolgerung rührt nicht zuletzt von höchst persönlichen Überlegungen her: allmählich dämmert es dem Arbeiter, daß der Vorrang, welcher der Intensivierung der Produktion gegeben wird, unweigerlich zu einer ‚Programmierung‘ aller Aspekte seines Lebens geführt hat: . . .„Und am Abend, nach diesem heißen Tag / Sehe ich ein / In etwas Hingestrecktes, mein Leben: / Eine beschlossene Sache . . .“ (S. 58). Diese Vorstellung, daß die ‚große Ordnung‘ funktioniert, während die Menschen kaum dazu kommen, nach dem Sinn ihres schnell vorbeifließenden Lebens zu fragen, taucht in ‚Gegen die symmetrische Welt‘ immer wieder auf und wird zum Drehpunkt des ganzen Bandes. Hierin liegt die ‚Verpersönlichung‘ von Brauns Lyrik, die Haltung, „die sich nicht so forciert für eine Sache engagiert, sondern für die vielen Sachen, die zum Menschen gehören“.[5]

Die schreibenden Männer in den westlichen Industrieländern haben dank der neuen Frauenbewegung der letzten Jahre gelernt, daß auch das Persönliche ‚politisch', d. h. wichtig ist. Da es in Osteuropa keine solche Bewegung gibt, ist diese Erkenntnis dort keine Selbstverständlichkeit, und ihre Veranschaulichung in Volker Brauns kurzem Gedicht ‚Beratung' ist deshalb um so beachtenswerter:

Zu den Seiten meines Tisches
Hängen zwei Bilder. Den Besucher
Setze ich so, daß er das Massaker von Guernica
Betrachten kann, und während er spricht
Sehe ich den Garten der Lüste.
Über den breiten Tisch
Schwankt das Gespräch.
(S. 10)

Diese programmatischen Verse sollten allerdings nicht den Eindruck entstehen lassen, als ließe sich dieses Ideal des ‚schwankenden' Gesprächs – geschweige denn des in jeder Hinsicht intensiven Lebens – mühelos realisieren. Im spielerischen Gedicht ‚Die Austern' erfährt man z. B., daß das Kulinarische eine Kunst ist: die „Wolfs" werden bewundert, weil sie so „gründlich" fressen („... Das sind noch Menschen ..."), während Braun „die nackten Tierchen" erst mit Zitrone „betäuben" muß, ehe er sie „mutlos" schluckt (S. 11). Am Ende kommt eine Einsicht, die man schwerlich in früheren Braun-Gedichten hätte finden können: „...So, sage ich nun, das // Leben zwischen Gier und Abscheu / Zergehen lassen auf der Zunge, ja." (ebd.). Die schon immer gepriesene Dialektik wird nun auch auf das eigene Leben (nicht nur auf die gesellschaftliche Entwicklung) bezogen. Die neue Haltung könnte auch als „fröhliche Trauer" (so der Titel eines dem verstorbenen Lyriker Georg Maurer gewidmeten Gedichts) bezeichnet werden. Das lyrische Ich, das jetzt eine unerhörte Verwundbarkeit an den Tag legt („Jeder Schritt, den ich noch tu, / reißt mich auf." – ‚Die Morgendämmerung', S. 22), sucht unaufhörlich nach dem Sinn des Lebens. Der Mann, der den „Schatz" bei seiner

Geliebten zu finden hofft, ist der Verzweiflung nahe, weil seine „plumpen Schritte" nichts taugen: „... Wo ist der Gang / In diese Tiefe, der Blick woher / In dies versiegelte Feld? ..." (‚Schwierige Forschung', S. 13). Das Schatz-Motiv kehrt in ‚Du liegst so still' wieder, wo das nächtliche Grübeln zu einer Trennwand zwischen den Partnern wird: „Du liegt so still, in dich versenkt / Schatz, ungehoben, jede Nacht ..." (S. 15). Der neue Hang zum Nachsinnen ist hier die Angelegenheit eines Individuums, doch in ‚Das Eigentliche' (S. 38) macht Braun deutlich, daß er gegen einen *kollektiven* Verdrängungsmechanismus ankämpfen will, und die Wir-Form weist darauf hin, daß er sich als Mitverantwortlicher empfindet. Wie schon in ‚Freiwillige Aussage' wird von der Scheinwelt der Propaganda[6] Abschied genommen: „... In unsern Redensarten, Freunde / Kann der Sinn nicht ganz liegen ..." Da Braun seine Leser zum Nachdenken bringen will, erklärt er nicht, was das „Eigentliche" ist; man erfährt nur, daß es „mit vielem Getue" umgebracht, „mit grämlichem Eifer" zugeschüttet, „in aller Eile" vergessen und „wie eine Freude" gescheut wird. Gerade das Letzte, diese Scheu, deutet an, worauf Braun vielleicht hinauswill: das, was die Handwerker, Denker, Priester usw.[7] erst zu Menschen macht, ist nicht das Wohlgeordnete, Eingeplante, Glatte, sondern das Spontane, Unerwartete, Naive. Die allzu weit verbreitete Angst vor Innenschau und Selbsterkenntnis, die einst den Idealisten Hölderlin (und dessen Deutschlandbesucher Hyperion) vor Wut und Betrübtheit rasen ließ, zermürbt auch noch den nachgeborenen Materialisten Braun, der als Bürger eines sozialistischen Staates zumindest theoretisch ganz andere Zustände erwarten dürfte. Ein bedeutender Teil der Gedichte in ‚Gegen die symmetrische Welt' setzt sich mit einer zählebigen deutschen Hinterlassenschaft auseinander, die von den offiziellen Hütern des ‚Kulturerbes' geflissentlich übersehen wird.

Vor einigen Jahren meinte die DDR-Kritikerin Sigrid Damm, Braun habe mit diesem Gedichtband „erst am Anfang einer dritten Schaffensphase" gestanden.[8] Hinzuzufügen wäre, daß er gleichzeitig frühere Schaffensphasen weiterführt. Dazu gehört z.B. das erschütternde Gedicht ‚Tag und Nacht', in dem gefragt wird, wie der ‚normale' DDR-Alltag angesichts der Greuel des Vietnam-Krieges weitergehen sollte: „... Und dieselbe bist du / Oder ich, das wissend und auch / fühlend ..." (S. 21) (Vgl. ‚Elendsquartier' in ‚Wir und nicht sie'.) Der Agitprop-Ton der ‚KriegsErklärung' klingt in „Armstrong, Aldrin, Collins" an, und zwar in einer nicht gerade glücklichen Verbindung mit der Sprache der ‚Kosmonauten-Gedichte' aus den frühen sechziger Jahren. Neben der Herausbildung der ‚neuen Subjektivität' ist es aber vor allem der Internationalismus – wie schon in ‚Wir und nicht sie' – um den sich Braun bemüht. In ‚Der Lebenswandel Volker Brauns' heißt es dazu: „... Was soll die Versessenheit? / An ein Land nur verschwend ich mich länger nicht ..." (S. 86) Diese Einstellung paßt ohne weiteres zum oben skizzierten Bild des ‚suchenden Subjekts', doch es fällt ein anderer Satz, der einen nur befremden könnte: „Als wir eines Tages wußten / Daß das Wichtigste getan war / In unserem Land / Kamen wir uns auf einmal seltsam / Allein vor ..." (‚Der geflügelte Satz', S. 75) Es ist kaum zu fassen, aber diese Verse stammen vom selben Dichter, der sich zu beißender Kritik verpflichtet fühlt: „... Eingezwängt Hals Knochen Schwanz / In den Apparat. / Bestochen von Bajonetten und schönen / Worten, die jeder wechseln muß / An Denken gar nicht zu denken ..." (‚Unwirsche Auskunft', S. 36) Durch ‚Gegen die symmetrische Welt' geht ein tiefer Riß, der den Genuß der gelungenen Gedichte – vor allem der ersten zwei Teile – im nachhinein relativiert. Jenseits von Zweifel und Analyse wird die sozialistische ökonomische Integration in den RGW-Ländern zum leuchtenden Wegweiser in die Zukunft erhoben. Mittels Humor und Ironie werden die grundlegenden Schwierigkeiten in heitere Mißverständnisse verwandelt (vgl. ‚Aussage des ungarischen Ingenieurs Lajos K. vor der Konfliktkommission'), und Braun ist sogar nahe daran, die osteuropäische Landschaft als eine regelrechte Märchenwelt darzustellen: „Thrakien, welch Blühn. Die kleinen Bäume /

Starren vor roten Äpfeln. Der Wein / Mit seinen vielfältigen Brüstchen, hängt / Vor dem Mund in den Lauben ..." (,In aller Freundschaft', S. 66). Um die Annäherung durch wirtschaftliche Zusammenarbeit nicht zu technokratisch-abstrakt erscheinen zu lassen, muß auch eine schöne Liebesgeschichte her: die leidenschaftliche Zuneigung des DDR-Deutschen Roland zur Polin Jana überwindet alle Hindernisse, und auf der Hochzeit ist man sich einig: „... zwei Länder geben mehr / An Spaß her als nur eins, nach so schwieriger / Verbindung." (,Annäherung', S. 65) In ,Leichter, ungeheurer', einem überlangen Gedicht im Majakowski-Stil, wird zwar Kritisches zu diesem Thema vorgebracht („... Da kann ich mich einpacken / oder die Frau / In brüderliche Entschlüsse / wenn ich nicht rede ..." – S. 81), doch man übersieht es fast inmitten des lyrischen Dickichts. Das rätselhafte Wesen des Braunschen Zwiespalts läßt sich nicht so leicht erhellen, doch der Vergleich von zwei poetischen ,Städtebildern' verschafft einem zumindest ein paar Aufschlüsse darüber. Das schöne ,Gdańsk' („Meine mögliche Heimat ..." – S. 67) wird nicht nur als „koloriertes Märchen" (ebd.), sondern auch als ehemaliger Kriegsschauplatz erlebt: „... Wand um Wand stürzt die / Stadt in die Geschichte ..." (S. 68) In künftigen Jahren, nachdem die Konflikte zwischen Polen und Deutschen längst vergessen wären, würde die wiederaufgebaute Schönheit der Stadt alle Menschen erfreuen: „... Jedem gehörig / Ihr Glanz ..." (S. 69) Solch utopische Zustände können heraufbeschworen werden, weil keine tagespolitischen Unannehmlichkeiten im Wege stehen (man schreibt das Jahr 1973). Anders im Gedicht ,Prag': hier wird so sehr laviert,[9] daß der Leser weder ein Bild der ,goldenen Stadt' noch eine eindeutige Stellungnahme zu den Ereignissen des Jahres 1968 bekommt. Die Schrecken werden zwar nicht verschwiegen („... Die Eingebornen wie / Wachsfiguren, blicken /Aus der Wäsche, bleich, auf / Bajonette ..." – S. 59), doch es bleibt unklar, inwiefern sie für den Besucher tatsächlich welche sind: „... So liegt die Stadt / Sicher, darnieder, gerettet / Womöglich, vor sich und der herstürzenden /

Flut ... Die leisen Frauen / Wen nähren die Brüste noch: freie Knechte / Oder Freie? ..." (S. 50f.) Die Verwendung von moralischen Kategorien („...So war es. Ich sage dafür nicht gut / Oder böse ..." – S. 52) verschleiert die Notwendigkeit einer politischen Beurteilung von politischen Vorgängen. Man muß leider feststellen, daß Braun trotz seiner Hölderlin-Bewunderung manchmal (unbewußt?)[10] noch zur Verfestigung einer symmetrischen Welt beiträgt. Vgl. dazu das Selbstporträt des Schwankenden: „... Mit gemischten Gefühlen harre ich meiner Entschlüsse ..." (‚Der Lebenswandel Volker Brauns', S. 86)

Als ‚Gegen die symmetrische Welt' 1974 erschien, meinte der Lyriker und Kritiker Yaak Karsunke, Brauns „dialektische Betrachtungsweise" finde „ihre sprachliche Entsprechung in einer sehr komplexen Bauart der Gedichte, einer äußerst verschränkten Montage"; anders als in ‚Wir und nicht sie' führe der neue Band „die komplizierte Technik" jedoch „in oft schon fast täuschender Einfachheit vor".[11] Es stimmt schon, daß Braun seine poetische Technik viel sicherer handhabt als im vorigen Band (was nicht zuletzt mit der Themenwahl zusammenhängt), doch die wachsende Virtuosität geht nicht unbedingt mit einer Erleichterung der Leser-Arbeit einher. Die Auseinandersetzung mit den z. T. schwer zugänglichen hymnischen Dichtungen Hölderlins eröffnet neue Perspektiven, fördert aber nicht unbedingt deren Vermittlung. Hinzu kommt, daß die früher intensive Rezeption der Brechtschen Lyrik (außer in den Kurzgedichten ‚Bauarbeit', ‚Beschäftigung' und ‚Beratung', im ‚Revolutionslied' oder in ‚Der Lebenswandel Volker Brauns') in diesem Band kaum zu Buch schlägt. Die Gefahr einer Hinwendung zum Dialog mit der Elite der sozialistischen Leserschaft ist durchaus da.

6. Tinka

Auf dem XXIV. Parteitag der KPdSU (30. 3.–9. 4. 1971) wurde verkündet, die Hauptaufgabe des Fünfjahrplans bestehe darin, ,,einen bedeutenden Aufschwung des materiellen und kulturellen Lebensniveaus des Volkes auf der Grundlage eines raschen Entwicklungstempos der sozialistischen Produktion und der Steigerung ihrer Effektivität, des wissenschaftlich-technischen Fortschritts und der Beschleunigung des Wachstums der Arbeitsproduktivität zu sichern".[1] Zwei Monate später wurde auf dem VIII. Parteitag der SED (15.–19. 6. 1971) die Direktive zum DDR-Fünfjahrplan formuliert, in der es zur ,,sozialistischen Rationalisierung" hieß: ,,... Es geht bei der Rationalisierung im umfassenden Sinne um die rationelle Gestaltung der gesellschaftlichen Arbeit auf allen Gebieten. Sie ist auf die Modernisierung der vorhandenen Technik, die Mechanisierung, die Teilautomatisierung und auf die Automatisierung ausgewählter volkswirtschaftlicher Vorhaben zu richten. ... Dabei kommt der schöpferischen Mitarbeit, der Mitbestimmung und aktiven Einbeziehung aller Werktätigen große Bedeutung zu ..."[2] Diese beiden Zitate umreißen den Hintergrund, vor dem sich die Handlung von Volker Brauns 1972–73 entstandenem Stück ‚Tinka' abspielt.[3] Nach einem mühseligen dreijährigen Studium kehrt die ehemalige Arbeiterin Tinka als Ingenieurin in ihren alten Betrieb zurück, um die lange geplante Automatisierung der Produktionsanlagen miteinzuführen. Gleich nach ihrer Ankunft verflüchtigt sich jedoch die hoffnungsvolle Perspektive: auf höherer Ebene ist gerade beschlossen worden, die Verwirklichung des Projekts auf unbestimmte Zeit hinauszuschieben, und der alte Werkleiter, der sich gegen diesen Beschluß wehrt, stirbt während der Verhandlung mit Beauftragten des Ministeriums an Kreislaufversagen. Tinkas Versuch, die Verschleierungspraktiken des neuen Werkleiters Dunkert und das Taktieren ihres Verlobten Brenner (er ist technischer Leiter des Betriebs) und des Parteisekretärs Ludwig ans Licht zu bringen, stiftet große Verwirrung, kann den Beschluß aber nicht ändern. Es scheint also auf den ersten Blick so zu sein, als hätte Braun mit ‚Tinka' einen aktuellen Beitrag zur Gattung des Produktionsstückes beigetragen.

Dieser Eindruck ist insofern richtig, als eine Untersuchung

der Produktions*verhältnisse,* nicht aber der Produktiv*kräfte* damit gemeint ist. Der Ort der Handlung ist ein nicht näher bezeichnetes „Werk" in Magdeburg, doch man erfährt nicht, was dort produziert wird: schon diese Tatsache beweist, daß die Frage der Automatisierung nicht an sich betrachtet, sondern nur als Auslöser des Bühnengeschehens verwendet wird. (In keiner Szene – im Gegensatz zu einem Stück wie z. B. Heiner Müllers ‚Der Lohndrücker' – wird der eigentliche Produktionsprozeß dargestellt; man befindet sich dafür oft im Werkleitungszimmer bzw. in dessen Vorzimmer oder im Parteileitungszimmer.) Anders als in ‚Die Kipper', ‚Freunde' und ‚Hinze und Kunze' nehmen Arbeiter – vielleicht mit Ausnahme von Helga – im Grunde nur Statistenrollen ein. Die Konflikte werden im fast intim wirkenden Kreis der ‚Planer und Leiter' ausgetragen, zu dem vor allem der Werkleiter Dunkert, der technische Leiter Brenner und der Parteisekretär Ludwig, daneben auch die Ingenieure Kahlfeld und Windelmann und – dank eigener Initiative – Tinka gehören. Die „Mitbestimmung der Werktätigen" (vgl. oben) schrumpft auf eine bloße Phrase zusammen, und die passive Arbeiterschaft wird einmal sogar von Tinka – die sich für ihre Rechte einsetzt – eher herablassend als Agitationsobjekt geschildert: „... Die müßten mehr Arbeit kriegen als nur die Produktion. Und sich selber herstellen – als die herrschende Klasse. Und ihre Lage debattieren, als ging es um ein Abseitstor oder die Stellungen beim Beischlaf, und von ihrem Thema ab- und zur Sache kommen ..." (S. 150) Es ist immer problematisch, die Aussagen einer dramatischen Gestalt mit den Meinungen des Autors gleichzusetzen, doch wenn Braun selbst auch nur annähernd Ähnliches dächte, wären seine Überlegungen zum Thema ‚sozialistische Demokratie' kaum ernst zu nehmen. In ‚Tinka' gehören die Arbeiter im Grunde nur als Abwesende bzw. nicht Stimmberechtigte zum System gesellschaftlicher Beziehungen, das die Produktionsverhältnisse bilden; diese fatale Konstellation ist zwar nur ein Nebenaspekt der Handlung, doch ihre bloße Existenz läuft auf eine grundsätzliche Kritik der herrschenden Zustände hinaus.[4]

Im Programmheft der Städtischen Theater Karl-Marx-Stadt zur Uraufführung von ‚Tinka' (am 29. 5. 1976) kann man am Ende einer Nacherzählung der Fabel folgendes lesen: „... Nicht um Fragen der besseren Technologie, sondern um ‚Intensivierung der Beziehungen zwischen uns' geht es Volker Braun in diesem Stück, denn nur an den Beziehungen zwischen den Menschen ist der Stand der erreichten gesellschaftlichen Entwicklung zu messen ..." In diesem Stück handelt es sich vor allem um die Beziehungen zwischen den oben angeführten ‚Planern und Leitern' und der ‚Unruhestifterin' Tinka, und Braun entwirft dabei eine Reihe von Gestalten, deren Verhaltensweisen nicht so sehr qualitativ neu als eher aus früheren Epochen wohlbekannt sind. Dunkert ist z. B. der Urtyp des opportunistischen Bürokraten, der keine Widersprüche „aufreißen" will (S. 131), der stur alles ausführt, was ihm vorgesetzt wird: „... Er arbeitet wie ein Pferd – wenn er im Kreis gehn kann ..." (S. 143) Dunkert ist allerdings mehr als ein leeres Gefäß, das einfach mit Beschlüssen von oben gefüllt wird: als eindimensionales Stehaufmännchen wäre er kaum von dramatischem Interesse, doch es stellt sich allmählich heraus, daß er sich immer wieder überwinden muß, um seine farblose Fassade aufrechtzuerhalten. Einerseits bestreitet er, daß er selbständig denken könnte: „... Ich bin gewöhnt, seit ich selber denken kann, meine Gedanken beim Frühstück, aus der Zeitung, zu erfahrn, sind es nicht meine? ..." (S. 174) Andererseits erfährt man, daß er es auf unangenehme Weise lernen mußte, die eigenen Vorstellungen zu verschweigen: „... Ich mache keine Fehler mehr, höchstens die der andern ..." (S. 160) Es entsteht das Bild eines Mannes, der unter der systematischen Austilgung seiner Identität leidet, ohne daß er stark genug wäre, dem Druck von außen Widerstand zu leisten: „... doch hab ich mich selbst satt jetzt, wenn ich nur im Auftrag lebe und nicht lebe, nur funktioniere, damit die Arbeit rollt! Was nützt mir, daß ichs aus Bewußtsein tue – wenn ich dabei keins brauch? ... Weshalb ich auch mit mir nicht rede, oder nur sozusagen dienstlich, jedenfalls nicht unter zwei Augen ..." (ebd.).

Es braucht kaum betont zu werden, daß ein System, das verantwortliche Stellen mit solchen ‚Selbstverleugnern' besetzt, grundlegende Schwächen aufweist; dasselbe System bringt aber auch Menschen wie Dunkerts Gegenspieler Ludwig hervor, dessen Potential ganz andere Möglichkeiten ahnen läßt. Wie Dunkert hat er sein Leben auf der sozialistischen Achterbahn verbracht: „... ich war Arbeiter, Abstieg in die Intelligenz: Gewi im Direktstudium ... Sprung in die Ökonomie, Sturz in das Ministerium, langsames Hochangeln bis an die Basis ..." (S. 130) Auch er hat zu ‚taktieren' gelernt, doch Brenner gegenüber warnt er vor den Folgen dieser „Berufskrankheit": „... hüte dich davor. ... Eh du es dir zugibst, bist du ein schwerer Fall und hast eine zweite Natur. Du weißt nicht mehr: denkst du selber, was du sagst? Bist du das, oder eine Maske? Keiner kennt dich mehr ..." (S. 136) Über diese Warnung hinaus denkt Ludwig auch über die systembedingten Hintergründe dieses Phänomens nach. Er glaubt zu erkennen, daß die menschliche Natur der Entwicklung der Technik untergeordnet wird („... Wir sind mehr die Erben Newtons als die von Marx ..." – S. 142), daß die Produktion immer mehr zum Hauptinhalt des Lebens erhoben wird, und zwar zum Nachteil anderer menschlicher Bedürfnisse: „... Um uns gehts fast nicht ..." (S. 163) Schließlich sieht er ein, daß der Widerspruch „Disziplin oder Demokratie" (S. 165) nur von allen gelöst werden kann, doch statt zu resignieren gelobt er, die breite Mitbestimmung künftig nach Kräften zu fördern (S. 174f.). Wie oben schon gesagt wurde: Eigentlich sollten denkende Genossen wie Ludwig der Stolz der DDR sein;[5] die Tatsache aber, daß sie – um im Rahmen des Stückes zu bleiben – eher von hohen Entscheidungsgremien ferngehalten werden, ist eine nicht von der Hand zu weisende Kritik der bestehenden Machtstrukturen.

Oben wurde erwähnt, daß der technische Leiter Brenner Tinkas Verlobter ist. Bevor wir uns seiner Gestalt zuwenden, sei ein kurzer Passus aus Volker Brauns ‚Tinka-Notaten' zitiert: „... Das Stück zeigt eine Liebesgeschichte, aber das Bett der

Liebenden steht mitten in einem Betrieb, und es steht leer. In einer Gesellschaft, in der keine Standesschranke mehr Liebende trennt, haben zwei so übersteigerte Ansprüche aneinander, wollen sie sich mit solcher Unbedingtheit in ihrer Liebe behaupten, daß sie sich selbst trennen ..."[6] Das ist zwar ein interessanter Vorwurf zu einer ,sozialistischen Liebesgeschichte', doch mit der ,Tinka'-Handlung hat er nicht viel gemeinsam. Zu einer derart ,unbedingten' Liebe gehören zwei Partner, die viel verlangen und viel bieten, doch Brenner wirkt so blaß, so ohne eigene Kontur, daß auch der phantasievollste Zuschauer sich sehr anstrengen müßte, um in ihm bewunderungswürdige Eigenschaften zu entdecken. Gleich in der ersten Szene meint er nach dem Tod des alten Werkleiters: ,,... Man darf nicht kämpfen. Das führt zu nichts ..." (S. 129) Diese Worte kennzeichnen fast sein ganzes Agieren vom Anfang bis zum Ende: er scheut offene Auseinandersetzungen (,,... Taktik – ist alle Strategie heut ..." – S. 133) und findet sich mit der Entscheidungshierarchie ab (gegen die Tinka – und später Ludwig – angehen wollen), welche die Betriebsangehörigen zu bloß Ausführenden degradiert: ,,... Was hilfts mir, diese Leute zu gewinnen. Die Stimmung derer, die es nicht bestimmen ..." (ebd.) Sein Einfall, hinter dem Rücken der anderen einen Brief ans Ministerium zu schreiben, zeigt, wie skeptisch er die Möglichkeiten einer breit angelegten Aktion beurteilt. Aus vermeintlicher Überlegenheit glaubt er Tinka belehren zu können, sie hätte ,,nichts begriffen" (S. 138).[7] Seine Charakterlosigkeit – man kommt um diese Bezeichnung nicht herum – bleibt auch in der Privatsphäre nicht ohne Konsequenzen: um zu vergessen, daß er Tinkas ,Unbedingtheit' nicht ertragen konnte, verführt er die ahnungslose Karin, ohne überhaupt in Betracht zu ziehen, daß sie auch ein Mensch ist. Man hat gar keinen Grund zur Annahme, er sei vor Beginn der Handlung ein ,anderer' gewesen (Tinka behauptet, er habe sein Gesicht ,,verloren" [S. 152], doch es wird nicht angeführt, was hinter dieser Behauptung steckt), und das führt zur offenkundigsten Schwäche der Stück-Konzeption: Wenn man nämlich davon ausgehen muß, daß Tinkas Liebe zu ihm nichts als eine irrationale Leidenschaft ist, wirkt die ganze Handlung sehr konstruiert.

Es liegt allerdings die Vermutung nahe, daß das Stichwort „Liebesgeschichte" mehr verschleiert als es klärt. (Es sei denn, man betrachtete diese ‚Liebe' als eine Attraktion von Gegensätzen.) Tinka sagt zwar mehr als einmal, daß sie Brenner liebt, doch sie läßt ihrer angeblich starken Leidenschaft nur einmal freien Lauf, und auch dann beherrscht sie die Szene: sie zieht Brenner auf den Boden und überredet ihn dann dazu, den Betrieb am hellichten Tag zu verlassen. (Ihr fast rituelles Verhalten im Bett wird von Brenner nur nachträglich geschildert. – S. 142.) Als liebende Frau wirkt sie nicht sehr überzeugend: ihre Handlungen gleichen am ehesten denen eines behavioristischen Therapeuten mit einem Hang zum Sadistischen (und am Schluß auch zum Masochistischen). Tinkas Geständnis Helga gegenüber – „Ich liebe einen – den ich nicht leiden kann." (S. 139) – führt in einem späteren Monolog zu der Frage, ob es möglich wäre, einen idealen Liebhaber quasi aus dem Nichts zu schaffen: „... Könnt ich mir selber basteln, den ich liebe. Nach meinen Wünschen seinen Körper baun und sein Gehirn füllen ... Ihn zu dem machen, was er mir sein soll – das ich ihn brauch wie mich! ..." (S. 147). Tinka hat genügend Menschenkenntnis, um zu wissen, daß der Veranstalter eines solchen Experiments ein großes Risiko einginge („... Aber wer macht das mit? Und wer verlangt soviel. Denn wenn man den verlieren würde, würde man sich selbst verlieren ..." – ebd.), doch sie entschließt sich trotzdem dazu, das psychologische Spiel mit hohem Einsatz zu wagen, und der Austragungsort ist nicht das Schlafzimmer, sondern das Werk, was nur logisch ist: Es ist nämlich nicht so, daß Tinka etwa darauf aus wäre, Brenner in einen ‚sensiblen' Mann westlich-feministischer Prägung zu verwandeln,[8] und wenn sie seine „lockre Zunge" lobt (S. 159), so hat das nicht mit Liebeskünsten zu tun, sondern mit seinem spontanen Wutausbruch angesichts der Lügen des Werkleiters. Symptomatisch sind Tinkas Worte beim langersehnten Wiedersehen mit Brenner am Anfang des Stückes:

„. . .Du sollst erklären, was hier vorsichgeht, nicht deine Liebe!" (S. 130) Tinkas Ziel ist es, Brenner zu einem engagierten Vertreter der inner- und außerbetrieblichen Demokratie zu machen,[9] und dazu bedarf es viel Arbeit, da sein Gesicht zunächst nur eine „Fassade . . . zugeputzt mit Phrasen" ist (S. 140), da die meisten Menschen um sie herum „runde Charaktere" sind („. . . O, hab ich Ecken . . ." – S. 149f.). Tinka wird nur von Helga geholfen, und die Arbeiter bleiben, wie bereits erwähnt, passiv, also kann von dem solidarischen Bemühen einer Gemeinschaft um eines ihrer Mitglieder keine Rede sein. Zu allen erdenklichen Mitteln – z. B. zum ‚Arbeitertheater' in Männerverkleidung (Szene 9) – greift Tinka, um Brenners schlummerndes Gerechtigkeitsgefühl aufzuwecken (Brenner: „. . . Du zwingst mich – zu reden wie ich will! . . ." – S. 162). Am Ende hat sie auch etwas Erfolg: während ihres Aufenthaltes in Marzahn redet er offen mit den Arbeitern in der Werkhalle und überzeugt sie, daß sie ihre Lehrgänge trotz der verschobenen Automatisierung weitermachen sollten (Tinka: „. . . Ich hab ihn unterschätzt. Er ist nicht feig!" – S. 178). Dann passiert allerdings etwas Merkwürdiges: die Menschenbildnerin Tinka könnte zufrieden sein („Ich habe ihn soweit . . . jetzt gefällt er mir!" – ebd.), doch sie wagt noch einen verhängnisvollen Schritt, denn der politische Mensch in ihr ist befriedigt, nicht aber die (angeblich) liebende Frau – Brenner soll Karin am nächsten Tag heiraten („. . . es ist zu weit gegangen. Es war mein Einsatz, und ich hab verloren." – S. 179). Sie will noch einmal hören, daß Brenner sie trotz allem liebt, doch bei der Konfrontation, die sie herbeiführt, verrechnet sie sich auf fatale Weise: die ideologische Roßkur, der sie ihn unterzogen hat, hat psychische Schäden hinterlassen. Für Brenner ist Tinka zum lebenden Symbol seiner ‚Feigheit' sich selbst gegenüber, seines Duckmäusertums geworden, und um weiterleben zu können, muß er dieses Symbol auslöschen: er erschlägt sie mit einer Bierflasche. Nach der Tat („Jetzt bist du still . . ." – S. 182)[10] fällt er sofort auf sie nieder: einen zwingenderen Beweis seiner andauernden Unselbständigkeit könnte es nicht geben. Aber ist das alles glaubhaft?

Wenn man davon ausginge, daß ,Tinka' ein realistisches Drama wäre, dann müßte man diese Frage verneinen. Ist das aber die richtige kritische Perspektive? Tinka wirkt – wie frühere Braun-Helden –[11] seltsam abstrakt. Ihre Gestalt überzeugt am ehesten dann, wenn sie Brauns Vorstellungen von ,sozialistischer Demokratie' verkündet: „... die Betriebe gehören zwar allen – ... aber nicht alle können gleich drin bestimmen. ... Die Kommandogewalt – da ist der Unterschied. Dunkert hat mehr als ich, und ich mehr als ein Dreher. Da sind wir ungleich. ... Den Drehern muß mehr dran liegen als den Direktoren, diese Verhältnisse zu ändern. ... Sie haben ein größres Interesse." (S. 152f.) Tatsächlich könnte man sie als das personifizierte Gewissen der sozialistischen Revolution bezeichnen: sie holt – ohne Rücksicht auf die Konsequenzen – das alte Ziel der Arbeiterbewegung immer wieder aus der Vergessenheit bzw. der Verdrängung hervor. Die Überwindung dieser Verdrängung ist natürlich ein schmerzhafter Prozeß – wie die Verzweiflung Brenners im Einzelfall vorführt. Tinkas traurige Feststellung – „... Armes Land, das Kriecher nötig hat ..." (S. 140) – könnte genausogut anders heißen: Armer Sozialismus, der die Frage nach der Demokratie noch verdrängen muß. Es ist durchaus berechtigt, bei dieser Übertragung das Wörtchen „noch" hinzuzufügen, denn Braun glaubt, daß sich diese Frage früher oder später stellen wird. Dieser Glaube kommt in dem Prolog und dem Epilog des Stückes ganz klar zum Ausdruck. In der Art der Brechtschen Lehrstücke heißt es im Prolog: „... nicht nur Sie testen das Stück: / das Stück testet auch Sie ... Das Gute Ende, nehmen wirs nur vorweg: / Das zeigt nicht das Spiel, aber es ist sein Zweck."[12] Die Darstellerin der Tinka spricht den Epilog, der die Zuschauer zum Handeln animieren soll: „... meine Sache muß / Nicht immer enden mit diesem Schluß / Sonst hätt ich sie gar nicht erst betrieben ... Fangen Sie an! bei mir ist Schluß. (Legt sich wieder auf den Boden.)" (S. 198) Interessanterweise sind Prolog und Epilog nur in der DDR-Ausgabe gedruckt, und sie wurden bei den Aufführungen des Stückes nicht verwendet. Vielleicht wollte Braun den Bezug auf Brechts Didaktik nicht zu sehr in den Vordergrund stellen. Es könnte aber auch sein, daß er ,Tinka' – trotz seiner Absage an das psychologisierende Theater[13] – nicht ganz seiner psychologischen Dimension berauben wollte, denn das Psychodrama im Zweikampf Tinka/Brenner bzw. im Kampf Brenners gegen die eigene Schwäche macht den Text über die Grenzen des – wenn auch gutgemeinten – politischen Traktats hinaus erst bühnenfähig.

Apropos Bühnenfähigkeit: In ,Tinka' versucht Braun, die Nachteile des zur Abstraktheit hin tendierenden Figurentyps – wie schon in den ,Kippern' – durch szenische Einfälle auszugleichen, und Tinkas poetische bzw. philosophische Monologe ufern auch nicht so sehr aus wie diejenigen von Paul Bauch. Trotz seines Mißtrauens gegen die Benutzung von „antike(n) Stories" in Dramen über die sozialistische Revolution[14] läßt er sich dabei von einem älteren Text inspirieren, nämlich von Shakespeares ,Hamlet' (Hans Kaufmann hat die einzelnen Entlehnungen und Parallelen dargelegt).[15] Da ,Die Kipper', ,Freunde', ,Tinka' und – bis zu einem gewissen Grad – ,Hinze und Kunze' alle die Lebensqualität im DDR-Sozialismus untersuchen, wäre die Frage vielleicht nicht unberechtigt, ob die Auseinandersetzung mit dem englischen Klassiker weniger ein Beispiel für produktive Erbe-Aneignung als ein gestalterisches Dilemma des philosophierenden Stückeschreibers Braun darstellt. (Dieses Dilemma wird im darauffolgenden Stück ,Guevara' durch die Verlegung des Schauplatzes nach Südamerika partiell gelöst.) Auf jeden Fall gibt es in ,Tinka' – neben dem als Spiel im Spiel fungierenden ,Arbeitertheater' – gut gelungene Szenen humoristisch-sarkastischer Art. Dazu gehören vor allem Tinkas ,Gespräch' mit den nicht ans Denken gewöhnten Ingenieuren Kahlfeld und Windelmann[16] (ihre Vorfahren sind Rosenkranz und Güldenstern) in Szene 6 und Kessels Bemerkungen zum Wesen des Menschen, die der ahnungslose Standesbeamte überhaupt nicht begreifen kann („. . . Wer sagt dir, Mensch, daß wir so schlagartig uns umstülpende Säcke sind, solche Transvestiten der Moral, die man entweder hochlobt oder fallenläßt, prämiert oder verurteilt, ins Präsidium wählt oder ganz ausschließt? – Was ist der Mensch?" – S. 176). Insgesamt muß man Erika Stephan aber zustimmen, wenn sie in bezug auf ‚Tinka' meint, die Figuren würden sich „weniger durch Handlungen als durch Sprache" realisieren.[17] Die äußerst komplizierte Aufgabe, die Braun der Tinka-Figur zumutet (sie sollte die „Spannung, nicht die Spaltung" zwischen Utopie und sozialistischer Wirklichkeit zeigen),[18] wird nur bedingt sinnfällig gemacht.

1981 veröffentlichte Braun eine leicht geänderte Fassung von ‚Tinka' (in der 2. Auflage von ‚Stücke 1'). Da ‚Schmitten' inzwischen in ‚Stücke 2' erschienen war, mußten einige Passagen gestrichen werden, die aus der Urfassung des früheren Stückes stammten (vgl. S. 153, 168 und 178). Diesmal fehlen die Ortsnamen Marzahn und Magdeburg, und einige Szenen wurden gekürzt. Darüber hinaus fällt etwas auf, was nicht ohne weiteres zu erklären ist: es ist nämlich so, daß etliche ‚provokative' Sätze nicht mehr zu finden sind. Hier sind die wichtigsten Beispiele für diese Tendenz: 1. Brenner sagt nicht mehr, die DDR werde dank ihrer Automatisierung „Polen, Bulgarien, der Sowjetunion" davonlaufen. (S. 139) 2. Im Rahmen des ‚Arbeitertheaters' verkündet Brenner nicht mehr (in bezug auf die Maschinen in der DDR): „Für den Export haben wir sogar beßre!" (S. 163) 3. Über Dunkert sagt Tinka, er sei „kein Leiter" (S. 171); früher hieß es „kein sozialistischer Leiter". 4. Der ‚betrunkene' (?) Brenner sagt nicht mehr: „Was für ne Ordnung – wo das in Ordnung ist." (S. 175) Hinzu kommt, daß Tinkas sehr gewagter Schritt, die Produktion zu stoppen (vgl. die Szenen 11 und 12), nicht mehr erwähnt wird. Vielleicht wären alle diese Streichungen so zu deuten, daß Braun noch mehr unterstreichen wollte, er habe kein ‚Produktionsstück' geschrieben, sondern ein Drama über die Entwicklung der zwischenmenschlichen Beziehungen im Sozialismus. Das ist allerdings nur eine Hypothese.

7. *Unvollendete Geschichte*

In seiner Laudatio für den Heinrich-Mann-Preisträger Volker Braun bezieht sich Fritz Rudolf Fries auf eine Episode aus der ‚Unvollendeten Geschichte', die er schlicht „Brauns Geschichte" nennt;[1] der ganze Titel wird nicht erwähnt. In derselben Laudatio spricht Fries seinen Schreib-Kollegen auf folgende Weise an: „... Es gibt keine Heimlichkeiten bei dir, und wenn auch unveröffentlichte Werke, so doch nichts im Dunkeln ..." (S. 542) Wie dieser sibyllinisch anmutende Spruch aufzufassen sei, ist eine Frage für sich; es muß allerdings festgestellt werden, daß die ‚Unvollendete Geschichte' dasjenige der in der DDR veröffentlichten Werke Brauns ist, das am ehesten „im Dunkeln" geblieben ist. Die etwa 40 Seiten lange Erzählung erschien zwar 1975 in der Zeitschrift ‚Sinn und Form',[2] doch sie ist in der DDR seitdem nicht wieder gedruckt worden. (Die bisher einzige Buchausgabe kam 1977 bei Suhrkamp heraus.)[3] Noch wichtiger ist die Tatsache, daß dieser kurze Prosatext – der im selben Jahr entstand wie der letzte Teil von ‚Das ungezwungne Leben Kasts' – von der DDR-Kritik einfach totgeschwiegen wird. Diese seltsame (Nicht-)Praxis bedeutet einerseits, daß nur eine relativ kleine Gruppe von DDR-Lesern von der Existenz des Textes wissen konnte (sollte man von einer ‚Versuchs-Rezeption' reden?), andererseits, daß die kritische Diskussion westlichen Beobachtern überlassen wurde – ein ziemlich bedenkliches Verfahren. Von außen her ist es schwer zu beurteilen, inwiefern der Abdruck in ‚Sinn und Form' eine „interne Sensation"[4] bzw. ein „sehr genau kalkuliertes kulturpolitisches Experiment"[5] war, doch man kann sich der Erzählung selbst zuwenden, um dahinterzukommen, was daran zu brisant wäre, als daß es in der realsozialistischen Öffentlichkeit erörtert werden könnte.

Die Geschichte an sich ist – wie viele Kritiker betonen – kaum sensationell.[6] Die Eltern der achtzehnjährigen Karin fordern sie dazu auf, ihre Beziehung mit ihrem Freund Frank abzubrechen. Dieser – früher als „Rowdy“ bekannt – stehe jetzt unter dem Verdacht, „irgendwas“[7] vorzuhaben, außerdem sei die Familie „untragbar“. Karin gehorcht, ohne viel zu protestieren, trifft sich aber wieder mit Frank, der sich nicht vorstellen kann, warum er verdächtigt wird. Sie zieht zu ihm, zieht aber wieder aus, nachdem die Eltern ihr Vorwürfe gemacht haben (sie ist inzwischen auch schwanger geworden). Zur Trennung entschließt sie sich aber erst dann, als der Parteisekretär der Zeitung, bei der sie arbeitet, ihr mit der Entlassung droht, falls sie Frank weiterhin treffen sollte. Der sensible Frank nimmt eine Überdosis an Schlafmitteln und dreht dann den Gashahn auf, als Karin nicht mit ihm reden will. Frank überlebt den Selbstmordversuch, und am Ende ist es klar, daß er und Karin zusammenbleiben werden. Die alltäglichen – wenn auch traurigen – Ereignisse, die (mit einigen Variationen) auch in der Bundesrepublik denkbar wären,[8] liefern nur den äußerlichen Rahmen, in dem dargelegt wird, wie die Bürger der DDR miteinander umgehen. Dabei ist es unwesentlich, ob das alles tatsächlich so vorgekommen ist, wie Braun es schildert; es kommt auf das Exemplarische des Vorgangs an.

In Gedichten wie ‚Jazz‘ oder ‚Schauspiel‘, in den ‚Kippern‘, in den ‚Kast-Berichten‘ führt Braun immer wieder vor, wie unentbehrlich der subjektive Beitrag eines einmaligen Individuums zum Aufbau des Sozialismus wäre. Das ist auch in der ‚Unvollendeten Geschichte‘ seine Absicht, doch anders als in früheren Werken, wo ‚fertige‘ Individuen auftreten (Hinze wäre die große Ausnahme), muß die ‚normierte‘ Identität der Hauptgestalt Karin erst abgebaut werden, ehe sich eine echte Individualität entwickeln kann. In Christa Wolfs Roman ‚Kindheitsmuster‘ heißt es gegen Ende zu Nelly Jordan, sie besitze das „geheime Wissen, daß man sterben muß, um geboren zu werden“.[9] Nach manchen schmerzhaften Erlebnissen und schwierigen Überlegungen gelangt Karin zu genau dieser Einsicht, und in einem inneren Monolog fallen Sätze, die an Christa Wolfs ‚Nachdenken über Christa T.‘ erinnern: „... Was war das in ihr, das sie sich selbst vergessen ließ? Das stärker war als sie? Das sie nicht zusichkommen ließ? ..." (S. 71)[10] Karin ist am Anfang eine ‚ideale' Tochter, eine Musterschülerin und Kandidatin der Partei, in deren Leben „alles glatt gegangen" ist (S. 15), weil sie immer das tat, was man von ihr verlangte (die Tatsache, daß sie manchmal „verwaschene Jeans" trägt [S. 14], hat spätestens seit Plenzdorfs ‚Die neuen Leiden des jungen W.' keinen besonderen Aussagewert). Karin nimmt bei der Zeitung den Platz ein, „auf den sie sich immer gewünscht hatte" (S. 21), den man nur behaupten könnte, „wenn man überzeugt genug war": „... Wenn man in seiner Überzeugung schwankte, mußte man an sich arbeiten, das mußte man dann tun, weil man sonst DIE POSITION AUFGAB ..." (S. 22) Sie fühlt sich den „Überzeugten" zugehörig, die „die andern überzeugen mußten" (S. 21): zuhause (ihr Vater ist Ratsvorsitzender eines Kreises, die Mutter Journalistin) und in der Schule hat sie gelernt, daß man mit dem „Feind" nicht diskutiert. Das Festhalten an dieser übersichtlichen Dreiteilung der Menschheit hat es ihr ermöglicht, in einer Welt von Geborgenheit, Gewißheit und Sicherheit zu leben. Bald muß sie jedoch Erfahrungen machen, die dieses bequeme Weltbild von Grund auf erschüttern.

Ein Großteil dieser Erfahrungen läßt sich unter der Rubrik ‚Mißtrauen und Angst' zusammenfassen. Obwohl Karin, wie gesagt, immer sehr brav gewesen ist, will ihr der Vater keinen Glauben schenken, als sie Frank verteidigt: er kommt überhaupt nicht auf die Idee, die ihm von höheren Stellen zugeleitete Information selbst zu überprüfen. Auf staatlicher Ebene reproduziert sich das mangelnde Vertrauen des Erziehers zum Zögling: dasselbe System, das den jugendlichen „Rowdy" Frank[11] auf einen „Werkhof" schickt, steht der eigenen Leistung skeptisch gegenüber. Karin stellt fest, daß sich Frank „das laxe brutale Gehabe, die Oberflächlichkeit, das WESTLICHE GEREDE" abgewöhnt habe, daß er „ein anderer Mensch" geworden sei (S. 17), doch anscheinend interessieren sich die ‚Verantwortlichen' eher für die Vergangenheit in den Akten als für Franks gegenwärtiges Verhalten, sonst würden sie z. B. wissen, daß er sich seit dem Militärputsch gegen die Allende-Regierung als „Chilene“ fühlt, daß er „Interbrigaden“ gründen will, um den Befreiungskampf des chilenischen Volkes zu unterstützen (S. 30f.).[12] Das Verheerende an diesem Teufelskreis des Mißtrauens liegt darin, daß es vor allem die – im Sinne des Systems – politisch Bewußten und Aktiven sind, die dazugehören. Karin, die immer stolz auf ihre engagierten Eltern gewesen ist, beginnt einzusehen, daß dieses Engagement Voraussetzungen hat, die sich auf die Dauer katastrophal auswirken müßten: „... Sie hatten sich in die Arbeit gestürzt, DIE JA SONST KEINER MACHT. Und sich selbst getrieben, bis sie nichts andres mehr konnten. Sie dachten nur noch POLITISCH. ... Sich politisch entwickeln hieß nicht gleich, sich menschlich entwickeln ...“ (S. 81) Karin kann sich eine Aufhebung dieses Widerspruchs nicht vorstellen, und ihre Verwirrung wird durch das Verhalten von Franks Eltern nur noch größer. Diese, die von Karins Vater schlicht als „untragbar“ (S. 10) eingestuft werden (sie leben getrennt und sind nicht in der Partei), verzeihen Karin ihre Schwächen und erweisen sich im kleinen Kreis als verständnisvoll. Sie passen also nicht recht in das herrschende Denkschema: „... ANDERE LEUTE dachten nur an sich. Die ließ dieses ganze Kämpfen kalt. Das stieß die ab. Die ZOGEN SICH ZURÜCK. Die zogen ihr blödes PRIVATLEBEN vor ...“ (S. 81) Da sich der Erzähler Braun nicht mit einem derartig krassen Widerspruch – hie Politik, da Menschlichkeit – abfinden kann, muß er eine Lösung zumindest andeuten. Seine Bemühungen in dieser Richtung konzentrieren sich auf Karin, ihren Vater und eine Arbeiterin.

Die Karin-Figur ist so angelegt, daß sie eher die Mühen als die Früchte der Selbstfindung veranschaulicht: Braun liefe sonst Gefahr, das Emanzipationsstreben als heiteres Spiel hinzustellen. Bei der Zeitung wird Karin ironisch eine „Kämpferin“ (S. 26) genannt (weil sie die kritische Rede einer Arbeiterin für den Druck auswählt), doch diese Bezeichnung paßt auch am Ende der Erzählung nur mit Einschränkungen zu ihr. Im allgemeinen wird sie von anderen Menschen programmiert und manipuliert, was sie erst allmählich merkt. Als die Mutter z. B. auf eine Abtreibung drängt, denkt Karin auf einmal: ,,. . . sie kann doch nicht verfügen über dich wie über einen Gegenstand: . . ." (S. 50f.) Die – noch nicht ausgesprochene – Rebellion ist allerdings kein Anlaß zur Freude; Karins Stimmung ist vielmehr melancholisch: ,,. . . einmal mußte das geschehen, einmal mußte sie herausfalln aus dieser Welt. . . . Sie tat sich nur leid, diese Geborgenheit, die Übereinstimmung mit allem zu verlieren. Das war, als würde sie sich selbst verlieren . . ." (S. 51) Dieser Zwiespalt weist einem den Weg zum Kern der *Unvollendeten Geschichte:* obwohl manche westlichen Kritiker den Konflikt zwischen Staat (bzw. System) und Individuum betonen,[13] liegt die Problematik eigentlich noch eine Schicht tiefer. Die Verinnerlichung der systemspezifischen Normen und Verhaltensregeln wird ja nicht mit nackter Gewalt herbeigeführt, sondern durch die Ausnutzung eines mehr oder weniger latent vorhandenen Harmoniebedürfnisses im einzelnen zustande gebracht. Viel zu viele sind dazu bereit, Unbequemes zu verdrängen, an der ,,selbstmörderischen Politik der Widerspruchseliminierung" teilzuhaben.[14] Zu diesen gehören auch Urich Plenzdorf und sein Held Edgar Wibeau: Karin erkennt, daß die eigentlichen Widersprüche in ,Die neuen Leiden des jungen W.' nicht vorkommen, anders als bei Goethe: ,,. . . W. stieß sich an allem Äußeren, das war lustig, und ging per Zufall über den Jordan. Das Ungeheure in dem Werther war, daß da ein Riß durch die Welt ging, und durch ihn selbst. . . ." (S. 45) Es ist übrigens bemerkenswert, daß Karin nicht Plenzdorf, sondern Heiner Müllers ,Philoktet' liest, als es ihr zum ersten Mal gelingt, die Problematik etwas genauer zu formulieren: ,,. . .Am Abend glaubte sie für einen Moment zu wissen, wonach sie eigentlich fragte. Nicht danach, was ihr selbst passierte, das bewies ja nichts, ihr ,Konflikt mit der Gesellschaft'. Sondern was dahinter war, was geschah denn da? In der Gesellschaft? daß es soweit kam. Wie konnte man das durchschaun, wie, wie? Geschweige denn damit fertigwerden!" (S. 75) Dieselbe junge Frau, die früher ,,nie AUS DER REIHE GETANZT" ist

(S. 32), weiß nicht mehr, wie sie ihr bisheriges Leben beurteilen soll („Wer ist NORMAL?" – S. 66), und manchmal erreicht sie sogar die Grenze des totalen Realitätsverlusts: „... In manchen Sekunden war der Schreck so groß, daß sie keinen Zusammenhang mehr fand mit der Wirklichkeit ..." (S. 64) Bis zuletzt schwebt Karin, die ganz neue Orientierungspunkte suchen muß, zwischen Selbst-Vorwürfen oder gar Selbstmordgedanken (vgl. S. 53ff.) und der Einsicht, daß das Leben keinen Sinn hätte, wenn sie sich von der tätigen Gemeinschaft absondern würde:[15] „... Es war ein Selbstmord, nicht des Körpers, sondern des Denkens ..." (S. 93) Zum Schluß gibt es – außer der Liebe zu Frank und der Solidarität mit ihm – nur ein Anzeichen dafür, daß Karin nicht der „Resignation" (S. 91) verfallen, sondern eine echte „Kämpferin" (vgl. oben) werden wird. Bei der – zunächst vergeblichen – Arbeitssuche verschweigt sie nicht, daß sie im vierten Monat der Schwangerschaft ist: „... Es war wie eine Sucht, sie berauschte sich an dieser Aufrichtigkeit, der schonungslosen Wahrheit ..." (S. 97) Um einmal von dem Einzelfall Karin zu abstrahieren: die Entscheidung Brauns, in diesem Schlüsselsatz das Wort „Sucht" zu verwenden, weist unmißverständlich darauf hin, daß Karins ‚Wahrheitsrausch' in der DDR-Gesellschaft (noch) etwas Außergewöhnliches darstellt. Die scheinbar lakonischen Schlußworte der Erzählung – „Hier begannen, während die eine nicht zuende war, andere Geschichten." (S. 98) – unterstreichen allerdings Brauns Hoffnung darauf, daß Karins Weg zu einer Massenbewegung werden wird, die die Entstehung einer menschlicheren Ordnung kräftig fördern müßte.

Über die ‚Menschwerdung' Karins hinaus werden die Konturen dieser Ordnung auf zweierlei Weise – einmal konkret, einmal utopisch – ins Blickfeld gerückt. Die trotz allem optimistische Haltung des Autors wird dadurch unterstrichen, daß gerade Karins Vater, der selbstbewußte „König von K." (S. 81) als wandlungsfähig dargestellt wird. Wie bei Karin werden die Schwierigkeiten der Umorientierung betont, doch das Ergebnis wirkt in diesem Fall eigentlich erstaunlicher, da der

Vater nicht nur ‚Zögling', sondern auch – seit langer Zeit – Vertreter der bestehenden Ordnung ist. Das Weltbild dieses arbeitsamen Funktionärs, der seiner Tochter Vertrauensbruch vorwirft, obwohl er selbst von Anfang an kein Vertrauen zu ihr an den Tag gelegt hat, gerät nicht etwa aus politischen Gründen ins Wackeln, sondern aus rein menschlichen: er ist – anders als die Mutter – nicht imstande, Karins Unglück als eine Bagatelle abzutun („... Ich seh doch, wie sie leidet. ..." – S. 44). Seine erwachende Sensibilität manifestiert sich u. a. in der ‚Entdekkung' der Literatur. Früher hat er „das offizielle Lob" oder „die halboffizielle Kritik" referiert, „aber nicht die Sachen gelesen", jetzt wird er von dem späten Becher-Gedicht ‚Entlastung' stark berührt: „Als er entließ sich aus dem hohen Amt, / Da war es ihm, als würd er reich beschert ... Wie sich das Leben ihm entgegenstreckt: / Und er kommt mitten in dem Leben an." (S. 41 f.) Die Fähigkeit, betroffen zu sein, fehlt seiner Frau, die sich „nie in etwas anderes" hineindenkt (S. 43). Sie bleibt als Denkmal des sturen Dogmatismus stehen (ihr Typ ist in der sozialen Wirklichkeit leider noch allzuoft anzutreffen), während ihr Mann mit der Zeit einsieht, daß das Fragen kein Zeichen von „Schwäche" ist: „... Er hatte so sehr aufgepaßt, daß er nicht aufpaßte, was wirklich passierte. Sein Mittel vernichtete den Zweck, womöglich, die Sorge um den Menschen brachte den Menschen um – oder um was, wer fragt schon was? ..." (S. 83) Die Verwandlung des Vaters geht nicht geradeaus, sondern im Zickzack-Kurs vor sich: auch nach seinem ‚Literatur-Erlebnis' will er den „Klassenfeind" für alles verantwortlich machen (S. 58), und er wehrt sich nicht gegen Karins insgeheim beschlossene Entlassung bei der Zeitung (S. 80), doch am Ende tut er etwas, was nur dem Anschein nach banal ist: er geht in die Kneipe und unterhält sich „mit allen möglichen Leuten" (S. 95). Dieses symbolische Brückenschlagen von der Partei zu den Massen kann Karins engstirnige Mutter nur erschrecken: „... Sie wisse nicht, was noch alles werde. Er sei zu etwas fähig, was sich keiner denkt!" (ebd.) Keiner – außer Volker Braun, der in einer Vision schildert, wozu auch die Massen fähig wären.

Karin träumt von der Arbeiterin, deren kritische Rede (vgl. oben) nicht in die Zeitung kommen durfte. (Im Text heißt es: „sie wachte auf" [S. 85]. Karins ‚Erwachen' vollzieht sich vorerst nur im Traum, an den sie sich nachher nicht mehr erinnern kann.) Diese Arbeiterin, die auch Genossin ist, beruft alle zu einer Versammlung ein. Niemand weigert sich, mitzukommen, „da man die Frau nicht als kleinbürgerlich oder als Intellektuelle abtun konnte" (S. 86). (Die Arbeiterin sieht jetzt „wie eine Weberin" aus, was natürlich Aufstand-Assoziationen heraufbeschwört.) Die Kraft der Arbeiterklasse („... die mußte aus einer tiefen und unzerstörbaren Idee kommen ..." – ebd.) entschleiert die lange überdeckten „KONKRETEN VERHÄLTNISSE" (S. 87) und zieht den Vater, den Chefredakteur und den Kaderleiter der Zeitung für ihr Fehlverhalten im Fall Frank und Karin zur Verantwortung. Der Vater, der Reue zeigt, wird von den versammelten Arbeitern entlassen, doch der Chefredakteur wird dazu verurteilt, über das Arbeitertribunal „ehrlich" zu berichten (dieses Urteil läßt die Rolle der DDR-Medien in der Realität natürlich als [Alp-]Traum erscheinen). Der grinsende Kaderleiter wird von der Arbeiterin „in die Fresse" geschlagen (S. 88), und darauf wird eine fast archaisch anmutende Handlung durchgeführt: „... Die Arbeiter lösten ihm die Orden von der Jacke und erklärten ihn für entlassen, aus allen Funktionen entlassen ..." (ebd.) Die Einführung der Basisdemokratie von unten – die in allen vorhergehenden Braun-Werken eine Fata Morgana blieb – überwältigt Karin (und sicher auch viele Leser in Ost und West): „... Es herrschte unter allen Gleichheit. Dieses Wort erschien Karin wie eine Erleuchtung, wie die Lösung aus den alten Verstrikkungen ..." (S. 89) Im wachenden Zustand kann sich Karin dieser „Erleuchtung", wie gesagt, nicht mehr entsinnen, doch die Rezipienten der Erzählung erhalten den Auftrag, aus dem Traum ein Leben zu machen.

Die am Anfang dieses Kapitels gestellte Frage nach der Brisanz der ‚Unvollendeten Geschichte' ist nun zum größten Teil beantwortet worden, doch es bleibt noch einiges Wesentliche hinzuzufügen. Die notwendige Verquickung von Selbsterkenntnis und ‚sozialistischer Demokratie' steht im Mittelpunkt des Textes, doch auch andere wesentliche Aspekte des realen Sozialismus werden – wenn auch nur kurz – beleuchtet, und dazu gehören u. a. die Wohnungsbaupolitik und die Ökologie.[16] Die Wohnungsnot nach den Verwüstungen des Krieges wird nicht übergangen (vgl. Karins Ekel vor dem dunklen Zimmerchen auf einem verfallenen Hinterhof – S. 28), doch die mangelnde Berücksichtigung menschlicher Bedürfnisse beim Entwerfen der neuen Fertigbau-Siedlungen wird nicht damit entschuldigt: „... in einer Neubauwohnung, in einer dieser gleichförmigen, langen, niedrigen Großblockhütten, mit denen die historische Altstadt besiedelt wurde, ein gesichtsloses Dorf ..." (S. 17) Die Auswirkungen des absoluten Primats der Produktion auf die Umwelt kommen in den Worten des ‚pragmatischen' Bezirkssekretärs zum Ausdruck: „... Die größte Verschmutzung haben wir hinter uns, auf keinen Fall wird es schlechter. In Zukunft – kanns sogar besser werden ... Bisher wurde produziert auf Teufelkommraus, ohne viel nach den Folgen zu fragen ..." (S. 70) Es ist klar, daß es diese beiden Themen an sich verdienten, ausführlich erörtert zu werden; bloße Erwähnung ist im Rahmen der Erzählung allerdings nichts Nebensächliches, denn sie werden dadurch mit der Grundproblematik der ‚Unvollendeten Geschichte' zwangsläufig in Verbindung gesetzt, können also nicht (mehr) als isolierte Phänomene betrachtet werden.

Parallelen und Unterschiede zwischen Büchners ‚Lenz' und Brauns Erzählung hat Charlotte W. Koerner herausgearbeitet,[17] viele Kritiker haben den mutmaßlichen Einfluß des Kleistschen Prosastils diskutiert,[18] und Rüdiger Mangel hat sich mit den „strukturellen Gemeinsamkeiten" und den Unterschieden zwischen ‚Das ungezwungne Leben Kasts' und der ‚Unvollendeten Geschichte' auseinandergesetzt.[19] Zweifellos besteht der Reiz dieses Textes nicht zuletzt darin, daß die Darstellung von Karins Bewußtseinszerfall durch eine sich allmählich auflösende Erzählform bewerkstelligt und zugleich widergespiegelt wird.[20] Die phänomenale Rezeption bei der Kritik der Bundesrepublik hängt allerdings nicht in erster Linie mit ästhetischen Aspekten zusammen, und auch die DDR-(Kultur-)-Politiker, die eine Neuauflage für die von Braun gewünschten Leser bis heute verhindern, befassen sich wohl kaum mit der Kunst des inneren Monologs oder der erlebten Rede. Im Gegensatz etwa zu den ‚Kippern', die 1965 aktueller waren als heute, hat die ‚Unvollendete Geschichte' auch jetzt, über ein halbes Jahrzehnt nach ihrer Erstveröffentlichung, nichts an Aussagekraft eingebüßt. Angesichts dessen wäre zweierlei wünschenswert: zum einen sollte der Text der Erzählung in einer größeren Auflage in der DDR erscheinen, damit alle Bürger die Gelegenheit hätten, ihre Aktualität bzw. Relevanz zu überprüfen, und zum anderen – und darum geht es Braun jenseits aller Literaturdebatten – sollte die DDR eine Gesellschaft werden, in der die in Brauns Prosastück geschilderten Zustände längst abgeschafft (aber nicht vergessen!) wären.

8. Guevara oder Der Sonnenstaat

Das Schauspiel ‚Guevara oder Der Sonnenstaat', das 1975 entstand, ist nie in der DDR veröffentlicht worden. Unter rätselhaften Umständen wurde es kurz vor dem Abschluß der Probearbeiten vom Spielplan des Deutschen Theaters abgesetzt;[1] es kam dann 1977 am Mannheimer Nationaltheater zur Uraufführung. Wie im Falle der ‚Unvollendeten Geschichte' erfolgt die kritische Rezeption also außerhalb der DDR.[2] Die (gattungsspezifische?) DDR-Verlagspolitik ließ dafür den Druck des Gedichts ‚Material IV: Guevara'[3] zu, in dem die Hauptthemen des Schauspiels abgehandelt werden. Dieses Gedicht setzt sich mit der internationalen Dimension der sozialistischen Revolution auseinander, die Braun seit den späten sechziger Jahren beschäftigt. Einerseits wird – z. T. mittels wörtlicher Zitate aus Guevaras Schriften und Briefen – der Entschluß des Argentiniers dokumentiert, Kuba zu verlassen, um die Revolution in anderen Ländern der Dritten Welt mit voranzutreiben: „... Er ging die

Namen wechselnd und Masken / In Dschungeln oder Städten, ausbreitend / Die Sprache der Waffen ..." (S. 55) Andererseits werden die Denkprozesse dargestellt, die dieser Entschluß beim DDR-Bürger Braun auslöst: „... Das war sein Ende. Und ich geh / Weiter, ich bin nicht mehr bei mir / ... Seine Sätze töten meine Sätze. / ... Seine Flucht mein Thema / Mein Thema meine Flucht ..." (S. 57) Wie im früheren Gedicht ‚Wir und nicht sie' ist der Aufbau des Sozialismus in Kuba bzw. in der DDR kein ‚Trost' für Braun, der das Leiden des größten Teils der Menschheit nicht verdrängen kann. Das Dilemma („... Soll ich aufbrechen, soll ich bleiben / Bei meinen Worten ..." – S. 55) bleibt bestehen, wird – bisher – nicht durch das Verlassen der DDR gelöst. Von diesem Zwiespalt des sozialistischen Schriftstellers fehlt im Gedicht ‚E. G. de la S.' Hans Magnus Enzensbergers[4] – dessen Werk Braun gut kennt – jede Spur: hier herrschen vielmehr Zynismus und Resignation vor. Aus besserwisserischer Warte werden die Fehler des Industrieministers Guevara müde belächelt: „... die Ökonomie / hört seinen Reden nicht zu. Es fehlten immer Spaghetti. / Auch war keine Zahnkrem mehr da, und woraus wird Zahnkrem gemacht? ..." (S. 116) Von der damaligen Begeisterung der APO-Generation (in diesem westeuropazentrischen Text ist weder von Osteuropa noch von der Dritten Welt die Rede) bliebe nichts mehr übrig: „... Sonst in der Metropole spricht von ihm / nur noch eine Boutique, die seinen Namen gestohlen hat ..." (S. 117) Mit dieser Sichtweise hat Braun nichts gemeinsam; anders steht es jedoch um die Rezeption von Peter Weiss' Stück ‚Hölderlin' (1970/71). Weiss, der in den sechziger Jahren zur Solidarität mit den nationalen Befreiungsbewegungen in der Dritten Welt aufrief, erwähnt Guevara zwar nicht im Stück selbst, doch in einem Interview wies er darauf hin, daß er die Figur des Empedokles als eine Art Guevara verstand. Wie sein Vorläufer Hölderlin habe er in die Vergangenheit zurückgegriffen, „um sein gegenwärtiges Anliegen verfremdet in seine Zeit hineinzuheben".[5] Weiss' umstrittene Deutung des ‚Empedokles' („Hölderlins Held als ein Intellektueller im Befreiungskampf, im Untergrund . . .?"[6]) wird von Braun übernommen, der seinen Guevara sagen läßt: ,,. . . Ich seh nur eine Welt, . . . Die ein Vulkan ist vor er ausbricht, ich / Seh in den Krater. Kämpfen nicht mehr, kann ich / Doch sterben, fallend in das Loch und, tot / Ein Beispiel strahlen unter den Völkern: ich / Empedokles der das Signal gibt . . ."[7] Es ist fraglich, ob Guevara selbst diese Auffassung von einem revolutionären Martyrium geteilt hätte, und sehr unwahrscheinlich, daß er kurz vor seiner Ermordung an Empedokles gedacht hätte. Hat Volker Braun vor dem exotischen Hintergrund der bolivianischen Berge etwa die Figuren eines ,,sehr deutschen idealistisch-literarischen Ideendramas"[8] auftreten lassen?

Abgesehen vom noch unveröffentlichten Drama ‚Lenins Tod' stellt ‚Guevara oder Der Sonnenstaat' Brauns ersten Versuch dar, historische Gestalten und Ereignisse auf die Bühne zu bringen. Anders als bei erfundenen – wenn auch als Typen gemeinten – Figuren wie Paul Bauch, Hinze, Kunze oder Tinka, müssen die Überlieferung und die (Zeit-)Geschichtskenntnisse der potentiellen Zuschauer berücksichtigt werden. Zwei einander widersprechende Äußerungen Brauns zeugen von einer gewissen Unsicherheit auf dem Gebiet der historischen Dramatik. In den Bühnenanweisungen wird das Schauspiel als ,,Chronik" bezeichnet (S. 69), was eine beabsichtigte historische Tatsachentreue impliziert, doch in einem Notat wird genau das Gegenteil behauptet: ,,. . .Das Stück ist nicht dokumentarisch. Die Figuren sind erfunden."[9] Diese Aussage ist nicht ganz wahr, was die grotesken Zwischenspiele mit Hugo Bumholdt und Denis Bedray betrifft,[10] und in bezug auf die Guevara-Figur ist sie auch nicht zutreffend. Braun muß natürlich Dialoge erfinden, da Privatgespräche nicht überliefert sind, doch dafür verwendet er viele Zitate aus Guevaras Schriften, Briefen und vor allem aus dem ‚Bolivianischen Tagebuch'. Es gibt auch keine fiktiven Ereignisse in der Haupthandlung des Stückes: alles, vom langen Abschiedsgespräch mit Fidel Castro (im Text: ,,Der Freund") bis zur Ermordung im Urwald Boliviens ist historisch belegt. Brauns einzige Erfindungen liegen darin, daß die Chronik eine „rückläufige" (S. 69) ist (das Stück beginnt mit Guevaras Tod und endet mit dem Aufbruch des sozialistischen „Don Quijote" – S. 108) und in den Zwischenspielen. Ist es aber seine Absicht, die Guevara-Legende zu ruinieren, „indem er sie rekonstruiert"?[11]

Im oben zitierten Notat deutet Braun seine ungewöhnliche dramatische Strategie auf folgende Weise: „Die Fabel ist die rückläufige Häufung der Beweise für die ‚Notwendigkeit' der berühmten und berüchtigten Aktion Guevaras, aber dergestalt, daß alle Szenen zunehmend die Unmöglichkeit, den Irrsinn seines Kampfes zeigen und sich gerade daraus der Umschlag ergibt ..." Wenn man diese Interpretation akzeptiert, wird sofort deutlich, warum die Geschichte von hinten nach vorn laufen muß: der sterbende Guevara (Szene 2: ‚Der Beruf der Toten') erscheint mit allen Attributen eines revolutionären Helden, und wenn dieser Auftritt am Ende erfolgte, würde man angesichts seines Heroismus jede vorhergehende Kritik an seinen Fehlern vergessen und von der Aura des Märtyrers geblendet werden. Die bolivianischen Offiziere, die Guevara töten sollen („Gekaufte Schweine" – S. 74), sind alles andere als mutig, und für den verwundeten Guerillero sind sie schlicht „Tote" (S. 75), weil sie im Dienst des Imperialismus stehen. Dem feigen Prado muß Guevara selbst den Schießbefehl erteilen: „Hab keine Angst. Schieß hierher. Du wirst sehn / Daß wir nicht gleicher Art sind, an dem Sterben." (S. 78) Die Worte „Christus der Agitator" (ebd.; gesprochen von Selnich, der den brennenden Leichnam betrachtet) unterstreichen das Martyrium des Ermordeten. Nach dieser Szene ist die ‚Legende' bereits komplett, denn es ist vor allem der Tod im Dschungel (nicht so sehr seine Taten), der Guevara ‚legendär' machte.

Die ‚Dekonstruktion' der Legende beginnt gleich in der nächsten Szene (3: ‚Der Wald'). Die kranken, erschöpften Guerilleros befinden sich in einer aussichtslosen Lage. In einer großen Agitationsrede versucht Guevara, die Kampfmoral der Truppe zu heben („... Ihr seid das Vorbild / Der Kern der Frucht, die in dem Kampf wächst, die / Elite ihr, die herrlichsten der Kämpfer ..." – S. 80), doch gleich darauf ersticht er selbst in einem hysterischen Anfall das Maultier, das alle dann wie Besessene zerreißen und roh essen („... Die andern krümmen sich auf dem Boden, rülpsen, furzen, kotzen." – S. 81). Der Kontrast zwischen Guevaras ‚edler' Gesinnung und den fast bestialischen Zuständen veranschaulicht, wie wenig ein eiserner Wille Fehler und Schwächen ausgleichen kann. Am Ende gibt es allerdings einen Hinweis darauf, daß Guevara sowieso nicht mit einem Sieg rechnete. Als Pablito meint, es wäre „Selbstmord", weiterzugehen, erwidert der lachende Guevara: „Oder das wahre Leben." (S. 81) Noch weniger Sympathie gewinnt dieser beim folgenden Auftritt (4: ‚Die Massen'). Die einheimischen Indios „glotzen" nur, als er sie als Bundesgenossen auf seine Seite bringen will: „... Die Not ist nicht notwendig / Wenn ihr sie wegwerft. Brüder, die Welt nämlich / Läßt sich verändern ..." (S. 85) Guevara kommt zu dem fatalen Schluß, daß man diese „kleine(n) Tiere" nicht als „freie Wesen" behandeln kann: „Dann ists der Terror. / Der soll sie schrecken, daß sie nicht mehr wissen / Ob sie Fleisch oder Fisch sind ... Wer nichts mehr hofft, der soll dann alles / Fürchten ..." (S. 86). Das Kämpfen hat eine eigene Dynamik entwickelt, die keinen Sinn mehr ergibt.[12]

In zwei weiteren Szenen wird die Kritik an Guevara konsequent fortgeführt. Zunächst geht es um die Frage der radikalen Askese und damit (wenn das auch nicht beabsichtigt wird) auch um das Wesen des Machismo (5: ‚Tania la Guerillera'). Guevara behandelt seine Genossin Tania, die im „deutschen Friedensstaat" (S. 87) schießen lernte, eher herablassend, und mit ihren Sorgen um den Verlust der eigenen Identität („... Nichts ist mir fremd mehr außer ich mir selber ..." – ebd.) kann er wenig anfangen.

TANIA: Ich kann nicht kämpfen, wenn es mich nicht gibt.
GUEVARA: Ich weiß von dir, und du. Das muß genügen.
(S. 88)

Guevara betont die Notwendigkeit der Abtötung aller fleischlichen Begierden („... Der nämlich kämpft / Muß ein Asket sein. ..." – S. 89), doch er scheint sich nie überlegt zu haben, ob es einen Zusammenhang gäbe zwischen der radikalen Entfremdung vom eigenen Körper und der Fähigkeit, Terror gegen andere Menschen einfach als eine Taktik des Kampfes zu betrachten. Tania sind solche Gedankengänge anscheinend auch fremd, und von ihr ist keine ‚Frauenperspektive' zu erwarten. Anders als der Asket Guevara, der sich noch Gewalt antun muß, um seinen Theorien gemäß zu leben, braucht Tania *nur* den Kampf: „...Was gilt mir das, Mann / Was zwei bewegt, wenn ich mit kämpfen kann ..." (S. 89) Die ‚erotisierte' Gewalt dient nicht nur als Liebesersatz, sondern auch als Hebamme des neuen Menschen, wie Guevara in Szene 6 („Hinterhalt oder der neue Mensch") ausführt. Während es einleuchtet, daß die Gewalt kein „Vorrecht der Unterdrücker" (S. 94) bleiben kann, wirkt die ‚Theorie des Tötens' grotesk und höchst gefährlich: „...Tötend wird er geboren in der / Verkehrten Welt. ... Töten / Heißt zweimal treffen: einen Unterdrücker / Und einen Unterdrückten. Und was bleibt / Das ist ein toter und ein freier Mensch ..." (S. 95) Diese Szene endet allerdings mit dem Tod Miguels und den bitteren Worten Cambas: „... die Toten siegen nicht, Guevara." (S. 96)

In insgesamt vier Szenen bröckelt das anfangs aufgestellte Guevara-Denkmal also allmählich ab. Bis hierher stimmt die These, daß Braun eine Legende „ruinieren" will (vgl. oben). Der vom Autor postulierte „Umschlag" kündigt sich dann im siebten Auftritt (‚Der Funktionär') an. Bei der Auseinandersetzung Guevaras mit dem bolivianischen KP-Funktionär Monje wird zwar eine ‚objektive' Darstellung angestrebt, doch ein kurzer Satz Guevaras kommt – wenn auch nur für die Eingeweihten – einer Parteinahme für den Guerillero gleich. Guevara weigert sich, die Führung des Aufstands an „Beamte" abzugeben, und zwar mit folgenden Worten: „... Dies ist die Zeit des Apparats nicht mehr." (S. 100) Diese Formulierung erinnert an Hölderlins Drama *Empedokles,* in dem die Titelgestalt die

Bitte der Agrigenter Bürger zurückweist, ihr König zu werden: „Dies ist die Zeit der Könige nicht mehr.“[13] Verwendet Hölderlin seinen Empedokles in den Jahren nach der Französischen Revolution als ein Sprachrohr der Demokratie, so steht der Sozialist Braun ohne Zweifel hinter Guevaras Forderung nach einer demokratischen Parteistruktur: „... nur die Partei / Nicht eingeschnürt in die geteilte Arbeit / Kann in sich selber schon die Freiheit bilden / Weil jeder in ihr gleich sein kann ...“ (S. 100) Die Rehabilitierung Guevaras, die Negation der Negation seiner Legende, wird in der Schlußszene (8: ‚Der Aufbruch‘) abgeschlossen, und es ist wieder ein einziger Satz, der bei der Debatte zwischen dem pragmatischen Führer Castro und dem leidenschaftlichen Internationalisten Guevara den Ausschlag gibt. Die Notwendigkeit einer totalen Umwälzung des alten Systems wird von Guevara überzeugend dargelegt („... Den Sozialismus / Kannst du nicht mit den morschen Waffen baun / Die der Kapitalismus liegenläßt. ...“ – S. 105), doch Castros nüchterne Einschätzung der gegenwärtigen Lage ist auch nicht von der Hand zu weisen: „... Das neue menschliche Wesen muß fressen. / Und fragt nicht nach dem Besteck. ... Nach uns der Kommunismus. Aber / Vor uns der Alltag ...“ (ebd.). In allen Werken Brauns wird dieser zentrale Widerspruch des sozialistischen Aufbaus thematisiert, doch diesmal wird dem Internationalismus der Vorrang gegeben:

GUEVARA: ... Es wird keinen Sozialismus geben, wenn wir uns nicht
DER FREUND: ändern ... (S. 106)

Guevara und Castro sind wirklich „ein Leib und eine Seele“ (S. 108), und dieser möchte wieder in den Guerillakrieg:

DER FREUND (schwer atmend): Könnt ichs noch einmal. (ebd.)

Der Zuschauer, der den „Irrsinn“ der Bolivien-Aktion miterlebt hat, soll trotzdem ihre „Notwendigkeit“ einsehen. Keine anderen Möglichkeiten werden in Erwägung gezogen, doch in den drei Zwischenspielen zeigt Braun, was für ihn als Alternative *nicht* in Frage käme.

Die Parallelhandlung mit dem Archäologen Hugo Bumholdt und dem Philosophen Denis Bedray ist keine rückläufige, dient der Guevara-Chronik also als eine Art Kontrapunkt. Beide Intellektuelle sind Utopisten, deren Weltfremdheit bzw. Monomanie jede Kommunikation verhindert. Die Komik der Situation liegt darin, daß sie trotzdem unentwegt schwätzen. Im ersten Zwischenspiel (das eigentlich kein ‚Zwischen'-spiel ist[14]) tritt Bumholdt als das Klischeebild eines US-amerikanischen Touristen auf („... das mit Palmen bedruckte Hemd über der kurzen karierten Hose ..." – S. 69), während Bedray anscheinend wie die Karikatur eines ‚westlichen Linken' aussehen will („... wallendes Haar, Nietenanzug, Fliege, Tropenhelm, Aktentasche ..." – ebd.).[15] Auf der Suche nach dem verschollenen „Sonnenstaat" der Inkas gräbt Bumholdt in der Erde, wobei er Vorträge hält („... Der Sonnenstaat ... Keine Sklaven, keine Schulden, keine Unterschiede ..." – S. 71), während der unbeholfene Bedray mit viel Mühe einen Stein erklimmt, um nach den Guerilleros Ausschau zu halten („Ich passe die Kämpfer ab. Ein Interview wird herausspringen." – ebd.). Der eine interessiert sich nicht für „lebende Menschen" (S. 70), der andere widmet sich einem ‚revolutionären Voyeurismus', alles aus der Ferne beobachtend. Braun hämmert die Botschaft ein, daß weder die hochschwebende („... Hinan zur Menschlichkeit" – S. 71) noch die unterirdische („... Hinab zur Menschlichkeit" – ebd.) Suche gelingen kann, weil der Boden der politischen Tatsachen außer acht gelassen wird. (Die Frage nach dem Anteil des Utopismus am Scheitern des Intellektuellen Guevara wird allerdings nicht erörtert, was die Wirkung der Zwischenspiele natürlich sehr abschwächt.). Nach der ersten Auseinandersetzung zwischen Bumholdt und Bedray kann man sich kaum vorstellen, daß weitere Zweikämpfe einen Sinn hätten, und die beiden anderen Zwischenspiele arten in der Tat in Klamauk und Radau aus. Bedray steigt immer höher, Castros Revolutionstheorie zitierend, und schließlich verliert er buchstäblich den Kopf, den Bumholdt aufhebt („... Ein schöner Kopf. Wie aus dem Gips der Académie française. ..." – S. 92). Wie zu erwarten, leidet Bedrays Sehvermögen überhaupt nicht unter der ‚Kopflosigkeit': „Ah, welche Aussicht. Ich überblicke das Geschehn." (ebd.) Am Ende entpuppt sich Bedray vollends als schöngeistiger Ästhet (er singt Eichendorffs ‚Mondnacht' – S. 102f.), und der ‚Natur'-freund Bumholdt wird zum Menschenfresser: er schießt seinen Gesprächspartner ab und verspeist ihn genüßlich („Ein weicher Bursche ..." – S. 104). Das mag alles (je nach Geschmack) ganz lustig sein, doch was trägt es zum mehr oder weniger dokumentarischen Stück um Guevara bei? Als Bestiarium der westlichen Intellektuellen – ob links oder rechts, überflüssig seien sie alle – liefern die Zwischenspiele nur ein Zerrbild der Realität (vgl. Anm. 10). Was haben sie also über die fragwürdige politische Aussage hinaus zu bieten?

Die Antwort auf diese Frage hat weniger mit Politik als mit der Aufmerksamkeitsspanne der Zuschauer zu tun: in ‚Guevara oder Der Sonnenstaat' mutet Braun dem Theaterbesucher nämlich viel zu. Von der Bühne herab wird immer wieder doziert, mal über Taktik im Guerillakrieg, mal über den Zusammenhang von Bewußtsein, Produktion und Gesellschaftsstruktur. Wer die Schriften von Guevara bzw. Castro schon kennt, wird das Rezitieren von einzelnen Passagen nicht unbedingt anregend finden – zumal die Originaltexte in Verse (meist Blankverse) umgedichtet worden sind. Statt die Quellen zwecks Neuentdeckung zu *verfremden,* lassen die Verse sie eher als etwas *Fremdes* erscheinen. Die Braunschen Inversionen, die im Gedicht überstürztes Lesen verhindern, sind in der Bühnensprache kaum zu verdauen. Ein charakteristisches Beispiel für diese Technik findet man z. B. in Monjes Replik auf Guevaras Kritik des Reformismus: „... Aber als / Die Waffen wichtiger ist das Programm / Das in die Massen dringt ..." (S. 99) Wenn es selbst Guevara-Kenner Mühe kostete, mit einer solchen Kunstsprache zurechtzukommen, wie stünde es mit den erst Einzuweihenden unter den Zuschauern? Es hat den Anschein, als hätte Braun die Zwischenspiele vor allem deshalb verwendet, weil er den Wirkungsmöglichkeiten eines Brechtschen Lehrstücks[16] in Reinkultur skeptisch gegenüberstand. Bumholdt und Bedray (deren Szenen übrigens in Prosa verfaßt sind) machen die Köpfe der Rezipienten aber nicht unbedingt frei für die jeweils folgenden Deklamationen; die Einimpfung des Agitationstheaters mit Aspekten des Grand Guignol bzw. des Absurden[17] ist ein schwieriges Unterfangen, und in diesem Fall wirkt sie zu gekünstelt, als daß sie die Trockenheit und den tödlichen Ernst der Guevara-Handlung (die Schlußszene ist eine Ausnahme) ausgleichen könnte. Die Zwischenspiele zeugen zwar von Brauns dramatischem Einfallsreichtum, aber sie können nicht darüber hinwegtäuschen, daß ‚Guevara oder Der Sonnenstaat' keine einheitliche Konzeption zugrunde liegt.[18]

Mehr als ein westlicher Kritiker hat vermutet, daß sich hinter der Kulisse der Dritten Welt eine Kritik des DDR-Sozialismus verbirgt.[19] Auf den ersten Blick scheint diese Vermutung ziemlich weit hergeholt zu sein: Brauns Interesse an der ‚Guevara-Legende' und – wie andere Werke vorführen – an den Befreiungskämpfen in der Dritten Welt ist zweifellos echt,[20] und in der DDR steht eine Diskussion der radikalen Askese bzw. der Gewaltanwendung auch in ‚privaten' Kreisen wohl kaum auf der Tagesordnung. Eine Kritik des ‚Apparats', wie sie Guevara im Gespräch mit Monje vorbringt, wäre für DDR-Verhältnisse auch nicht sehr relevant.[21] Die Schlußszene des Schauspiels – der große Dialog Guevara/Castro – wirft allerdings Fragen auf, die in der DDR gar nicht exotisch wären. Dazu gehört neben dem oben erwähnten Widerspruch Utopie/Alltag vor allem das Verbot der ideologischen ‚Abweichung'. Guevara verläßt Kuba ja nicht nur deshalb, weil er das Leben eines Bürokraten nicht ertragen kann, sondern auch, weil er mit dem dort eingeschlagenen Weg nicht einverstanden ist. Das heißt nicht, daß seine ‚Revisionismus'-kritik von Braun als eine überall gültige Sichtweise verkündet wird: es geht um Guevaras Recht darauf, diese Kritik zu *äußern*. Guevaras Entscheidung läßt sich nicht auf die Alternative ‚bleiben oder weggehen' reduzieren: „... Kann ich bleiben / Und reden oder nicht bleiben ..." (S. 106) Um dem Freund Castro die unangenehme Aufgabe zu ersparen, ihn „zum Schweigen" zu bringen, um nicht zu „provozieren", zieht er sich in den „Urschleim" zurück (S. 107). Der sonst so optimistische Braun läßt Guevara zum Opfer einer äußerst traurigen historischen Notwendigkeit werden: „... Wie verfährt man / Mit den zu früh zu schlau Gewesnen noch / In allen Revolutionen, Frankreich, Rußland / Soll ich dir Namen nennen ..." (ebd.) Am Ende des Stückes muß die Zuversicht der Revolutionäre aus einer radikalen Umkehrung des Dargestellten gewonnen werden: Guevaras Schicksal[22] soll sich nicht mehr wiederholen, dieses schlimme Kapitel der Revolutionsgeschichte soll ein für allemal – auch in der DDR – abgeschlossen werden.

In der vorerst letzten Fassung von ‚Guevara' (in ‚Stücke 2', 1981) hat Braun einige kleine Änderungen vorgenommen. Am wichtigsten ist wohl die Tatsache, daß das heroische Pathos um Guevara etwas zurückgeschraubt wird: sowohl sein Hinweis auf Empedokles (S. 52) als auch seine trotzigen Worte kurz vor dem Tod (S. 53) fehlen, und am Schluß werden das Singen der ‚Hymne des 26. Juli' und die Projektion des Textes gestrichen (S. 97). Die Formulierung „ein Ultralinker" (S. 89; in bezug auf Bedray) und „die linke Kinderei" (S. 97: in der Schlußszene) wurden herausgenommen. Bedray und Bumholdt wirken weniger lächerlich, da sie „in der Kleidung des Publikums" (S. 41) auftreten. Das Werk wird auch nicht mehr als „Schauspiel" bezeichnet.

9. Großer Frieden

Abgesehen von ‚Lenins Tod' ist ‚Guevara oder Der Sonnenstaat' das erste Theaterstück Volker Brauns, dessen Handlung sich außerhalb der DDR abspielt. Der dramatische Ausflug in die Fremde wird im 1976 entstandenen Schauspiel ‚Großer Frieden'[1] fortgesetzt, wobei über die räumliche Entfernung von der Heimat hinaus ein Blick auf eine weit zurückliegende historische Epoche geworfen wird. Dargestellt wird der Sturz der Ch'in-Dynastie in der ersten erfolgreichen Bauernrevolution Chinas (207 v. u. Z.) und die darauffolgende Begründung der Han-Dynastie durch den „Bauernkaiser" Lui Bang (bei Braun: Gau Dsu). Anders als im Guevara-Stück, dessen Hauptfigur nicht erst vorgestellt zu werden brauchte, agieren Gestalten aus einer archaischen Vorzeit, von denen die Zuschauer kaum etwas wissen dürften. Hat sich Braun etwa vorgenommen, auf der Bühne eine Art Nachhilfestunde im Fach asiatische Geschichte zu geben? Der Abdruck von historischen Materialien und Graphiken in den Programmheften des Berliner Ensembles (wo die Uraufführung 1979 erfolgte) bzw. des Leipziger Theaters scheint diese Vermutung zu untermauern, doch zwei kurze Notate Volker Brauns in diesen Heften beweisen, daß die Bemühungen des Autors in eine andere Richtung zielten. In ‚Der Grundvorgang des Stücks' findet man neben einer knappen historischen Einführung folgende Schlüsselsätze: „Der Philosoph Wang, in einem harten Gang der Erkenntnis ... dringt dem Zeitalter (das noch andauert) auf den Grund: eine Revolution kann nicht bei ihren Fahnen bleiben, wenn sie nicht die Verhältnisse von Grund auf umwälzt. Der Grund ist aber die Arbeit, die, als noch geteilte, immer wieder die Strukturen der Unterdrückung produziert. Am Ende des Stücks kein Ende der Kämpfe."[2] Die Auseinandersetzung mit der Vergangenheit soll also vor allem dem Verständnis bzw. dem Weitertreiben der gegenwärtigen Umwälzungen dienen. Um diese Absicht zu verdeutlichen bzw. um Mißdeutungen des Dramas vorzubeugen, schrieb Braun den kurzen Text „Warum wähle ich diesen alten Stoff? Flüchte ich aus der Gegenwart?"[3] Es lohnt sich, daraus ausführlich zu zitieren, da grundsätzliche Überlegungen Brauns zur Sprache kommen: „Im Staat Tschin wurde die Hoffnung der Massen entsetzlich enttäuscht; die Revolution riß nicht die alte peinigende Produktion aus dem Land ... sie griff nicht in diese Tiefe, in der wir wieder das elende geschundene Volk erblicken. Dieser alte Fall kann uns verwirren, das kann uns fraglosen Leuten guttun. Und er kann etwas deutlich machen: wie alt die Kämpfe sind, auf die wir uns eingelassen haben, wieviel günstiger heute unsere Konditionen, und wie weit sie geführt werden müssen, bis zu welcher Konsequenz. Die Antworten auf die Fragen von heute, auf die Fragen des Sozialismus, die wir zögernd geben, sind Antworten zugleich auf 5000 Jahre Geschichte – daran mag ihre Schwierigkeit und Großartigkeit gemessen werden. Der Sozialismus wird eine lange Antwort sein. In dem alten Stoff, Modellfall für Aufbruch und Versacken von Geschichte, fühle ich mich gegenwärtig wie nur immer." Im ,Großen Frieden' geht es demnach nicht darum, das Scheitern einer frühen Revolution zu beklagen: die Schilderung einer tragischen Episode aus dem langwierigen Befreiungskampf der Massen – dessen Abschluß auch jetzt nicht abzusehen ist – soll den Heutigen die „menschheitsgeschichtliche Dimension"[4] ihrer Bestrebungen vergegenwärtigen und sie gleichzeitig daran erinnern, wie viele uralte Träume immer noch nicht Wirklichkeit geworden sind. Im eben zitierten Notat geht Braun allerdings nicht nur auf seine teleologische Geschichtsauffassung ein; die Themenwahl hat für ihn nicht zuletzt dramenästhetische Gründe: „... die archaische Zeit erlaubt größere Drastik und Komik der Darstellung; es kann dem Theater gegeben werden, was des Theaters ist – und auf nichts sonst kommt es an, ein gewisser Sinn unterläuft uns ohnehin." Dieses ,naive' Plädoyer für das Primat des ,Spielerischen' bei der Theaterarbeit würde in der Bundesrepublik kaum Aufsehen erregen, doch in der DDR muß es geradezu ,ketzerisch' klingen. Auf jeden Fall verdeutlichen die beiden Notate, daß ,Großer Frieden' nicht als ein Neuansatz des Dramatikers Braun, sondern als eine Fortsetzung der seit den ,Kippern' datierenden Bemühungen um eine theatergemäße Versinnlichung gewichtiger Fragen aufgefaßt werden sollte.

Es wäre allerdings irreführend, nur auf die festgestellte Kontinuität hinzuweisen. Bis hin zum Tinka-Stück war Volker Braun – was die szenischen Mittel betrifft – im Grunde ein ,realistischer' Bühnenautor; in ,Guevara' schlug er dann z. T.

einen surrealistischen Weg ein (Sturz des brennenden Leichnams, Auferstehung der Toten, Kannibalismus usw.). Dieses Experimentieren wird im ,,Großen Frieden' konsequent fortgeführt. Am Anfang des Stückes wird zwar aus altchinesischen Sozialutopien vorgelesen, was einen historischen Rahmen für die folgenden Auftritte schafft, doch in zwei phantastischen Szenen (1,2 und 10,2) tritt ein ,,Geist der Revolution" auf, der das historische Geschehen aus der Höhe – wenn auch nicht allwissend – überblickt. Die Anwesenheit des Bauernführers Gau Dsu in diesen Szenen verknüpft die beiden Ebenen des Spielgeschehens miteinander. Darüber hinaus nimmt der Philosoph Wang eine Sonderstellung ein: als ,realistische' Gestalt kommt er mit den geschichtlich verbürgten Figuren zusammen, doch als symbolische Verkörperung der Revolutionstheorie bzw. des utopischen Hoffens der Menschheit darf er zweimal nach seinem jeweils gewaltsamen Tod auferstehen, um die Unverwüstlichkeit des Gleichheitstraums vorzuführen. Die Wang-Figur signalisiert den endgültigen Abschied Brauns von der Illusionsbühne.

Der ,,Modellfall für Aufbruch und Versacken von Geschichte" (s. oben), den Braun gestalten will, besteht aus vier Abschnitten: Beseitigung der Tyrannei, Anarchie, Wiederaufbau von Herrschaft und Ordnung und erneutem Aufstand von unten. Statt der herablassenden Rückschau eines Nachgeborenen wird im allgemeinen eine dialektische Sichtweise angestrebt; nur in bezug auf den König bzw. die Königin von Tschin wird beißender Spott zum vorherrschenden Stilmittel. In einer köstlichen Szene versucht Wang vergeblich, den dicken König Hu Hai auf den ,,Wahren Weg" zu führen (Hu Hai nickt ständig ein, wenn er Unbequemes hören muß), und der später in panischer Angst vor seinen machtgierigen Statthaltern fliehende König ist hilflos wie ein kleines Kind, als er fern vom Palast in der Natur zurechtkommen soll:

HU HAI: . . . Was ist das.
ZWEITER TRÄGER: Die Erde, Hoheit, Gras.

HU HAI: Die Erde, ah. (Geht) Das ist die Erde. (Befühlt sie.)
Gut, wie?
KÖNIGIN: Ich setze keinen Fuß darauf.
(S. 248)

Das königliche Paar[5] wird dem allgemeinen Gelächter preisgegeben, wobei der humoristische Gewinn allerdings nicht ganz unproblematisch ist: der Zuschauer soll nämlich glauben, daß der lächerliche Weichling Hu Hai zu brutalen Gewalttaten (wie der in Szene 2 befohlenen Tötung Wangs) fähig gewesen sei. Der althergebrachte Brauch der Unterdrückten, die Mächtigen mittels Gespött kleiner zu machen, ist theatralisch sehr wirksam, der historischen Echtheit aber eher abträglich. Der Sozialist Braun interessiert sich – verständlicherweise – hauptsächlich für die nachrevolutionären Zustände, die er mit aller gebotenen Differenziertheit darstellt.

Nach dem Sieg wollen die Bauern den „großen Frieden" – d. h. die Gleichheit – sofort verwirklichen, und zwar jeder für sich: „. . . Sind wir des Sinns, heimzugehn / Und uns unser Teil aus dem Braten zu schneiden / Auf den wir scharf sind." (S. 253) Der Führer Gau Dsu hat nichts dagegen, und die Bedenken des pragmatischen, mit Gau Dsu verbündeten Aristokraten Tschu Jün („Wollt ihr über die Steine / Weg aus dem Staub, und Straße und Kanäle / Liegen wüst. Könnt ihr nicht warten bis /Kämmend die Ordnung mit euren Spießen / Aus Krieg Frieden wird." – S. 253f.) werden vorerst nicht beachtet. Angesichts der leeren Getreidespeicher wird es aber allmählich klar, daß die Utopie noch nicht auf der Tagesordnung steht. Den widerstrebenden Gau Dsu, der als Bauer jeglicher Machtausübung mißtrauisch gegenübersteht, belehrt Tschu Jün, daß eine gesellschaftliche Hierarchie noch unentbehrlich sei: „Siehst du / Genosse, was wir ohne Regeln sind / Uns selbst fressende Schweine. Die Gewalt nur / Die graue Formel, alter Zeit Rechnung / . . . drückt sie auf dem Bauch in den Schlamm / Der das braucht, ihn auszuwringen / Auf dem verteilten Boden . . ." (S. 259) Historisch gesehen hat Tschu Jün zweifellos recht, doch Braun betont gleichzeitig, daß der Sieg der Bauern ohne deren millenarische Hoffnung auf den ‚großen Frieden' undenkbar gewesen wäre. Der Widerspruch zwischen Alltag und Utopie – bereits in den ‚Kippern' thematisiert – bleibt unlösbar, genau wie der gordische Knoten, von dem in der letzten Szene des Stückes erzählt wird. Erst nach der Aufhebung der Arbeitsteilung – so Braun – könnte dieser Widerspruch aus der Welt geschafft werden, also ist das im altchinesischen Gewand dargestellte Dilemma nicht nur von musealem Interesse.

Tschu Jün überzeugt Gau Dsu, daß eine Pyramide der Verfügungsgewalt unumgänglich ist, um das Machtvakuum zu füllen; die Lösung ist der Beamtenstaat, den Tschu Jün allerdings nicht idealisiert: „. . . Lieber der eiserne Hintern / Von Figuren die an Drähten gehn / Ins neue Leben, als der alte blutige / Dreck aus fürstlichen Hirnen." (S. 262). Die ganze Problematik dieser Entscheidung wird in der wohl wirkungsvollsten Szene des ganzen Stückes (7: ‚Beamtenprüfung in Hsien-Yang') vorgeführt. Der Prüfer Tschu To (ein alter Magier!) erklärt, „der Adel der Vernunft" werde nun auf den Stühlen des Staats Platz nehmen: „. . . Nicht mehr die hohe Geburt, die hohe Einsicht in die Große Lehre ist der Ausweis für ein Amt . . ." (S. 265) Was es aber mit dieser „Einsicht" auf sich hat, veranschaulichen die Interviews mit den verschiedenen Kandidaten: eigenständiges Denken ist nicht gefragt, weder ein „kumpelhafter Ton" noch „erfundene Formulierungen" sind erwünscht (S. 266). Der Enzyklopädist Hsi Kang („der berühmte Lehrer" – S. 268), der auf *keinen* Fall Beamter werden möchte, legt den Finger auf den wunden Punkt des Systems, ehe es überhaupt errichtet wird: „. . . ich bin nicht, wofür man mich hält / Daß er sich einschraubt in den Apparat. / Mir fehln die Windungen in der Natur / Worin ihr so gewandt seid, Herr. . . ." (S. 268f.). Als Feind von Duckmäusertum, Opportunismus und Karrieredenken kann er sich dem Verbot des *Weiter*denkens nicht fügen: „Herr, das Studium / Der Klassiker hat mich dahin gebracht / Allem Zwang zu spotten. Ich kann meine

Zunge / Nicht mehr festnageln, jedes Unrecht läßt sie / Flattern vor Empörung ..." (S. 270) Der entsetzte Tschu To läßt den „sektiererischen" Hsi Kang entfernen und ordnet gleichzeitig dessen Überwachung an: die Ahndung der ideologischen Abweichung beginnt. Das erste wirkliche Opfer dieser Entwicklung ist der ‚lästige' Philosoph Wang, der sich der neuen Ordnung gegenüber zweimal schuldig macht. Zuerst kritisiert er die Auswirkung der Subalternität auf den volkseigenen Feldern („... Kopf Hand Schwanz / Hängend wie fremdes Fleisch, Gliedergruppen / Zerrissen von dem Zwang, nur eins zu tun / Zu sagen oder machen, Chef und Kuli / Zählebend. Ich sag nichts gegen Buckel / Schiefohren oder Zungen, die wachsen / Auf dem gestuften Mist ..." – S. 274f.), dann wagt er es, die Selbstdarstellung der neuen Machthaber in Frage zu stellen, was der neue Kaiser Gau Dsu mit Folter und Hinrichtung belohnt: „... Ihr sagt: die Rituale seien ein verlogenes System der Ungleichheit. ... Ja, man muß die Gleichheit im Auge behalten, aber die Verschiedenheit kennen. Denn ließe man das Volk handeln nach Lust und Laune, ohne ihm eine Grenze zu setzen, so würde es in seinem Sinn verwirrt und könnte sich überhaupt nicht mehr freuen. Das Ritual ist keine Taktik, es ist die heilige Wahrheit der Klassiker ..." (S. 282f.) Angesichts dieser verheerenden Auffassungen Gau Dsus bzw. der Tatsache, daß Wangs Lachen auch nach seinem – zweiten – Tod unter der Erde weiterdröhnt, könnte man in dem Philosophen den Helden des Stückes sehen, doch das wäre verfehlt. Braun läßt nämlich keinen Zweifel daran, daß Wangs utopische Vision sowohl unentbehrlich als auch vorerst nicht realisierbar ist. Das Tragische liegt nicht darin, daß Wang ‚zu früh kommt', sondern darin, daß seine Ansichten von den Mächtigen gleichsam aus den Geschichtsbüchern ausradiert werden. Intoleranz und Dogmatismus – nicht die vielgepriesene Vernunft – setzen sich auf die Stühle des Staates (vgl. Gau Dsus Urteil über Wangs Standpunkt: „... Eure Reden ... sind eine unverantwortliche Ausdeutung der klassischen Bücher, eine verbotene Privatkommunikation mit den Geistern ..." – S. 283), das Denken muß wieder in den Untergrund flüchten. Die Parallele zur Schlußszene des Guevara-Stückes ist unübersehbar.

Im Programmheft des Berliner Ensembles versucht der Regisseur Manfred Wekwerth zu beweisen, Brauns Thema sei „die Frage nach der Rolle der Utopie, der Wunschvorstellung, der Spontaneität, des Voluntarismus in der Geschichte". Gau Dsu wird in dieser Deutung zum enttäuschten „Anarchisten", der genauso scheitert wie „die Studentenrebellion 1968". ‚Großer Frieden' sei für die DDR relevant, weil man im „realen Sozialismus" ein Geschichtsbewußtsein benötige, „das nicht von Wünschen, sondern von Realitäten ausgeht". In Wirklichkeit hat Braun jedoch kein Stück gegen die Spontaneität geschrieben, sondern ein Spiel über die Dialektik revolutionärer Prozesse, zu denen nicht nur die versuchte Verwirklichung der Utopie, sondern auch der Verrat an den einst verkündeten Idealen gehört. Die letzte Szene des Stückes führt ganz deutlich vor, wie wenig Braun die starre Dichotomie Utopie / Pragmatismus im Sinn hatte: Gau Dsu erwürgt Tschu Jün (der ihn vom ‚utopischen' Weg abgeführt hatte), enteignet die Kaufleute und läßt deren Geld den aufständischen Bauern zukommen, die seine eigene Gewaltherrschaft beseitigen wollen („... Eh sich die Welt nicht umwälzt bis zum Dreck / Ist sie uns heillos und der Rücken krumm ..." – S. 292). Die Worte des noch einmal auferstandenen Wang zeigen, daß das Ende keins ist: „... Die neuen Zeiten, von den alten wund / Sind neu genug erst, wenn wir aufrecht stehn. / Die Plage dauert und kann uns vergehn. / In unsern Händen halten wir den Grund." (S. 292) Diese Sätze sind für realsozialistische Verhältnisse tatsächlich sehr relevant, allerdings nicht im Wekwerthschen Sinne: ‚Großer Frieden' ist ein einziger Beweis dafür, wie wenig revolutionäre Umwälzungen von schönen Sprüchen und ‚weisen Einsichten' – die den Status quo verschleiern – aufgehalten werden können. Der Germanist Werner Mittenzwei hat diese Botschaft offensichtlich viel besser verstanden als der Regisseur Wekwerth: im selben Programmheft betont er, daß der Konflikt zwischen Gau Dsu und Tschu Jün zur „antagonistischen", d.h. präsozialistischen Gesellschaft gehöre. (Es ist freilich nicht festzustellen, inwiefern diese Argumentationsweise taktischen Erwägungen entstammt.) Wer allerdings einer DDR-Aufführung des Stükkes beigewohnt hat,[6] der weiß, daß das Publikum den ‚Großen Frieden' als (DDR-)Gegenwartsstück rezipiert. Braun hat das nicht unbedingt bezweckt, doch die Kalauer aus dem DDR-Alltag und nicht wenige Szenen[7] lassen – trotz aller Chinoiserien[8] – eine andere Rezeption kaum zu. ‚Großer Frieden' ist kein in der ‚Sklavensprache' verfaßtes Kostümstück à la Feuchtwanger,[9] doch es scheint der Fall zu sein, daß seine historische bzw. revolutionssoziologische Dimension von der auf Gegenwartsanspielungen orientierten Zuschau-Kunst vieler DDR-Theaterbesucher wenig beachtet wird. Unter anderen historischen beziehungsweise gesellschaftlichen Bedingungen würde das Stück bestimmt nicht so einschichtig rezipiert werden.[10]

Manfred Wekwerth stellt im Programmheft fest, Braun habe im ‚Großen Frieden' einen neuen „Grad der Objektivierung der Darstellung" erreicht: „In seinen bisherigen Stücken verfuhr er zumeist umgekehrt: Merkwürdige Persönlichkeiten lösten gesellschaftliche Prozesse aus und erwiesen sich dann als Motor oder als Bremse dieser Entwicklung." Dieser These ist nur mit Vorbehalten zuzustimmen, doch es ist richtig, daß sich Braun im ‚Großen Frieden' eher für objektive Prozesse als für den ‚subjektiven' Faktor in der Geschichte interessiert. Es wäre auch überaus schwierig, archaische Gestalten wie Gau Dsu oder Tschu Jün ‚psychologisierend' dazustellen, aber die Grenzen und Gefahren des objektivierenden Vorgehens offenbaren sich in bezug auf das Frauenbild im Stück. Zu dieser Problematik hat eine westliche Kritikerin (die sonst mit Lob nicht geizt) Bedenkenswertes geäußert: „Braun ist für die Tat – die männliche, versteht sich. Eine weibliche Tat hält er, jedenfalls in … ‚Großer Frieden', wohl für einen Widerspruch in sich selbst. … es werden die bekannten männlichen Umlege-Spiele gezeigt … Ermüdend und langweilig für über die Hälfte der Menschheit, die an diesen Spielen in der Realität nicht teilnimmt, weil die Herren unter sich bleiben wollen: die Frauen ..."[11] In der Tat übernimmt Braun in diesem Stück – entgegen seiner sonstigen Praxis – das Brechtsche Schema ‚Frauen als Huren oder Mütter bzw. Ehefrauen', was sich anhand der Gestalt Fan Fehs, der Frau Gau Dsus, nachweisen läßt. Gleich am Anfang erscheint Fan Feh als Opfer der Unterdrückung, wobei sie eine ‚frauenspezifische' Strafe erleiden muß. Gau Dsu wird von marodierenden Soldaten verprügelt, und Fan Feh wird als Beute weggeschleppt:

DRITTER SOLDAT: Sie jault wie eine Hündin. Bück dich Tier. (Legen der Frau einen Strick um den Hals, ziehn sie auf den Knien fort.)
(S. 234)

Sie landet schließlich im von der Puffmutter Bau Mu geleiteten „Blumenhof", wo man geilen Aristokraten zu Diensten steht.[12] Bei der ‚Eroberung' des Bordells entdeckt der Rebellenführer Gau Dsu seine verschollene Frau, und er bringt seine Rechte gleich zur Geltung:

GAU DSU (schreit): Bringt meine Frau zu meinem Zelt.
(S. 251)

Während der ‚anarchistischen Zwischenphase' nach dem Bauernsieg wackelt dann das Patriarchat, und Fan Feh kann sich ‚emanzipieren', und zwar unter dem Banner der Promiskuität: „Fan Feh die Schöne. / Sie feiert ihre Freiheit auf den Knien. / Sie teilt ihre Freude, daß sie jetzt / Sich gehört, mit allen." (S. 260) Ihre einzige ‚Tat' besteht darin, daß sie sich in den Soldaten Hsien verliebt, der später den Bauernaufstand gegen Gau Dsu anführt. Als Buße dafür, daß sie Hsien foltern ließ, um den Zorn Gau Dsus von sich abzulenken, läßt sie sich von Hsien auspeitschen:

FAN FEH: Schlag, Hsien, dann gehst du nicht.

HSIEN: Bin ich entkommen, um dir zu verfalln / Der dich haßt.

FAN FEH: Ja, Schlag den Haß / In meine Haut. Spei ihn in mein Gesicht. / (Lächelt) Sieh, wie er sich verwandelt.

HSIEN: Ein Tiergesicht. / Fresse einer Hündin. Fraß für Hunde. / Verrecke mit den Hunden.

FAN FEH: Ja. Red weiter. / Dann bist du da. (S. 277)

Diese masochistische Selbstaufgabe überzeugt schließlich Hsien, der Fan Feh als Kampfgefährtin und Geliebte akzeptiert. Fan Feh darf dem Mann folgen, den sie liebt: darin erschöpft sich ihre Emanzipation. Im ‚Großen Frieden' wird das ‚utopische Hoffen' nur den männlichen Gestalten gegönnt, was das Wesen zwischenmenschlicher Beziehungen zum Randthema degradiert.

Im Gespräch mit Genossinnen nach den ersten Aufführungen des Stückes[13] wurde Braun auf diese Schwäche aufmerksam gemacht, und er versuchte bei der Neufassung,[14] die Kritik zu berücksichtigen. Die wesentlichen Änderungen[15] sind in den Szenen 4 (‚Die Helden der ersten Stunde') und 9,1 (‚Die Geschichte von Hsien und Fan Feh') zu finden. In der Bordell-Szene ist Gau Dsu nicht mehr der lüsterne Kriegsherr, der das „Vorrecht" besitzt, „eine mit weißen Knien" für sich zu behalten, und die Soldaten, die sich in der ersten Fassung die Mädchen „greifen", nähern sich jetzt „sacht". Es kommt zu einer „stummen Verbrüderung" zwischen den (Bauern-) Soldaten und den Prostituierten: zwei Gruppen von Entrechteten demonstrieren gegenseitige Solidarität. In der Liebesszene ist die Grundkonstellation noch dieselbe, doch Hsien ist jetzt „verwirrt", und der Satz, der die Mensch- bzw. Frauwerdung Fan Fehs signalisiert („Von diesem Augenblick an."), wird von ihr selbst, nicht mehr von Hsien gesprochen. Die *Selbst*entdeckung Fan Fehs wird stärker betont (HSIEN: „Bist du toll." FAN FEH: „Ich glaub es. Weil ich zu mir / Komme." – S. 155), doch es ist immer noch Hsien, der den „Weg" wählt, der den großen ‚Vortrag' über die Emanzipation hält. Die zweite Fassung stellt gegenüber der ersten einen Fortschritt dar, doch die Beibehaltung der genitalen Kraftsprache[16] und die im Rahmen der Fabel nicht abzuschaffende Dominanz der männlichen Gestalten zeigen die Grenzen der Umarbeitungsmöglichkeiten.

10. Training des aufrechten Gangs

Volker Brauns vorerst letzter Gedichtband ,Training des aufrechten Gangs' erschien 1979 in der DDR und in der Bundesrepublik.[1] Ein Vergleich mit der früheren Lyrikproduktion – vor allem mit ,Gegen die symmetrische Welt' – zeigt, daß die unter dem beziehungsreichen Titel gesammelten Verse und Prosagedichte sowohl bereits eingeschlagene Wege weitergehen als auch poetisches Neuland betreten. Zu den (seit den späten sechziger Jahren) charakteristischen Merkmalen gehören u.a.: die Suche nach dem ,Eigentlichen', die Rezeption der Klassik sowie der sozialistischen Lyrik, das Aufspüren von Geschichte in der Gegenwart, die ,Zerrissenheit' des lyrischen Ichs und die sehr persönliche Standortbestimmung des Dichters. Die wichtigsten neuen Aspekte sind eine Beschäftigung mit der sog. ,spätbürgerlichen Moderne', das fast völlige Fehlen der industriellen Arbeitswelt bzw. der Arbeiter, ein Zurückschrauben der sonst stark ausgeprägten Zuversicht des ,aktivistischen' Lyrikers, eine Auseinandersetzung mit dem westlichen Ausland und Überlegungen zum ,Exil-Phänomen', d.h. zur Ausbürgerung bzw. Übersiedlung von manchen DDR-Schreibkollegen Brauns seit 1976. Im Rahmen dieser äußerst anspruchsvollen poetischen Landschaft dient das Gedicht ,Statut meiner Dauer' (S. 109f.) als eine Art Wegweiser.

Dieses programmatische Gedicht – das in der DDR-Ausgabe am Anfang steht – liefert eine Momentaufnahme des Dichters in der Mitte der siebziger Jahre: es hat damit eine ähnliche Funktion wie die früheren Gedichte ,Anspruch', ,Gebrauchsanweisung zu einem Protokoll', ,Um sinnloses Wutvergießen zu vermeiden', ,Freiwillige Aussage' und ,Der Lebenswandel Volker Brauns'. Anders als in „einstimmig beschlossenen" Parteistatuten[2] meldet sich hier eine Stimme zu Wort, die vor allem das Recht auf Widersprüche für sich in Anspruch nimmt: „... Nicht die Einheit und Reinheit findet ihr bei mir / Sondern die Gemeinsamkeit / Von Wasser und Schmutz ..." Nicht vorgegebene Weisheiten, sondern die tastenden Schritte eines ständig Suchenden stünden auf der Tagesordnung: „... Seht ihr, ich kann nicht reden von dem / Was ich schon weiß: nur von dem was ich entdecke / Es handelt sich um einen Verein / Von Abenteuern und gewagten Vergleichen ..." An die Stelle der früher artikulierten Angst angesichts der Brisanz solcher Aussagen (in ‚Der Lebenswandel Volker Brauns' fragte sich der Dichter noch, ob er „zuviel nicht rede für unsern Kopf und Kragen"[3]) tritt nun eine fast heitere Entschlossenheit, die weder „Protokoll" noch „Chefs" dulden kann. Dabei wird die reale Gefahr nicht bagatellisiert: Die Verse „... Ich konstituiere mich / Für eine Verschwörung der Gleichen ..." sind ein Hinweis des stets historisch denkenden Braun, er sei sich dessen durchaus bewußt, daß das Schicksal von François Babeuf und seiner ‚conspiration des Egaux' im Laufe der Geschichte eher die Regel als die Ausnahme gewesen ist. Die Gedichte in ‚Training des aufrechten Gangs' sind Anschauungsmaterial für diejenigen, die erfahren möchten, was für Früchte die im „Statut" verkündete Radikalität des Denkens – und Fühlens[4] – tragen könnte.

Der Band besteht aus zwei Gedichtzyklen, nämlich ‚Ist es zu früh. Ist es zu spät' und ‚Der Stoff zum Leben'. Dem zweiten[5] Zyklus hat Braun ein Motto vorausgeschickt, was aus zwei Gründen auffällt: zum einen, weil es in den früheren Lyrikbänden keine Mottos gab; zum anderen, weil die zitierten Verse nicht etwa von Hölderlin, Majakowski oder Brecht stammen, sondern von dem aus den USA eingewanderten Engländer Thomas Stearns Eliot, der mit Demokratie bzw. Sozialismus wenig im Sinn hatte. Der konservative Eliot ist allerdings für seine revolutionäre poetische Methode bekannt: er setzte den Bewußtseinsstrom seines Zeitgenossen Joyce in der Lyrik ein. Brauns Entschluß, aus dem Langgedicht „The Waste Land" zu zitieren, das eine hoffnungslose Welt darstellt („I sat upon the shore / Fishing, with the arid plain behind me / Shall I at least set my lands in order?" – V, 423–425), bedeutet allerdings keine Annäherung an das Weltbild Eliots; vielmehr gesellt er sich damit zu seinem marxistischen Vorgänger Brecht, der in der berühmten ‚Debatte' mit Georg Lukács auf dem Recht des Dichters bestand, die gesamte Weltliteratur nach Brauchbarem zu durchsuchen. In mehreren Gedichten ist es Braun gelungen, Eliots Montage- und Assoziationstechnik, die Vergangenes in die Gegenwart hineinbringt bzw. entdeckt, für die eigene Arbeit fruchtbar zu machen.

In ‚Material I: Wie herrlich leuchtet mir die Natur' (S. 85–88) geht Braun zunächst von der Frage aus, wie der „Stoff zum Leben" (bzw. Schreiben) aus der sommerlichen Landschaft zu gewinnen wäre. Eine ungetrübte Freude an der Natur stellt sich nicht mehr ein, und Zitate aus früheren Versuchen in dieser Richtung (Shakespeare, Goethe, Paul Gerhardt) machen die Kluft zur einstigen Naivität deutlich: „... Lalala / und *wie herrlich leuchtet mir* überhaupt / Und so weiter ..." Die Verzweiflung des Suchenden („... Woher nehmen / und nicht stehlen / Was mich leben läßt / Ich weiß nicht wovon ich rede ...") führt in der Hitze zu grotesken Phantasiebildern: „... o Mangel an /Blutlosen kalten Lebewesen mit denen man ficken / Könnte ohne zu lächeln zu denken oder auch nur / Gedankenlos zu reden ..." Es steigen auch Kindheitserinnerungen herauf: das unterernährte Kind ißt Zeitungspapier. Später liest der „Jüngling", während die Mutter den Anblick der Bäume auf der Museumsinsel genießt. Der Sohn, der im Geschriebenen seinen Lebensstoff erblickt, ist, anders als die Mutter, der Natur entfremdet („... Sie lebt die köstlichen letzten Stunden, sie lächelt, er / liest ..."). Es folgt dann die Schilderung einer anderen, schlimmeren Art der Entfremdung, nämlich der Menschen voneinander: ein Engländer ertrinkt im Schwimmbad eines „volkseigenen first-class-Hotel(s)", weil die anderen Gäste seine „help"-Rufe nicht beachten: „... Man kennt sich nicht, man muß die Ausrüstung schonen / Das neuaufgetragene Öl, er ist weiß und dick ..." Dieses Verhalten läßt den Dichter an „Haie" in der Adria denken, und es wird klar, daß naive Naturfreude angesichts der gestörten zwischenmenschlichen Beziehungen undenkbar wäre: „... Was fällt mir ein / Mir zu Gefallen und euch, was haben wir denn / Miteinander? ..." Diese Frage bleibt unbeantwortet, wird aber in ‚Material II: Brennende Fragen' (S. 88–92) weiter untersucht. Diesmal ist es das schwierige Verhältnis zwischen Mann und Frau, das im Mittelpunkt steht: „... So vieles geschieht / zu zweit / Ist die Welt am deutlichsten, unausweichlich ..." Die voyeuristische Beobachtung eines Liebespaars im Zug von Marseille nach Lyon („... Der Mann und die Frau, seine Hand an ihrem Leib. / ... Ihre Körper gleiten auf den Schienen nebeneinander / Und berühren sich auf dem Schotter rasche Masten / Plastikmüll quietschende Bremsen ...") bleibt an der Oberfläche, also kommt man „zur Sache" daheim in der DDR: „... Bleiben wir auf dem Teppich / In den engen Wänden, der billige Schlager / Aus dem Luftschacht ..." Der Streit der Liebenden – durch Verse aus Schillers ‚Kabale und Liebe' kommentiert – ist auf mangelnde Kommunikation zurückzuführen, was den Dichter zu sprachkritischen Betrachtungen veranlaßt: „... Die Worte Schwanz, Brust etc. / Überhaupt Worte ... haben mehr Wirkung / Als die Dinge / warum? weil sie verdecken / Verallgemeinern, vervielfältigen / weil sie verdecken, was fehlt ..." Dieses Fehlende, das ‚Eigentliche' bleibt unbekannt, und das ironische Zitieren vom Lenin-Titel ‚Die brennenden Fragen unserer Bewegung' weist darauf hin, daß heute andere Fragen gestellt werden müßten als vor sechzig Jahren.

Die poetische Aussagekraft des Bewußtseinsstroms wird auch in anderen Gedichten zur Schau gestellt (vgl. ‚Italienische Nacht' und ‚Avignon'), und in ‚Der Teutoburger Wald' (S. 128f.) läßt die sichere Handhabung dieser Technik besonders einprägsame Bilder entstehen. Beim Spaziergang durch den nebligen Wald („... der Wanderweg / Empfiehlt sich in das Nichts ...") stößt der DDR-Bürger Braun auf gesamtdeutsche Geschichte, die alles andere als abstrakt ist: „... In meinem Alter mein Herr Vater fröhlich / Im Eilmarsch von Sachsen bis Niedersachsen/ Verschossen in den Krieg ... Freiwillig meldet der sich, englische / In dem Gestrüppe: Tanks anschleichen, das / Am letzten Schlachttag ..." Der sinnlose Tod des Vaters wird mit dem Sieg der Germanen über die Römer kontrastiert: Braun geht auf römischen Gräbern und schlüpft in die Ausrüstung des germanischen Kriegers: „... Die andre Schlacht wie gestern. Aus dem Laub / Im Hünenring die Freunde stochre ich / Auf in die Schlüfte, Armins Haubolde / (In Rochwitz unser Fleischer: Haubold, ja) /Drei Nächte sind wir, ausnahmsweise, einig ..." Die ephemere deutsche Einheit, die nur unter militärischem Vorzeichen aufrechtzuerhalten war, ist allerdings nicht das einzige schwierige Erbe, das Braun beklagt: das traurige Dahinsiechen des Dichters Christian Dietrich Grabbe („... Soff sich tot im Gasthof zur Stadt Frankfurt / Nicht ohne daß er, die erfolgt war, die / Freiheit des Vaterlands für seine Fürsten ... besang ...") erinnert an die nicht gerade rühmliche Behandlung der deutschen ‚Freiheitssänger' durch die Jahrhunderte. Am Ende kommt schließlich ein schwacher Trost: in der Bundesrepublik werden die alten Schlachtmythen nicht mehr zur Kriegshetze verwendet, sondern zu ganz anderen Zwecken ausgeschlachtet: „... In diesem Detmold / Im Pornofilm Thusnelda, sah ich, kaut / An Hermanns Schwert und war nicht seine Braut." Statt der notwendigen Bewältigung der Vergangenheit erfolgt also deren kommerziell motiviertes Bagatellisieren. Dem DDR-Leser überläßt es der Dichter, die in diesen Versen angestellten Überlegungen auf die eigene sozialistische deutsche Heimat zu beziehen.

Die Reisen ins westliche Ausland, die Volker Braun in den siebziger Jahren unternahm (nach Frankreich, Italien, Kuba und Peru), erweiterten sein poetisches Blickfeld, und die davon inspirierten Gedichte zeugen von der sinnlichen Entdeckung bisher unbekannter Landschaften. Braun gibt sich der überwältigenden Fülle der Sinneseindrücke hin, und seine Verwendung fremdsprachiger Brocken läßt eine fast kindliche Entdeckerfreude erkennen. In Gedichten wie ‚Italienische Nacht' (S. 114) wird das kritische Organ nicht zu Hause gelassen („... das Grabtuch des Herrn / Präpariert für die Blöden ..."), doch die Faszination des Neuartigen steht im Vordergrund: ,,Pappelschnee auf der Piazza / aus den Straßen Getöse ... TORINO, GRANDE TORINO, die Schreie / Der begeisterten Fans ... die Suppen unter den Bäumen / Spargel, Tomaten und Fisch mit den Genossen ..." In ‚Avignon' (S. 115f.) erlebt der betrunkene Dichter nach einem Sturz von der alten Brücke wundersame Dinge: unter dem Wasser begegnet er seltsamen Wesen, die ihre Lebensfreude auf keinen Fall sublimieren wollen: ,,... Uns kann keiner / ... Töten, noch zu Unbeliebtem nötigen / ... O Mann / Wir leben nicht für morgen sondern heute / ... nicht die reine Fahne / Über den Köpfen, unsre Haut / Ist das Banner, mit dem wir marschieren: ..." Da es vielleicht doch zu brisant wäre, diese so unpreußische Lebenshaltung als real existierende Alternative hinzustellen, müssen die geschilderten Zustände ins Reich der Phantasie verbannt werden, ohne daß die Hoffnung auf derartiges gänzlich aufgegeben wird: ,,... Ach wären wir an eurem Platz, im Offnen / In der Luft: wie würden wir verkehren / Totes in Leben. Ich schlug auf den Strand." Auch der Gang durch das römische Forum (‚Das Forum', S. 130f.) ist sowohl Augenweide als auch Anlaß zur Besinnung: der rollenspielende Beobachter (vgl. ‚Der Teutoburger Wald') steht als ,,Cäsar" auf der Rostra und denkt über Größe und Verfall der von Menschen erbauten Reiche nach: ,,Das war der Mittelpunkt der Welt. Ein Sumpf / Vorher und ein Kuhfeld nachher ... Krieg/Brand/Arbeit/Tod/Geschwätz: / Dann die Wanderung der Völker blutig / Durch diese Straße / diesen Trampelpfad / Vandalen/Touristen ..." Anders als Goethe, der das Forum als ,,einzigste Gegend der Welt" bezeichnete,[6] sieht Braun darin ein Sinnbild für die erbitterten Kämpfe, die sich durch die Geschichte ziehen („... Das Alte/ Neue in fester Umarmung / Der Lebende voll Toten tötend, ich / Meinen Tod im Leben ..."); anders als Becher, der sein Augenmerk auf Künftiges richtete,[7] erblickt Braun Relikte vergangener Zeiten in den heutigen Umwälzungen: ,,... Ich Römer/Bourgeois/Arbeiterundbauer ... In meinem Fleisch zerfleischt der Sieger strahlend / In welchen Sieg freigleichbrü ..." Die Betrachtung verfallender Ruinen führt allerdings nicht zum Fatalismus, sondern zur Zuversicht: schöne Fassaden zerbröckeln zwangsläufig, die wahren Verhältnisse sind auf die Dauer nicht zu verschleiern. Oben auf der alten Inka-Festung ‚Machu Picchú' (S. 134f.) wird eine „goldne Zeit" beschrieben, die fatale Ähnlichkeiten mit gegenwärtigen Zuständen aufweist: „... alles war bedacht / Von Staats wegen in ausgesuchten Köpfen. / Keiner litt Hunger Jeder gab sein Bestes / Angesichts der Meinung über ihn / Die man ihn wissen ließ ... / Die wissenschaftlichen Zentren ausgelastet / Mit Routinearbeit an den Mörsern ... / Sie hockten abends noch / In schönen Steinen, kulturell umrahmt / Von Flöten oder zugelaßnen Witzen / Über die Allesseher im besetzten Freundesland ..." Das, was heute unüberwindbar erscheint, wird sich nur halten können, insofern es dem Wohl des Menschen dient: „... nicht Zyklopenmauern / Halten das Leben, das den Tod in sich hat ..." Der Kreis schließt sich also: das Auge schweift in die Fremde, um dann bei höchst heimatlichen Belangen anzukommen.

Neben langen experimentellen Gedichten findet man in ‚Training des aufrechten Gangs' auch kürzere, die die bisherige Erkundung der Möglichkeiten des politischen Gedichts in der Nachfolge Brechts fortsetzen. Sehr charakteristisch für das Gesamtwerk Brauns sind die vier aufeinanderfolgenden Gedichte, die sich mit der Wahrheitssuche befassen: jenseits von Schwarz-Weiß-Malerei wird dargelegt, wie kompliziert die Wahrheit in der heutigen Welt geworden ist. Im Sonett ‚Zu Hermlin, Die einen und die anderen' (S. 124) erfährt man, daß die klaren Fronten, die der Antifaschist Hermlin am Ende der vierziger Jahre zu sehen glaubte („... Für die Meinen kommt die Morgenröte, / Und die andern verzehrt der Brand ..."[8]), der gegenwärtigen Realität nicht mehr gerecht werden: „... Wir werden vergehn vor unserem Fleisch / ... Wenn wir uns immer nicht zu andern machen / Und wieder andern, die das andre wollen / Als was die einen sehn, die andre waren // Zu ihrer Zeit, die aber ist im Rollen. ..." Reicht Hermlins damalige Sichtweise nicht mehr aus, so hat der Rat Brechts an die Kämpfenden, der wahren Lage gefaßt ins Auge zu sehen („...Freunde, ein kräftiges Eingeständnis / Und ein kräftiges WENN NICHT:"[9]), anscheinend noch kein Gehör gefunden: „... Wir haben ihn nicht angenommen, nur / Gewisse Termini und die Frisur, // Jetzt trägt man auch die Haare wieder länger. / Das Fleisch ist dicker, und der Geist enger. / So wurde er Klassiker und ist begraben." (‚Zu Brecht, Die Wahrheit einigt' – S. 125.)[10] Damit die Diskussion um die Wahrheit nicht zu theoretisch wird, wendet sich Braun zwei Fällen aus der Geschichte zu, die die sehr konkreten Konsequenzen der ‚Wahrheitssucht' veranschaulichen. Der Physiker Galilei hält dem Druck der Mächtigen nicht stand; er überlebt zwar, doch nur als ein Gebrochener: „... Ging gebückt ins Licht in den Gassen mit seinem / Gespickten Leib, ein so großer Verräter / Daß genug Hände auf ihn zeigen würden." (‚Prozeß Galilei', S. 126.) Der Philosoph Giordano Bruno, der seine Lehre nicht widerrufen will („Schwieriger Umgang mit dem Abweichler"), bringt seine Quäler in große Verwirrung: „... Wohin mit ihm? die Hölle nimmt ihn nicht auf / Verbrennen wäre die Lösung, doch die ist nicht neu" (‚Bruno', S. 127.) Diese Lösung ist in der Tat nicht neu, und schlimmer noch: sie wird heute noch allzuoft angewendet.[11] Sah sich Brecht einst mit fünf Schwierigkeiten beim Schreiben der Wahrheit konfrontiert, so hat der Nachgeborene Braun noch viel mehr. Seine Verse schreibend, hat er ständig vor Augen, wie man seit eh und je mit Ketzern bzw. Abweichlern fertig geworden ist. Beim Anblick der Standhaften (wie Bruno) schöpft man Mut: es wird immer Menschen geben, die die Folgen der großen Weigerung auf sich nehmen werden, die die schlichten Worte Thomas Müntzers zu ihren eigenen machen werden: „Ich kann es nicht anders machen." (‚Ist es zu früh. Ist es zu spät', S. 141.)

Es ist allerdings interessant, daß in diesem Band fast nur von mutigen *Individuen* die Rede ist.[12] Die in früheren Sammlungen immer wieder anzutreffenden Aufforderungen an die Massen, ihre Sache selbst zu betreiben, sind den eher persönlichen Empfindungen und Erlebnissen des Dichters gewichen. (Der einzige Arbeiter ist ein gewiefter Selbstdarsteller und Anti-Held. Vgl. ‚Material III: Die Gummikneteranlage', S. 92ff.) Statt des ehemals charakteristischen Aktivismus macht sich ein gewisser Rückzug aus der ‚großen Welt' bemerkbar: die sehr reale Bedrohung der Menschheit im Atomzeitalter[13] und die stets fortschreitende Entpolitisierung der Bürger machen es immer schwerer, Depressionen, wenn nicht gar Pessimismus zu bekämpfen. In Abwandlung eines Brecht-Wortes: es ist anstrengend, Widerstand zu leisten. Diese Anstrengung ist um so schwieriger, wenn es einem an einer solidarischen Gemeinschaft mangelt, und vor einigen Jahren mußte Braun den Weggang mancher Freunde und Kollegen erleben. Dieser Verlust ist das Thema des erschütternden Gedichts ‚Der Müggelsee' (S. 120f.),[14] das 1977 in Zürich entstand. Schmerzhaft ist der Gedanke, daß der Vorgänger Klopstock vor mehr als zwei Jahrhunderten in ‚Der Zürchersee' seine „süße Freude" unter den Freunden besingen konnte, während Braun das nur in seiner Phantasie („... Gedacht / Mit Freunden voll das Schiff...") erleben kann: „... und auf den Bänken Bernd / Still lächelnd, Reiner, geblecktes Gebiß / Wolf schreiend ein freches Lied / Und wir säßen im selben Boot // Auf der selben Welle noch, vor welchem Ufer / Ist mir egal und sei es getrockneter / Mist in Preußen, du kämest Freude ..." Klopstock lobte einst die Pracht der Natur, „auf die Fluren verstreut", doch Braun muß beklagen, daß ihm die *Freunde* „in der Zeit Wirre ... verstreut roh / Vom Herzen" sind. Der „Ältere" leistete sich noch Gedanken an die Unsterblichkeit seiner Verse („des Schweißes der Edeln wert!"), doch dem DDR-Lyriker sind solche Gedanken fern: er „knurrt" einen „bitteren" Text, „ein Gram / Nicht des Schweißes wert". Jentzsch, Kunze, Biermann und Sarah Kirsch „kippen" aus dem Kahn („... die der Kurs fremd / Ankommt, oder von sturen / Schlägen gewippt in die Brühe ..."), und der Übriggebliebene muß sich mit der

– früher undenkbaren – Vorstellung vertraut machen, ihm könnte ähnliches widerfahren. Das tut er in dem gleich nach ‚Der Müggelsee' abgedruckten Gedicht:

Spiegelgasse
Sieh hinein. Der krumme Weg ins Freie
Auf steilem Pflaster mit gradem Gang
Die Flüchtlinge. Büchner in heiler Haut
Im toten Winkel der Geschichte lebend
Lenin im Nebenhaus, logischer Zufall
Wann wird er blind. Unendliches
Abbild in allen Worten in allen Zeiten.
Dein Zimmer leer: wirst du es brauchen
(S. 122)

Die düstere Stimmung erhellt sich etwas in ‚Schwester des Prometheus' („... Kuan Yin, den Fuß schon halb, melden / Die Bücher, im süßen Nichts, aber / Hörte den Schrei der Welt und stürzte / Zurück in die Menge" – S. 123), doch die Erfahrungen dieser schwierigen Jahre hinterlassen Wunden, die nur langsam vernarben. Brauns ‚Zerrissenheit' äußert sich einerseits in einer Wut, die an den frühen Biermann[15] erinnert („... Ich fühle mich leben / Weit entfernt von den vorgedruckten / Versammlungen und vollsynchronisierten Berichten / Da bin ich gestorben, das ist die Wahrheit / Und ihr seid es für mich / In den unterwürfigen Tänzen / Die das Fleisch gefrieren lassen ..." – ‚Der Mittag', S. 112), andererseits in einem zeitweiligen Gefühl von Ohnmacht, das Kafkasche Alpträume heraufbeschwört.[16] Die persönliche Betroffenheit, die diesen Gedichtband prägt, macht ihn zu einem wichtigen Dokument sowohl der Braunschen Entwicklung als auch der siebziger Jahre überhaupt.

11. Schmitten

Unter den dramatischen Werken Volker Brauns nimmt das Stück ‚Schmitten'[1] eine Sonderstellung ein: begonnen wurde es bereits 1969 (ein Jahr nach der ersten Fassung von ‚Hinze und Kunze'), doch das Manuskript wurde erst 1978 fertiggestellt. Es wurde 1981 zum ersten Mal veröffentlicht, und zwar in der Bundesrepublik. Lesungen[2] hat es in Ost und West gegeben; es kam im Januar 1982 in Leipzig zur Uraufführung. Brauns Schwierigkeiten mit dem Schmitten-Stoff – er ließ die ursprüngliche Fassung ca. neun Jahre liegen – führten ihn zunächst dazu, ein ganz anderes Stück zu schreiben: „ich habe zu ‚Tinka' ein so gespanntes verhältnis, weil das ein anderes stück ist, als ich machen wollte. woran ich zunächst schrieb, war eine einfache, dumpfe, brutale geschichte. eine junge frau, ungelernt und meisterin, versagt bei der qualifizierung und verliert die achtung der kollegen, und des mannes, und ihn selbst, und sich selbst ... unter verhältnissen ziemlicher gleichheit wird die individuelle ungleichheit zum riesenproblem. war ‚Woyzeck' die tragödie der materiellen armut, so spielen sich nun die unauffälligen tragödien der geistigen armut ab. es ist mir unerklärlich, wie ich diesen großen, groben stoff aus dem auge verlieren konnte. ... Ich habe das alte stück zugunsten des neuen ausgepowert und nur eine leiche im schrank."[3] Als dieser „Leiche" dann Leben eingehaucht wurde, mußten die Namen (die in ‚Tinka' verwendet worden waren) geändert werden, und Braun fügte „Kommentare" und die Szene ‚Alptraum oder Die Tradition aller toten Geschlechter' hinzu. Rückblikkend bezeichnet Braun ‚Tinka' als „... nur ein tragikomisches Nachspiel zu ‚Schmitten', vergleichsweise ungewichtig, eine mögliche pointe, der überbau zur basisgeschichte".[4] ‚Tinka' ist (vgl. die Analyse in diesem Band) zweifellos eine ‚Überbaugeschichte': wer also, der Selbstinterpretation des Dramatikers folgend, dem ‚Gewicht' des Schmitten-Stückes auf die Spur kommen möchte, der sollte seinen Blick auf die ‚Basis' richten.

Das Stück beginnt mit dem Abspielen eines Tonbandes, auf dem alle Schauspieler einen Brecht-Text über das Wesen der Arbeit rezitieren. Die Arbeit, „dieses Natürliche", sei „... durch lange Jahrhunderte und / Zu unserer Zeit" in Verruf geraten (S. 9). Dieser Text, der das Bühnengeschehen gleichsam umrahmt (er wird gegen Ende – in der Szene ‚Drei Frauen, den Mond betrachtend' – noch einmal zitiert), deutet auf einen großen Widerspruch hin: in dem ‚Arbeiter- und Bauernstaat', der ‚Helden der Arbeit' ehrt, genügt es nicht mehr, Arbeit zu verrichten, wie gewissenhaft man das auch täte. Die ständige Aufforderung an die Arbeiter, sich weiter zu qualifizieren, beinhaltet eine – wenn auch nicht ausgesprochene – Abwertung der Tätigkeiten, die man ‚hinter sich gelassen hat'. (Die Entlohnung der ungelernten Arbeiter spricht eine deutliche Sprache). Die dreißigjährige Jutta Schmitten, Mutter von zwei unehelichen Kindern, befindet sich in einer anderen Lage als frühere Braun-Helden: der Kipper Paul Bauch versucht, seine monotone, aber notwendige Arbeit durch ‚Sport' menschlicher zu machen, und die Ingenieurin Tinka wird für einen Arbeitsplatz ausgebildet, den es auf einmal nicht mehr gibt, während sich Schmitten, die auf einem „Holzplatz" arbeitet, gegen die Qualifizierung wehrt, weil sie sich „zu dumm" (S. 9) vorkommt. Ihr Fall ist vor allem deshalb bemerkenswert, weil sie Aktivistin ist: sie überzeugt ihre Kolleginnen von der Bedeutung des Lehrgangs für das neue Werk, ohne daß sie sich für fähig hält, diesen Lehrgang selbst zu schaffen. Diese Haltung wird von den anderen Frauen auf dem Holzplatz als Verrat an der Gruppe ausgelegt, und Schmitten muß Beschimpfungen über sich ergehen lassen: „... Das Vorbild, Meister, Aktivist aus Versehn. / Jetzt war sie der Schädling ..." (S. 9f.) In den folgenden Szenen wird gezeigt, wie ein ‚Vorbild' auf- und abgebaut wird, wobei der Zusammenstoß von den gesamtgesellschaftlichen Erfordernissen mit den Bedürfnissen des betroffenen Individuums im Mittelpunkt steht.

Bei der „Zeitungsschau" liest Schmitten Sätze aus dem ‚Neuen Deutschland' vor, während ihre Kinder auf dem Boden spielen. Die ‚öffentliche' Identität Schmittens wird vorgestellt: „... Die Meisterin Jutta Schmitten. Sie lebt für ihre Arbeit. Die schöne Arbeit ... Hier geht es vorwärts mit Ihnen. Eine die es begriffen hat ... Auf dich ist Verlaß, Schmitten. ... Auf dich sieht man hin. ... Jetzt fängt das erst an mit dir, Meister, das hat Konsequenzen. Jetzt mußt du mehr lernen als die ...“ (S. 10). In diesen Formulierungen kann sich Schmitten nicht erkennen („... Wer sagt, daß ich gemeint bin ...“ – S. 10f.), und in einem symbolischen Akt drückt sie ihre Ablehnung der als Zwang empfundenen Inanspruchnahme aus: sie knüllt aus der Zeitung eine Puppe und zündet sie an. Diese Handlung bietet Einblick in Schmittens Psyche, in der schöpferische und destruktive Kräfte anscheinend dicht beieinander liegen. Das Verbrennen der Zeitung verschafft Schmitten in der Realität des Alltags allerdings keine Ruhe: sie wird dazu überredet, in einem Propagandastreifen die Rolle des Vorbilds zu spielen. Diese Szene (‚Halbtotale‘) bietet eine Art Röntgenaufnahme der DDR-Verhältnisse, und Widerspruch häuft sich auf Widerspruch. Im Film bleibt Schmitten stumm (sie braucht sich nur in die Liste der Lehrgangs-Teilnehmer einzutragen), aber vor den Dreharbeiten hat sie sehr viel zu sagen: „... Einmal muß doch gut sein, und einmal aufhörn, immer wachsen, der Mensch. Das steht mir bis hier. ... Wir warn bei den Kapitalisten die Dummen, und jetzt in dem Fortschritt auch ...“ (S. 14f.) Die Kaderleiterin, die auf die Idee gekommen ist, Schmitten als ‚Beispiel‘ hinzustellen, macht ihr lauter Vorwürfe: „... Keine gute Tat, die man dir vorschlägt, die du gern tust. Weil du dir nichts denkst: ... Bist du stur. ... Jutta! du hast kein Bewußtsein, Jutta. ...“ (ebd.) Der Rosenstrauß, den man Schmitten im Film überreicht, ist aus Kunststoff, und dieser Rosenstrauß wird für den Regisseur zum Anlaß, das Verhältnis zwischen Kunst und Leben zu erörtern: „... Damit was echt wirkt, darf es nicht echt sein. Der Realismus, das ist nämlich Kunst, da liegt der Haken ...“ (S. 13). Handelte es sich bei diesen Worten um ein ästhetisches Postulat, so wäre kaum etwas daran auszusetzen, doch der „Haken“ liegt noch eine Schicht tiefer: der Film dieses Regisseurs ist nämlich eine einzige Lüge, denn die Kaderleiterin versichert Schmitten, sie brauche den Lehrgang doch nicht zu machen („... Bloß für den Film, du mußt nicht alles selbst lernen. Dann sehn wir weiter, hier das ist pro forma ...“ – S. 15). ‚Halbtotale‘ führt vor, wie zynische Medien-Manipulatoren eine Scheinwelt kreieren, in der der Verschleiß an Menschen mit eingeplant ist. Die für die Kamera lachende Schmitten stellt einen Extremfall der Selbstentfremdung dar, aus der es zunächst kein Entrinnen zu geben scheint.

Der pseudorealistische Kurzfilm ist nicht das einzige Überzeugungsmittel, das den Arbeitern gegenüber zur Verwendung kommt. In der Werkskantine finden zwei weitere Versuche statt, denen ein provokanter Spruch vorausgeschickt wird: „Gelernt: den Mund zu halten im Akkord / Arsch an die Wand. Aber die Wände fallen. / Die schweigende Mehrheit die herrschende Klasse / Die Zukunft eins mal eins und Wort für Wort." (S. 21) Zuerst veranstalten zwei „Weißkittel" eine Art ‚Arbeitertheater',[5] indem sie zwei Arbeiterinnen – eine ‚bequeme' und eine ‚bewußte' – mimen. Einige Frauen werden durch den fiktiven Dialog zur Unterschrift bewegt, was erstaunlich ist, denn eigentlich werden die Sorgen der Arbeiter eher verspottet. Die Bedenken der ‚Bequemen' sind nicht so leicht von der Hand zu weisen („... Wo dich das Werk durch den Wolf dreht, acht Stunden und dein Kopf läuft im Kreis und dankt Gott, daß er den Bogen raushat. Das Leben is aber kurz: ..." – S. 21), doch die ‚Bewußte' tut sie einfach als Grille ab: „... Du bist mit dem Betrieb verheiratet und hast kein Gefühl mehr für ihn, Erna. Du weißt nicht mehr was schön ist, Erna. ..." – S. 22) Diese problematische Komödie nimmt sich allerdings angesichts des folgenden Auftritts des neuen Werkleiters harmlos aus. Dieser bedient einen Getränkeautomaten und doziert über die Wunder der Technik: „... Der hat eine Natur, schon ideal. / Denkt, aber nicht an sich, der denkt an nichts als / An das Programm, ist programmiert. Compris? ..." (S. 23) Als diese Taktik nichts nützt, geht er zu handfesten Drohungen über: „... Ihr laßt mich hängen und ich kann mich hängen / Oder ich werf euch raus, alles entlassen! / Zur Bau-Union, die Hühner, in den Dreck (S. 24). Da das tägliche Wühlen im Dreck im Grunde für niemand ein Ideal darstellen könnte, muß man sich fragen, woher der Widerstand bzw. das Mißtrauen der Arbeiter(innen) eigentlich kommt.

Der oben zitierte Spruch („Gelernt, den Mund zu halten ...") weist auf eine mögliche Erklärung hin: die jahrhundertelang anerzogene Subalternität der arbeitenden Massen erweist sich als ein zähes Erbe, das dem Vertrauen in die eigenen Fähigkeiten entgegenwirkt. Veranschaulicht wird dieses Dilemma in der Szene ‚Rote Tür', in der der alte Werkleiter Schmitten gegenüber die Geschichte der deutschen Arbeiterbewegung rekapituliert, während er seinen Schreibtisch räumt. Die Arbeiter hätten sich 1933 „dividieren" lassen („... Arbeiter / Durch Arbeiter, wo sollten wir es lernen ..." – S. 15), und der Schaden sei auch nach der Beseitigung des Faschismus nicht gleich zu beheben gewesen: „... Und 45 stehst du in der Sonne / Und sollst die Herrschaft antreten. Was weißt du / Prolet? daß du nichts weißt. ..." (S. 16) Das sind wichtige, in der DDR nicht sehr oft offen ausgesprochene Einsichten. Noch wichtiger ist, daß Braun in ‚Schmitten' die verhängnisvollen Folgen der Reaktion der Partei auf eben diese Einsichten nicht verschweigt.

Im Stück ist es die Kaderleiterin, deren herablassende Besserwisserei eine Haltung exemplifiziert, die in Arroganz den Arbeitern gegenüber ausarten muß, weil sie ‚Bewußtsein' nach dem Prinzip des Nürnberger Trichters verabreicht. Nach diesem Prinzip sind es die Menschen am unteren Ende der Pyramide – die untergeordneten Beschäftigungen nachgehen – deren Bedürfnisse man am wenigsten zu berücksichtigen braucht. Sehr eindringlich wird das in der Szene ‚Grüner Tisch' vorgeführt: die Kaderleiterin bespricht den ‚Fall Schmitten' mit dem technischen Leiter Kolb, und eine Sekretärin ist auch dabei. Für die Kaderleiterin ist die Sekretärin offensichtlich bloß ein Teil der Büroeinrichtung; wenn sie sie als Mensch wahrnähme, könnte sie nicht solche Sätze von sich geben wie folgende: „Meine Meinung: die ist feig, die ist faul, die ist stolz. Die will sichs leicht machen. ... Aber jeder ist auch Mensch und muß es können. Sonst kann ich ihn gleich ablehnen. Sonst kann er gleich Staub wischen im Büro." (S. 26) Diese Worte empören die Sekretärin, die verstört hinausgeht,[6] was die Kaderleiterin

,,unerhört" findet. Neben der Arroganz gehört zur von der Kaderleiterin eingenommenen Haltung ein anderer Aspekt, mit dem sich Braun auch in den ,Geschichten von Hinze und Kunze' (vgl. oben) auseinandergesetzt hat: gemeint ist der an die Arbeiter gerichtete Vorwurf der Undankbarkeit. Wie eine zornige Mutter, die zugunsten ihrer Kinder auf das eigene Glück verzichtet hat („,... Das denkt den ganzen Tag für euch und überlegt sich was, denn dazu leb ich, und was tut ihr? Ihr lebt euch aus. ..." – S. 14), versucht die Kaderleiterin, in Schmitten Schuldgefühle zu erwecken: ,,... hast eine Wohnung, und Krippenplatz, die Partei macht alles, und was ist der Dank?" (ebd.) Aber das ist es ja: zu dem ,,Alles", was die Partei macht, gehört schließlich nicht zuletzt das Organisieren (zu deutsch: Abtöten) der ,spontanen' Initiative von unten. Warum sollten die Arbeiter nicht zunächst skeptisch sein, wenn sie, um beim im Stück angeführten Beispiel zu bleiben, zur Teilnahme an einem Lehrgang aufgefordert werden, der zumindest einige Zeit lang ihre frei verfügbare Zeit einschränken wird? Um derartige Skepsis zu überwinden, die natürlich auch ,rationalen' Parteiinitiativen entgegengebracht wird, müßte die Partei eine andere innere Struktur und damit ein anderes Verhältnis zur Bevölkerung haben. Die ,Qualifizierung' der Arbeiter müßte die *politische* Eigeninitiative einschließen.[7] In ,Schmitten' wird das vorgeführt, aber nicht direkt gesagt; es bleibt bei Anspielungen für Hellhörige, z. B. in den Worten Kolbs: ,,... Kommt Zeit, kommen Räte, aber wer hat Zeit? ..." (S. 19)

,Schmitten' ist eine DDR-,Basisgeschichte', in der das Wesen der Arbeit und deren politische Bedeutung im Rahmen des Systems erörtert werden, doch die Aussagen des Stückes beschränken sich nicht auf diesen Bereich. Wie in vielen früheren Werken befaßt sich Braun nämlich auch hier mit dem Glücksverlangen des Menschen, das nicht durch die Arbeit allein befriedigt werden kann. Es ist kein Zufall, daß der Drang zur Selbstfindung, zur kreativen Entfaltung der Persönlichkeit von zwei eher negativen Gestalten verspottet wird: der Ingenieur macht sich über Schmitten lustig (,,Falsch programmiert, die

Frau – auf Lust statt Last." – S. 20), und der Erna-Darsteller im ‚Weißkittel-Arbeitertheater' meint: „Du kennst mich doch gar nich! Ja, hier von Betrieb – hier zeig ich doch nich, was ich kann." (S. 22) Jutta Schmittens Glücksverlangen ist zu stark, als daß es sublimiert oder gar unterdrückt werden könnte, und das führt zwangsläufig zu großen Schwierigkeiten, denn weder diejenigen, die Schmitten ‚ummodeln' wollen, noch die Kolleginnen bringen ihr Verständnis entgegen. (Nur der alte Werkleiter, der eine Randfigur bleibt, hat erkannt, daß die „neuste" Zeit „nicht über Leichen, aber über Leben geht". – S. 17) Im Grund hat man es hier mit einer Konstellation zu tun, die man auch in ‚Tinka' vorfindet: die Titelgestalt ist von vielen ‚beschädigten' Menschen umgeben, die mit ihrer ‚Rigorosität' nichts anzufangen wissen. In ‚Tinka' war eine Tendenz zur Abstrahierung der Hauptfigur die unvermeidliche Folge dieses Modells, doch in ‚Schmitten' kann diese Gefahr gebannt werden, denn die Vorlage für die Handlung – ein authentischer Fall[8] – schließt eine Dichotomie von Gut und Böse von vornherein aus. Schmitten ist ein isoliertes Individuum, das unter dem Zwang zur Konformität leidet. Unter den Kolleginnen ist niemand, mit dem sie über ihre Probleme sprechen könnte; sie scheint überhaupt keine Freunde zu haben. Der einzige Mensch (außer ihren Kindern), mit dem sie enger verbunden ist, ist der technische Leiter Kolb, den sie liebt. Es ist aber gerade diese Beziehung, die Schmitten zum Verhängnis wird. (Vgl. die Beziehung Tinka/Brenner!) Die Grundproblematik wird vom Ingenieur formuliert: „Ungleiches Paar: von Braun. Nach der Natur / Der Gesellschaft. Im Bett sind sie sich gleich nur." (S. 19) Kolb will Schmitten zwar „aus der Klemme" helfen, indem er eine Arbeit sucht, „für die es langt" bei ihr (S. 21), doch diese Hilfe ist eigentlich nur ein Ausdruck seiner paternalistischen Einstellung ihr gegenüber. Im Gespräch mit der Kaderleiterin wird seine Perspektive deutlich: „... Die ist eben dumm. Da fehlt ihr was, hier oben. Im Grund ein armes Tier ..." (S. 26). Schmitten blickt endlich durch, als Kolb sie nicht auf eine Feier im Kulturhaus mitnehmen will, bei der er einen

Orden bekommen soll. Kolb „lacht verneinend", als Delegierte ihn fragen, ob Schmitten „seine" sei („... Da hat er sich vergriffen ..." – S. 31), und er merkt gar nicht, daß Schmitten tief gekränkt ist. (Für ihn ist das neue Klassensystem offenbar eine Selbstverständlichkeit.) Schmitten wird von Kolb auf den Mund geschlagen (sie besteht darauf, seine „Scheißfeier" von innen zu sehen), doch die Rache läßt nicht lange auf sich warten: zu späterer Stunde wird der betrunkene Kolb von Schmitten und zwei ihrer Kolleginnen kastriert. Diese Gewalttat ist allerdings nicht bloß ein brutaler Wutausbruch, sondern auch ein politisches Ritual. Die Frauen fordern nämlich zunächst einmal *sexuelle* Leistung von demselben Mann, der von ihnen stets die *berufliche* Qualifizierung verlangt, wobei Parteiparolen umfunktioniert werden: SCHMITTEN, FRAUEN: „... In der Zeitung steht's und bei dir? / Da kannste nich mit, wie. / ... ALLES FÜR DIE SACHE. / ... VORWÄRTS ZU NEUEN ERFOLGEN / UND WIEDER EINE RUHMREICHE SCHLACHT GESCHLAGEN / MEHR VERTRAUEN ZU DIE UNTEREN ORGANE / JUGEND VORAN / ... DER SCHLIESST SICH AUS VOM KOLLEKTIV / DER SABOTEUR, DER REAKTIONÄR / Der hat sein Bewußtsein verloren ..." (S. 33f.) Nach der Verstümmelung Kolbs (die in der ‚Unwirklichen Szene' S. 18f. vorweggenommen wird) sind die anderen Frauen verängstigt, doch Schmitten freut sich ihrer erst entdeckten Stärke: „... Wir könn auch was. Wir sind stark. Wir müssen nix. Das Leben! ..." (S. 35) Für Schmitten kommt das Verbrechen einer Befreiung gleich: der Penis des Liebhabers symbolisiert alle Knüppel – die äußeren sowie die längst verinnerlichten – die sie immer wieder niedergeschlagen haben. Die Gewalt gegen Kolb ist Gewalt gegen eine oktroyierte Selbstentfremdung: „... Jetzt bring ich mich um mit einem Messer in einem fremden Körper der schreit ..." (ebd.) Nach der ‚Emanzipation'[9] ist es nur folgerichtig, daß Schmitten in der letzten Szene des Stückes (‚Knast') als ein neuer Mensch auftritt. Die Eisenstangen im Gefängnis sind weniger einschüchternd als die einstigen psychischen Ketten, denn sie hat jetzt ein Ziel vor Augen: ,,... Ich will was lern. / ... Ich hab ein Recht auf Bildung, laut Verfassung / ... Die Zeit vergeht, ich will mich nich mehr kennen." (S. 37)

Diese ,Verwandlung' Schmittens ist nicht so unmotiviert, wie sie auf den ersten Blick erscheinen könnte. Wie bei anderen Braun-Figuren signalisiert Schmittens sexuelle Vitalität, gekoppelt mit ihrer Vorliebe für ,natürliche' Beziehungen (DELEGIERTE: ,,... Die kennt nicht mein und dein ..." – S. 31), daß unverbrauchte Menschlichkeit unter der gequälten Oberfläche verborgen läge. Über das Sinnliche hinaus gibt es noch einen wichtigen Hinweis im Stück: in der Szene ,Alptraum oder Die Tradition aller toten Geschlechter' ist Schmitten das einzige Mädchen, das sich dagegen wehrt, vom preußischen Schulmeister ,,in die Ecke der Geschichte" getrieben zu werden (S. 30). Insgesamt kann man sagen, daß Schmitten eine glaubhafte Figur ist, daß es der Handlung des Stückes nicht an Relevanz mangelt, doch es sollte auch erwähnt werden, daß Braun kein Stück über den ,,komplex der minderwertigkeit"[10] und auch keine der ,,unauffälligen tragödien der geistigen armut" (vgl. oben) geschrieben hat (wie er es einmal vorhatte). Das ist allerdings nicht zu beklagen: hätte er ein Werk über die ,Ungleichheit in der Gleichheit' verfaßt, so hätte er sich – sicher unbewußt – in die Nähe jener gefährlichen ,Theoretiker' bewegt, die nicht nur Individuen, sondern auch ganze Rassen als minderwertig bezeichnen. Die Entfaltung des menschlichen Potentials wird vor allem durch die Sozialisation bedingt, und der Fall Schmitten demonstriert, daß es nicht unmöglich ist, lästiges ,Gepäck' über Bord zu werfen. Die Art, in der Schmitten ihre Schranken durchbrochen hat, wird natürlich nicht als nachahmenswert empfohlen, doch die Radikalität ihres Vorgehens deutet darauf hin, wie dringend die Abschaffung der Verhältnisse wäre, die ihr ,Unvermögen' schafften bzw. allzu lange bestätigten.

Obwohl ,Tinka' und ,Schmitten' thematisch verwandt sind, liegt in ästhetischer Hinsicht eine Kluft zwischen den beiden Stücken. War ,Tinka' noch als politisches Drama in der Nachfolge Brechts erkennbar, so stellt ‚Schmitten' einen großen Schritt in Richtung experimentelles Theater dar. Dieses Stück hat zwar noch eine Fabel, doch sie wird nicht mehr ‚erzählt', sondern von verschiedenen Seiten und auf verschiedenen Ebenen beleuchtet: auf eine durchgehende chronologische Abfolge der Szenen wird verzichtet. Mit Hilfe des Tonbands werden andere Bereiche und Epochen ‚zitiert' (z. B. Arbeitstheorie oder ein Passus aus Grimmelshausens ‚Simplicissimus' über das Lesen). Der Einsatz von surrealistischen, grotesken und absurden Szenen wirft ein neues Licht auf die ‚realistischen': die Realität ist oft noch brutaler als die Phantasie. Von besonderem Interesse ist die Szene ‚Alptraum oder Die Tradition aller toten Geschlechter', und zwar aus zwei Gründen: zum einen wird klargemacht, daß das Erbe der ‚deutschen Misere' heute noch ein gesamtdeutsches ist, und zum anderen erinnert die ganze Szene sehr stark an Werke Heiner Müllers, die sich mit eben dieser Problematik auseinandersetzen (vgl. vor allem ‚Germania Tod in Berlin' und ‚Leben Gundlings Friedrich von Preußen Lessings Schlaf Traum Schrei'). ‚Schmitten' ist ein anspruchsvoller Theatertext, der von den Zuschauern viel Mit-Arbeit fordert.

12. Simplex Deutsch

Die dramatischen Experimente, die Volker Braun in ‚Schmitten' durchgeführt hat, werden in ‚Simplex Deutsch'[1] (1978–79) fortgesetzt. Diese ‚Szenen über die Unmündigkeit' (173) – die ursprünglich als „ein Spielbaukasten für Theater und Schule" bezeichnet wurden[2] – entfernen sich noch mehr als das vorhergehende Werk von den früheren Braun-Stücken, da auf eine durchgehende Bühnenfigur verzichtet wird. Das Experimentieren ist mehr als ein Ausprobieren bisher unberücksichtigter Möglichkeiten des Theaters: es entspringt vielmehr grundsätzlichen philosophischen Überlegungen des Stückeschreibers. Bereits in den „Arbeitsnotizen" zu ‚Schmitten' wird die neue Sichtweise artikuliert: „... für ‚Simplex' erwäge ich ... das stück aus stücken zu bauen, welt- und zeitsegmenten, wie wir sie heute im schädel haben; die enggenähten geschichten laufen unserem umgreifenden bewußtsein zuwider, wirken künstlich, bieder, ahnungslos. Es gibt viele realitäten, gewesene und entstehende, die von hier und die von dort, die der oberen und die der unteren, wirklichkeit ist ein widerspruchssystem und bedarf vieler perspektiven der darstellung, wenn kunst nicht unter allem wissen bleiben soll ...“[3] Bei der theatralischen Realisierung dieser Erwägungen kam es dann zur Verwendung von vielen ‚epischen Mitteln‘, die Braun in einer ‚Arbeitsnotiz‘ selbst aufgezählt hat: „... montage; verzicht auf dialog ... demonstrierendes spiel ... erzählung ... statt imitation von vorgängen; lehrstück und absurdes theater; kommentar, optische oder ideelle vision ...“[4] Diese Mittel sollen dem Zweck dienen, „die illusion der realität zu vermeiden zugunsten der kommunikation mit dem publikum, dem eigentlich interessanten theatervorgang ...“ (ebd.). Auf der Probebühne des Berliner Ensembles (Premiere: 26. 4. 1980) wurde ein erster Versuch unternommen, den vom Autor angestrebten Dialog zustande zu bringen.

‚Simplex Deutsch‘ besteht aus drei Teilen (‚Simplex Deutsch‘, ‚Hans im Glück‘ und ‚Befreiung‘) und einem kurzen Epilog. Die szenische Vielfalt reicht von der Vorbereitung des Mordes an Rosa Luxemburg im Januar 1919 zur Darstellung der DDR-Produktionsverhältnisse, vom Bürgerkrieg in Rußland zum ‚Wohl‘-stand in der Bundesrepublik. Auf eine chronologische Abfolge der Ereignisse – das Stück beginnt und endet beim Zusammenbruch des Dritten Reiches im April 1945 – wird zugunsten einer inneren Logik verzichtet. In allen Segmenten wird nämlich versucht, zur Erhellung eines Phänomens beizutragen, das allen Deutschen zu schaffen machen müßte: es handelt sich um die verhängnisvolle „Unmündigkeit“ (vgl. oben) bzw. Knechtseligkeit vieler Deutschen, auch ‚deutsche Misere‘ genannt. (Die Szenen über den russischen Bürgerkrieg bzw. über die Welt Samuel Becketts machen allerdings deutlich, daß sich nicht nur Deutsche angesprochen fühlen sollten.)

Dabei dient der Rückblick auf die kläglich gescheiterten Befreiungsversuche der Deutschen bzw. auf deren Unterdrückung anderer Völker während der Nazizeit keinem antiquarischen Interesse: Brauns Bemühungen gelten vor allem der Verwirklichung des Sozialismus hier und heute, was natürlich impliziert, daß sich auch die DDR mit einem schwierigen Erbe auseinanderzusetzen hätte. Programmatisch heißt es im Theaterzettel des Berliner Ensembles dazu: ,,Wenn irgend etwas zugunsten des Sozialismus genannt werden kann, ist es das bewußte Eingreifen des Volks in den Geschichtsprozeß. Dies Eingreifen verlangt, frei zu sein von falschen Hoffnungen. Die schlimmste Hoffnung des Volks war immer die, daß die Geschichte von anderen gemacht wird ..." Die Verwendung des Präteritums in diesem letzten Satz könnte zu der Schlußfolgerung führen, in der DDR sähe Braun keine ,,falschen Hoffnungen" mehr herumgeistern, doch die Formulierung ist eher als Provokation aufzufassen, als Herausforderung an die (DDR-) Zuschauer, ,bewußt einzugreifen'. Derartiges Eingreifen (,,... das grauen hat eine alternative ..."[5]) wird in ,Simplex Deutsch' jedoch nicht vorgeführt: es bleibt den Zuschauern überlassen, die richtige Lehre aus der dargestellten Vergangenheit – und Gegenwart – zu ziehen.

In Teil 1 (,Simplex Deutsch') geht es – mit Ausnahme der DDR-,Komödie' am Ende – um Geschichte sowie um Literaturgeschichte. Die ersten beiden Szenen führen das Publikum mitten in die Greuel des Zweiten Weltkriegs hinein. Im Prosatext ,Sächsischer Simplizius' erlebt man den Konflikt zwischen dem freien Willen und dem lange eingebleuten Gehorsam. Der Soldat Schmidt wagt kurz vor Kriegsende einen Sprung ins Reich der Freiheit (,,... er merkte, mit einer entsetzlichen Freude, daß er kein Gefühl mehr für seine Pflicht hatte und er nurmehr an seinem Leben hing ..." – S. 175), doch am Ende stolpert er doch über sein Pflichtgefühl: ,,ohne Befehl und Kommando" (S. 176) eröffnet er das Feuer auf die anrückenden Russen, und er fällt, ,,von Schüssen durchsiebt" (ebd.). Nach diesem sinnlosen Tod, der – wie schon das Gedicht ,Der Teutoburger Wald' – u. a. als Anspielung auf den Tod von Brauns Vater betrachtet werden kann, folgt die erschütternde Szene ‚Polenblut', in der ‚naive Unmenschen' auftreten. Auf einem Dorf wird die Liebe zwischen einem polnischen Zwangsarbeiter und einer deutschen Gemüsehändlerin entdeckt. Die Dorfbewohner denken sich eine makabre Strafe aus: eine ‚Hochzeit' wird gefeiert, wobei der Pole aufgehängt, die Deutsche kahl geschoren und an den Pranger gestellt wird. Das ‚gesunde' Volksempfinden feiert Triumphe: „... So feiern wir mit dem ausländischen Feind / Der die schändet und Deutschland meint. / Ein gesundes Volk läßt sich nicht unterkriegen / So werden wir die kranke Welt besiegen. ..." (S. 178) Dieser Wahnsinn geht einem besonders nahe, weil die Dorfbewohner – außer der Gemüsehändlerin – von Kindern gespielt werden: das ‚Kinderspiel' mit tödlichem Ausgang ist eine Schöpfung von Erwachsenen, die Kinder geblieben sind, die immer noch nichts begriffen haben. Der Anblick der unmenschlichen ‚Kinder' auf der Bühne ist seltsam beunruhigend.

Können alle Zuschauer diese beiden Szenen rezipieren, so wird nicht jeder vom folgenden Segment ‚Trommeln in der Nacht' aus der Ruhe gebracht werden. Brauns hommage à Brecht, dessen 1919 entstandenes Stück (ursprünglicher Titel: ‚Spartakus') er ‚zu Ende schreibt', ist nur dann ganz zu verstehen, wenn man die Vorlage kennt. Da Braun weiß, daß Brecht in späteren Jahren mit dem Schluß seines Jugendstückes unzufrieden war (der Heimkehrer Kragler kehrt der Novemberrevolution den Rücken und widmet sich dem Privatleben), erlaubt er es sich, einen letzten Akt hinzuzufügen, in dem die Sprache des damals Einundzwanzigjährigen reproduziert wird. Diesmal schließt sich Kragler – trotz innerer Konflikte – den konterrevolutionären Freikorpssoldaten an. Als Mutprobe („... Einer wie du, der ein Roter sein könnt, muß sich hervortun! Der muß sich den Grind abbeißen. Der muß ein Vieh sein ..." – S. 182) muß er eine Hure erschlagen, die so tut, als wäre sie Rosa Luxemburg. Nach diesem Beweis ‚richtiger' Gesinnung („... Dein Typ wird verlangt ..." – S. 183) wird

Kragler zum Eden-Hotel gebracht, wo die wirkliche Rosa verblutet. Die opportunistische Verwandlung des Kleinbürgers Kragler rettet ihm das Leben, trägt aber gleichzeitig zum kommenden Unheil bei, wie eine ,,Laufschrift" am Ende der Szene verkündet: ,,+++ Bertolt Brecht der Asphaltzeit Sohn dachte das schwarze Ende schon die Brüder wandelnd unterm Lampion verscharrt in Rußland: war der Lohn †††卐卐卐" (S. 183) In den letzten zwei Teilen von ‚Simplex Deutsch' taucht Kragler allerdings wieder auf, die Zähigkeit dieses ,,Typs" demonstrierend. Es ist nicht einzusehen, warum das Kleinbürger-Bestiarium nicht ohne Brecht-Bezug hätte dargestellt werden können, es sei denn, das Ganze sollte als kontrastierendes Pendant zur Beckett-Verarbeitung im zweiten Teil (vgl. unten) fungieren. Es wäre ergiebiger gewesen, sich dem jungen Brecht zuzuwenden, der ein Stück wie ‚Trommeln in der Nacht' schreiben konnte.

Im ersten ‚Kommentar' (‚Heimatkunde'), einem längeren Text in Versen, wird von der fatalen Unschlüssigkeit gewisser Bauern an der Wolga berichtet, die im russischen Bürgerkrieg keine Entscheidungen selbst treffen können, ein Mangel, der auch ihrem Führer anhaftet. (Auch hier steht Brecht Pate.[6]) Die von Braun verwendete Sprache erinnert nicht umsonst an Brechts ‚Die Maßnahme' und besonders an Heiner Müllers ‚Mauser', denn auch hier treten Menschen auf, die zwischen den Zeiten stehen, die noch ,,frei und unfrei" (S. 185) sind: ,,... Ihr selbst / Seid eure Feinde. Ihr verlaßt eure Sache. / Euch kann nicht geholfen werden / In eurer Haut, in der der Feind steckt / Mit Zähnen und Klauen. Selber ihr / Müßt erschlagen werden. ... (S. 188f.)[7] Bei Müller kommen drei Bauern vor, die als ,,Feinde der Revolution aus Unwissenheit"[8] bezeichnet werden. ‚B', der von der Partei den Auftrag bekommt, diese Bauern zu erschießen, läßt die drei statt dessen laufen, weil sie für ihn vor allem – wenn auch verwirrte – Klassenbrüder sind. Für diesen ‚Verrat' verurteilt die Partei ‚B' zum Tode. In Brauns ‚Heimatkunde' kommt es anders: die schwankenden Bauern verschulden fast den Tod ihres Führers, der seinerseits die eigene Schuld betont: „... Ich selber / Bin mein Feind. Ich verließ eure Sache. / Mir kann nicht geholfen werden ..." (S. 190) Am Ende ist das Feld verbrannt, die Scheuer leer, doch die Bauern und ihr Führer überleben: die Lage ist verheerend, aber nicht ganz hoffnungslos. Bei aller Affinität – besonders im Stilistischen – grenzt sich Braun damit vom „konstruktive(n) Defaitismus" Müllers ab, der das Lehrstück „bis zum nächsten Erdbeben" verabschiedet.[9] Es gibt allerdings noch kein Anzeichen dafür, daß sich Braun intensiver mit diesem umstrittenen Genre befassen wird. Es bleibt vorerst bei dieser literarhistorischen Fußnote.

Auf diesen ersten ‚Kommentar', der das Gesamtthema nicht durch Analyse, sondern durch Darstellung bzw. Erzählung kommentiert, folgt die Komödie ‚Bebel oder Das neue Leben / muß anders werden', die eigentlich als eigenständiger Einakter aufgeführt werden könnte. In dieser Szenenfolge aus der DDR-Arbeitswelt liegt das ‚Komische' in einer satirischen Bloßstellung problematischer Verhältnisse. Handelte es sich bei ‚Schmitten' um die Auswirkungen des Leistungszwangs auf eine Arbeiterin, so betrachtet Braun in diesem Fall das Agieren des Werkleiters August Bebel (!) vom ‚VEB Undsoweiter', der die Beschlüsse seiner Vorgesetzten in die Tat umsetzen muß. Die wirtschaftliche Hierarchie wird gleich am Anfang veranschaulicht: die „Handpuppe" Bebel wird von der „übergeordnete(n) Leitung" in die Tasche gesteckt, nachdem sie dem Werkleiter den Auftrag gegeben hat, in seinem Werk die Nachtschicht einzuführen. („... Ich kritisiere ihn, für unsere Fehler. Ein kritisierter Leiter ist ein besserer Leiter. Die kritisierten Leiter retten meinen Stuhl. ..." – S. 192)[10] Dieser Bebel führt die Beschlüsse von oben aus, doch er ist „der letzte Preuße" (ebd.), weil ihn Skrupel plagen: er kann über die undemokratische Entscheidungsstruktur nicht einfach hinwegsehen, und das führt zu einer Art Schizophrenie. Einerseits ist er noch imstande, den Arbeitern gegenüber das System – wenn auch spöttisch – zu rechtfertigen: „... Ich bin der Chef, ich mache was gesagt wird / Wer sagt was, ich? Hier sagt kein einziger was / Sondern alle sagens, lies die Zeitung / Die ich von mir gebe auf der Sitzung / Wo wir beschließen was beschlossen ist ..." (S. 194) Wenn er andererseits allein ist, macht er sich lauter Vorwürfe: „Wer bist du, August Bebel Arbeiter / Und Leiter, auf der Stufenleiter. / Ein Vorgesetzter Unterdrückter Boß. / Ein Leuteschinder Fronherr Krautjunker. / Herr über Zeit und Leben Sklavenhalter ..." (S. 197) In einer surrealistischen Szene steigen aus dem Spiegel, vor dem Bebel solche Selbstgespräche führt, tatsächlich ein Kapitalist, ein Fronherr und ein Sklavenhalter. Der ‚gespenstische' Kapitalist macht sich über Bebels Schuldgefühle lustig: „... Sticht dich dein Gewissen ... Du Philantrop du Sozialist du Simpel ..." (S. 197f.) Bebel ist wirklich ein Simpel (sprich: Simplex): statt die Einführung der Nachtschicht zur – offenen – Diskussion zu stellen, kommt er auf eine ‚private' Lösung seiner inneren Konflikte. Er verführt die Arbeiterin Lisa, die nicht mit ihrem Bräutigam ins Ehebett kommt, weil sie nun nachts in den Betrieb muß. Am Ende wird Bebel allerdings von der Leitung vor die Alternative gestellt, Lisa zu kündigen oder selbst den Hut zu nehmen. Er sagt Lisa, sie solle ihre Papiere holen, aber dann will der Zerrissene selbst gehen, was jedoch von der Leitung verhindert wird: „... In dieser Haltung? / Die du gezeigt hast, bist du hier gebunden. / In dir hat man den Kader jetzt gefunden." (S. 202) Gleich darauf wird Bebel in einer Traumszene (‚Eislandschaft') befördert: der Verzicht auf die Befriedigung eigener Bedürfnisse[11] wird belohnt. Die Aufrechterhaltung solcher Verhältnisse im Betrieb ist aber nicht nur Bebel (dem „Sklave(n) der Behörde" – S. 202) anzulasten, denn die Arbeiter bestehen nicht auf ihrem Mitbestimmungsrecht. In Anlehnung an die Kammerdienerszene (II/2) aus Schillers ‚Kabale und Liebe' erzählt eine Kehrfrau, deren zwei Töchter jetzt in die Nachtschicht müssen,[12] wie der Beschluß bei der Betriebsversammlung ‚diskutiert' worden sei:

KEHRFRAU: ... Es murrten zwar ein paar vorlaute Dinger in der letzten Reihe und fragten, weshalb sie den Fortschritt

bezahlen sollten – aber der Parteisekretär bat, das Wort zu ergreifen am Pult, und ihre Köpfe tauchten schnell weg hinter den breiten Rücken, und die ganze Belegschaft rief:
BEBEL: Juchhe, nach Amerika.
KEHRFRAU: Aber nein. Einverstanden, riefen sie. Keine Diskussion. Und klatschten Beifall. Und dann zogen sie mit langen Gesichtern aus dem Saal . . . sie standen wie Pappfiguren, und aus den Lautsprechern dröhnte Musik, damit ihr das Fluchen nicht hören mußtet.
(S. 199)

Mit wenigen Ausnahmen herrscht unter den ‚befreiten' Arbeitern also noch der alte ‚Knechtsinn'. Brauns kleine Komödie ‚Bebel oder Das neue Leben / muß anders werden' führt überzeugend vor, daß die ‚Internalisierung der Pyramide' das Haupthindernis auf dem Weg zur wahren Befreiung des Menschen darstellt.

Der erste Teil von ‚Simplex Deutsch' wäre – nähme man die DDR-Szene aus dem zweiten Teil und den dritten Teil ‚Befreiung' hinzu – ein abendfüllendes Stück, eine zum Nachdenken anregende Szenenfolge zum Thema ‚Unmündigkeit'. Für Braun war dieses Thema aber offensichtlich zu wichtig, als daß er sich mit dem im ersten Teil Dargebotenen hätte begnügen können. Das hing sicher nicht zuletzt damit zusammen, daß er das *gesamt*deutsche Erbe nicht nur als ein historisches hinstellen wollte: er mußte also versuchen, die gesellschaftliche Realität des Westens zu beleuchten. Zum ersten Mal – außer im Guevara-Stück, das als Sonderfall einzustufen wäre – galt es, die kapitalistische Gegenwart auf der Bühne zu gestalten. Die Ergebnisse dieser ‚Pionierarbeit' (wie oft befassen sich die Dramatiker im Westen mit der DDR?) sind z. T. bemerkenswert, aber z. T. auch unbefriedigend. In ‚Auftritt Godot' gibt Braun dem wohl berühmtesten Stück des absurden Theaters, Samuel Becketts ‚Warten auf Godot', eine neue Schlußwendung. Diesmal erscheint Godot tatsächlich, doch er muß feststellen, daß Estragon und Wladimir längst nicht mehr auf ihn warten:

W: Man hat den Glauben verloren.
E: Wir glauben keinem Schwein.
(S. 205)

Godot entpuppt sich schließlich als Beckett selbst, der den Gestalten seiner Phantasie einen Besuch abstattet:

B (gerührt): Ich habe sie erfunden. Im Théâtre Babylone –
W: Uns nicht.
E: Wir sind ihm entglitten.
W: Ausgeflippt.
E: Im Odéon, 68, im Mai.
(S. 210)

In dieser Szene stimmt vieles nicht, oder nicht ganz. Am Ende der siebziger Jahre, als Brauns Beckett-Parodie entstand, war das „Ausflippen" kaum die herrschende Lebensform in Westeuropa, und Beckett ist nie der Vertreter der Fortschrittsgläubigkeit gewesen, als der er hier zunächst auftritt. Will man der westlichen ‚Szene' auf den Grund gehen, so genügt es nicht, Reizworte zu zitieren („Café Kranzler", „Strukturalisten", „Atommüll", „Entsorgung", „Hippies", „Tendenzwende") bzw. Namen zu nennen („Jesus", „Che Guevara", „Jimi Hendrix", „Buddha"). ‚Auftritt Godot' dient vielleicht dem Zweck, gewisse Aspekte des Westens zu ‚zitieren', sie also ins DDR-Bewußtsein zu heben, doch die Gefahr der Bagatellisierung bzw. Exotisierung läßt sich nicht leugnen. Die Szene würde natürlich ganz anders wirken, spielte sie sich in der DDR ab,[13] doch auf diese Deutung werden wohl nicht viele DDR-Zuschauer kommen. In ‚Ulrike Kragler' wendet sich Braun einer anderen Variante des ‚Ausflippens' zu – wie er sie sieht. Anders als im gelungenen Gedicht ‚Die Geräusche meines Lands',[14] das sich mit dem Tod Ulrike Meinhofs auseinandersetzt, wird in diesem Simplex-Segment kein Beitrag zum Verständnis des bundesrepublikanischen Terrorismus geleistet.[15] Ulrike Kragler, Tochter des kleinen Faschisten Kragler, der die Nazizeit überlebt (vgl. oben), rebelliert gegen ihre übersatten Eltern, die angesichts der Vietnam-Bilder in der Tagesschau von „Vernunft" bzw. „Himbeereis" faseln (S. 211). Die Reduzierung des Terrorismus auf einen ‚Aufstand gegen die (Nazi-)Väter' vernebelt mehr, als sie erklärt. Dafür wäre der dritte Auftritt dieses Segments, in dem ein Selbstmord in einer „grell erleuchtete(n) Isolierzelle" dargestellt wird, in einem – subventionierten – Theater der Bundesrepublik undenkbar, und der zweite Auftritt zeichnet ein treffendes Bild der Mentalität gewisser Kreise in der Bundesrepublik. Hochschwangere Frauen, „mit verbundenen Augen", loben die Gewalt gegen Terroristen: „... Den soll man ihren / Schoß ausreißen. Alle Mann kastrieren. / Die wollen die Welt ändern. Den gehts zu gut ..." (S. 213) Alles in allem wird Brauns Einschätzung des Terrorismus aber in einer „Arbeitsnotiz"[16] besser vermittelt als in diesen Szenen, und der Bezug zum Gesamtthema „Unmündigkeit" ist nicht ganz schlüssig.

Der zweite ‚Kommentar', ‚Hans im Glück', ein Prosatext über den ‚dummen' Jungen, der nur dann glücklich sein kann, wenn er „frei von aller Last" (S. 215) ist,[17] bildet den Übergang zwischen ‚Ulrike Kragler' und der zweiten DDR-Szene, nämlich ‚Die Enkel fechten's besser aus oder Der diskrete Charme der Arbeiterklasse'.[18] In einem langen Monolog demonstriert der junge Arbeiter August Bebel (der Sohn des Werkleiters) ein folgenschwereres ‚Ausflippen' als das in ‚Auftritt Godot' dargelegte. Dieser Bebel lebt – wie Estragon und Wladimir – außerhalb der Geschichte, weil er keine Aussichten zu haben glaubt: „... Ich mache nichts aus mir, ich denk an meine Kinder. ... Jede zweite Generation ist verloren. ..." (S. 216) Der Arbeiter, Objekt, nicht Subjekt der Umwälzungen, rächt sich, indem er seinen Vater in eine Maschine zieht, „damit er einen bleibenden Eindruck gewinnt von der materiellen Produktion" (ebd.). Vor den Folgen seiner Tat hat er keine Angst, weil er bereits zur ‚herrschenden Klasse' gehört: „... Mir passiert nichts. Ich bin Arbeiter und kann mich bewähren. Lebenslänglich ..." (S. 217) Bebels Frau Rosi hat keine Zeit für Kinder (d. h. also, für den ,,Enkel", der es besser ausfechten soll), da sie zunächst studiert (nachdem sie ,Die Frau und der Sozialismus' – ein Hochzeitsgeschenk ihres Mannes – gelesen hat), und dann Staatsanwalt wird. Für Bebel jr. ist dieser Fortschritt keiner: er ,,mißbraucht" sie (,,... Ich verkehre mit dir nur noch als Gewaltverbrecher ..." – S. 218), um Vater zu werden. Am Ende wird er von den ,,treuen Bullen" seiner Frau ,,eingelocht" (ebd.). In dieser Szene hat Braun den Finger auf einen wunden Punkt gelegt, nämlich auf den Konflikt zwischen dem langhaarigen Arbeiter, der das System nicht als sein eigenes betrachtet, und dem ,,etablierte(n)" Vater (S. 216), der weder die Arbeit noch die Arbeiter kennt. Auf beiden Seiten fehlt jede Spur eines ,bewußten Eingreifens' (vgl. oben) in den Geschichtsprozeß, und an diesem düsteren Bild ändert der dritte Teil (,Befreiung') nichts. Bei Kriegsende kriechen Kragler und Bebel sen. aus einem Trümmerkrater (vgl. ,Hinze und Kunze'!). Der Überlebenswille des Faschisten kommt sofort zur Geltung (,,... Ich werde Rot auflegen." – S. 219), doch der gebrochene Sozialist hängt sich auf. Zwei Sowjetsoldaten und ein deutscher Junge bringen ihm die Rettung, die er gar nicht will: ,,... Aus der Traum. Du liegst im Dreck. Los, lebe." (S. 222) Der Zuschauer, der weiß, was Bebel mit seiner ,zweiten Chance' angestellt hat, wird implizit dazu aufgefordert, es selbst besser zu machen. Der ,,Epilog" – der an Wangs Schlußworte im ,Großen Frieden' erinnert – klingt fast wie ein Plädoyer für revolutionäre Umwälzungen: ,,Immer der Augenblick. Die Sterne stehn / Günstig über dem Feld Trümmer Korn die Möglichkeiten / Du kannst alles entscheiden // Dann fallen die Tage wieder ein ewiger Schnee." (ebd.) Eins ist klar: wer Entscheidungen aus dem Wege geht, der reiht sich in die überlange Kolonne der ,deutschen Simplexe' ein.

Insgesamt muß man sagen, daß Volker Braun mit ,Simplex Deutsch' zuviel gewollt hat. Die Länge der Aufführung ermüdet manche Zuschauer,[19] und die Vielfalt der Szenen, für deren Verständnis man z. T. Vorkenntnisse braucht, verwirrt auch nicht wenige.[20] Es ist zwar richtig, wie die DDR-Kritikerin Ingrid Seyfarth betont hat, daß es ein ,,Aberglaube" sei, ,,jede Aufführung könne jeden Zuschauer erreichen",[21] doch man kann auch einem ,eingeweihten' Publikum an einem Abend zuviel zumuten. Es geht zu weit, ,Simplex Deutsch' als ein ,,Nebenwerk"[22] Brauns oder gar als ,,Rohmaterial"[23] zu bezeichnen, doch vor der nächsten Inszenierung – die hoffentlich nicht auf einer Probebühne stattfinden wird – sollte das Stück auf jeden Fall durch das Herausnehmen von einigen schwächeren Szenen gestrafft werden. Die Mühe würde sich lohnen, denn die Botschaft ist (leider) aktuell wie eh und je, und darüber hinaus sollte man nicht vergessen, daß das experimentelle Theater, zu dem Brauns ,Schmitten' und ,Simplex Deutsch' beitragen, in der DDR noch in den Kinderschuhen steckt.

13. Dmitri

Volker Brauns vorerst letztes Theaterstück ,Dmitri'[1] entstand am Anfang des Jahres 1980. Dieses Werk, das mehr Gemeinsamkeiten mit ,Schmitten' und ,Simplex Deutsch' als mit Brauns früheren Stücken aufweist, führt die Suche des Dramatikers nach neuen, der heutigen Zeit gemäßen Theaterformen fort. Zum ersten Mal werden hier dramenästhetische Überlegungen in den Text des Schauspiels eingebaut: verkündete Hans Magnus Enzensberger 1968 den Tod der (bürgerlichen) Literatur, so läßt Braun zwölf Jahre später die Totenglocke für das Trauerspiel läuten. Am Ende der 16. Szene findet man – ohne Überschrift oder sonstige Ankündigung – einen dreieinhalbseitigen Text, der sich mit der Geschichte des Theaters bzw. mit den am Theater tätigen Menschen befaßt. Es ist zwar von einer nicht näher bezeichneten Schiller-Aufführung die Rede, doch Zeit- und Ortsangaben fehlen; die Erwähnung von ,,Herrn Sophoklesshakespeareschiller" (S. 46) bzw. von Pappenheimern, schlesischen Webern und Bolschewiki (S. 48) soll aber wohl als Hinweis auf die beabsichtigte Allgemeingültigkeit des kleinen Exkurses dienen. Der Leser/Zuschauer (auf eine ,Gebrauchsanweisung' für den Text wird verzichtet) wird in eine rätselhafte Bühnenwelt transportiert: Schauspieler, die eigentlich ‚normale Bürger' sind, werden dazu aufgefordert, „abgetragne flüchtig gereinigte Klamotten" anzuziehen (S. 45), und als sie die Bühne betreten, sehen sie im Zuschauerraum „undeutliche Leute . . . mit Kindergesichtern, Leute nicht aus ihrer Stadt und ihrer Zeit, die grinsend in den vergilbten Programmheften" blättern (ebd.). Das Ganze ähnelt einem unheimlichen Ritual: „Vorgeschriebner Text, vorgeschriebene Rollen, ein paar Grimassen mehr oder weniger änderten daran nichts." (ebd.) Die „Akteure" sind Gefangene: ein „massiger, betrunkner, hemmungsloser Landsknecht", der verschiedene Namen hat („Schicksal", „GÖTTLICHE MACHT", „HÖHERE GEWALT" oder „HISTORISCHE MISSION"), beherrscht die Szene und sorgt dafür, daß die Agierenden „im Schlamm" (vgl. Kast!) bleiben (S. 46). In dieser Welt ist Widerstand sinnlos: die Trotzigen kommen „um so unbarmherziger unter . . . die Räder der Geschichte" (ebd.). Hier wird „falsch gespielt", und die Schauspieler können nichts dagegen unternehmen: nach der Vorstellung liegen sie „erledigt auf den Brettern" (S. 47). Die Verzweiflung auf der Bühne ist „echt", doch die Reaktion des Publikums ist „kühl, ja eisig": das Trauerspiel bleibt wirkungslos, weil die Zuschauer „mit der üblichen Geschichte seit Menschengedenken" kein Mitleid haben (S. 48). Die furchtbare Erstarrung, die auf diesen Seiten geschildert wird, beschränkt sich nicht auf den Bereich der Kunst: die Akteure sind, wie gesagt, Bürger, und das Theater ist „die Schmiere der Welt" (ebd.). Das Trauerspiel – ob in vergangenen Epochen („GÖTTLICHE MACHT"), ob in der Gegenwart („HISTORISCHE MISSION") – reproduziert nur die unmenschliche (Un-)Ordnung in der jeweiligen Gesellschaft, die den Menschen zum Objekt der Geschichte degradiert. Es erübrigt sich, festzustellen, daß Volker Braun zur Überwindung dieses unseligen Zustands beitragen will. Dabei gibt er sich allerdings nicht der Illusion hin, dieses Ziel wäre in einem Schritt zu erreichen. ‚Dmitri' ist ein Werk des Übergangs: das

Erstarrte wird noch ein Mal heraufbeschworen, um seine endgültige Beseitigung vorzubereiten. Bei seinen Bemühungen setzt sich Braun mit Schillers Fragment gebliebener Tragödie ‚Demetrius' (1804–1805) auseinander (Vorspruch: „Der Dank für dieses Stück gehört Friedrich Schiller"[2]). Da eine ‚Dekonstruktion' beabsichtigt wird, war es nur folgerichtig, als Vorlage ein fragmentarisches Trauerspiel auszuwählen: anders als in ‚Simplex Deutsch', wo Stücke von Brecht und Beckett ‚zu Ende geschrieben' wurden, soll gerade die Unmöglichkeit der Vollendung vorgeführt werden. Von einem überholten Genre (und der dazugehörigen Weltsicht) wird Abschied genommen.

Bei der Arbeit an seinem letzten Drama interessierte Schiller das Motiv des ‚betrogenen Betrügers', der zunächst von anderen in Schuld verstrickt wird und dann sich selbst schuldig macht. Den ‚falschen Demetrius' überzeugt man, er sei wirklich der Sohn des 1584 verstorbenen Zaren Iwan IV. („der Schreckliche"). Mit der Unterstützung von Polen und Don-Kosaken gelingt es dem Kronprätendenten, nach dem Tod Boris Godunows den russischen Thron zu besteigen. Nach kurzer Zeit – er weiß inzwischen, daß er nicht der ‚echte' Demetrius ist – wird er jedoch von aufständischen Russen ermordet. Dieses Handlungsgerüst wird von Volker Braun im großen ganzen übernommen, doch in seinem ‚Dmitri' steht eher Kritik als Pflege des klassischen Erbes im Vordergrund. Mehrere Schiller-Verse werden verwendet, aber sie werden aus dem ursprünglichen Zusammenhang genommen und z. T. anderen Gestalten in den Mund gelegt bzw. als Teil einer Vers-Montage wiederholt zitiert. Mehrere Figuren aus der Vorlage werden beibehalten – einige spielen jetzt eine ganz andere Rolle als bei Schiller –, und drei „Bolschewiki" treten auf, deren Anwesenheit die historischen Ereignisse mit der Gegenwart verknüpft. Brauns zwanzig Szenen sind in einer ‚modernen' Sprache verfaßt, die das damalige Geschehen zugleich verfremdet und aktualisiert (vgl. Brechts Vorgehen in seinem Roman-Fragment ‚Die Geschäfte des Herrn Julius Cäsar'), und fünf Film-Projektionen tragen auch zum ‚Aufbrechen' des Handlungsverlaufs bei. Auf verschiedene Weise entfernt sich Braun in ästhetischer Hinsicht von seinem Vorgänger, und an der Behandlung des Stoffes erkennt man die Kluft zwischen den beiden Dramatikern um so deutlicher.

Wie in vielen Braun-Stücken geht es auch in ‚Dmitri' um die Überwindung der Selbstentfremdung, um die Suche nach der Identität. Der Zugang zu diesem Themenbereich ist – wie in ‚Simplex Deutsch' – eine Auseinandersetzung mit dem ‚Knechtsinn', wobei die Dmitri-Gestalt im Mittelpunkt steht. In der zweiten Szene, die ein wenig an die Geschichte Kaspar Hausers erinnert, wird Dmitris neue Identität aufgebaut. Der junge Russe sitzt „blaß und starr" (S. 4) auf einem Stuhl, während er von mehreren Intriganten ‚bearbeitet' wird. Weil der Knecht Dmitri sich nicht schlagen ließ, nimmt man an, er müßte von hohem Stand sein („. . . Manieren, wie ein Fürst . . . Angeboren . . ." – S. 5): offensichtlich kann sich niemand in bezug auf die ‚Niedrigen' etwas wie Menschenwürde vorstellen. Der „gehetzte" Dmitri ist zunächst unschlüssig, doch als drei Russen vor ihm auf den Boden fallen („Herr nimm uns auf. Wir bleiben bei dir. Führ uns heim nach Rußland." – S. 6), ist er „plötzlich sicher": „Wo ist mein Reich . . . Das ist doch seltsam, ich hab es gewußt. Ich bin ein Herr. Ich kann mir trauen . . ." (S. 7) Dmitris Verwandlung ist allerdings verständlich: in den Denk-Kategorien dieser Zeit gibt es nur oben und unten, und die große Masse ist noch stumm. Die Gehirnwäsche bzw. Selbsttäuschung Dmitris ist aber nicht so total, wie sie anfangs zu sein scheint, denn der neue Zar hat seine einst knechtische Lebensweise nicht ganz verdrängt, und es ist u. a. diese Tatsache, die ihm zum Verhängnis wird. Er setzt es sich nämlich zum Ziel, den Knechtsinn seiner Landsleute aus der Welt zu schaffen – wenn auch von oben herab. Er will Rußland „losbinden" (S. 15): „. . . Wir dulden um Uns keine Knechte." (S. 21) Die Vergeblichkeit dieses Versuchs wird mehrmals vorgeführt, am eindringlichsten in der 11. Szene. Bei der Eröffnung der ersten Ratssitzung schlagen sich zwei Ratsmitglieder „blitzschnell die Köpfe blutig" um das Privileg, den Zaren zu tragen (S. 28). Die Unterwürfigkeit der Räte wird der Lächerlichkeit preisgegeben: als Dmitri sie um Rat bittet, schweigen sie „verbissen" (S. 29). Der neue Zar muß schließlich einsehen, daß seine Ratgeber das Denken nicht gewöhnt sind, und „kaltblütig" zieht er daraus die Konsequenz: statt sein Geld für den Freikauf aller Knechte in Moskau zu verwenden, will er es nun in „ein Heer aus Polen" stecken (S. 31). Dmitris polnische Braut weiß seine neue Einstellung höhnisch zu loben: „... Da bist du auf dem Posten. Einmal trifft's jeden." (S. 35) Die Lehre ist klar: wer sich in den Unterdrückungsapparat einschraubt, kann nicht hoffen, etwas zu ändern; die Erfordernisse der Macht prägen letzten Endes alle, die sie mit ausüben wollen.

Dient die kurze Episode aus der russischen Geschichte nur als die Kulisse, vor der die verheerenden Auswirkungen des Knechtsinns geschildert werden, oder gab es andere Gründe für die Wahl des Stoffes? Schiller notierte damals zwar, die „Beziehung auf Rußland" sei ein Vorzug des Stückes, doch für ihn waren „das Interesse der Hauptperson", „viele glänzende dramatische Situationen" und die Tatsache, „daß das meiste daran schon erfunden" sei, wahrscheinlich wichtiger.[3] Zweifellos hat auch der Dramatiker Braun diese Vorteile erkannt, doch bei ihm kommt ein weiterer Faktor hinzu: er lebt in einem Land, dessen nunmehr über dreißigjährige Geschichte von der Entwicklung der Sowjetunion wesentlich bestimmt worden ist. Um den Nachfolgestaat des ‚alten' Rußland – und damit auch die DDR – analysieren zu können, muß man sich mit der vor- und nachrevolutionären Geschichte Rußlands gründlich befassen. Der Schluß liegt nahe, daß es sich bei ‚Dmitri' um eine Veranschaulichung der Rolle des ‚Knechtsinns' in dieser Geschichte handelt, und für diese These kann man verschiedene Belege anführen.

Oben wurde erwähnt, Braun habe einige Schiller-Verse aus dem Zusammenhang genommen. Das wohl wichtigste Beispiel für diese Methode befindet sich gleich in der ersten Szene seines Stückes, die den Reichstag in Polen darstellt. Gnesen beginnt mit Schillers Anfangsversen (v. 1–7), doch nach ihm spricht Mnischek (bei Schiller: Odowalsky), dessen Worte in der Vorlage erst viel später (v. 311–316) geäußert werden: „Hier ist nicht Moskau nicht Despotenfurcht / Schnürt hier die freie Seele zu hier darf / Die Wahrheit wandeln mit erhabnem Haupt / Ich wills nicht hoffen edle Herren daß hier / Zu Krakau auf dem Reichstag selbst der Polen / Der Czar von Moskau feile Sklaven habe." (S. 1) Ähnliches gilt für die erste Rede Sapiehas; bei Braun steht sie bereits auf der zweiten Seite, bei Schiller sind es die Verse 468–477: „Die Mehrheit / Was ist die Mehrheit Mehrheit ist der Unsinn / Verstand ist stets bei wengen nur gewesen / Bekümmert sich ums Ganze wer nichts hat! / Hat der Bettler eine Freiheit eine Wahl / Er muß dem Mächtigen der ihn bezahlt / Um Brot und Stiefel seine Stimm verkaufen / Man soll die Stimmen wägen und nicht zählen / Der Staat muß untergehn früh oder spät / Wo Mehrheit siegt und Unverstand entscheidet". Durch das Ummontieren der ursprünglichen Vers-Folge werden zwei Begriffe – Despotie und Demokratie – sofort in den Mittelpunkt gestellt, und die ganze weitere Handlung ist auf diese Dichotomie bezogen. (Zu betonen wäre, daß die eine Seite, nämlich die demokratische, nur als Zukunftsperspektive zum Vorschein kommt. Das damalige Polen nannte sich zwar eine Republik, doch es war von Demokratie weit entfernt.[4] Immer wieder wird gezeigt, wie geisttötend Dogmatismus – im Bunde mit Provinzialismus – sich auswirkt, wobei die moderne Sprache des Stückes stets die Kontinuität gewisser Strukturen und Denkweisen andeutet. Als der Metropolit (Erzbischof) z. B. in der vierten Szene versucht, Marfa (die Witwe Iwans IV.) dazu zu überreden, Dmitri als Betrüger zu entlarven (vgl. II/1 bei Schiller), nennt er diesen „Lügner" und „Dissident" (S. 11). Die ehemalige Zarin (die sich über ihre „Rehabilitierung" freut) könne nicht wollen, „daß der Staat gekränkt wird" (S. 12). (Vgl. die in der ‚Unvollendeten Geschichte' dargestellte Pervertierung des gesellschaftlichen Lebens im Rahmen eines derartigen Staatsverständnisses.) Derselbe Metropolit will dann Dmitris Vermählung mit der katholischen (aus seiner Sicht: heidnischen) Polin Marina verhindern; Boris Godunows Tochter Ksenja bekommt den ‚heiligen' Auftrag, Dmitri zu verführen: „... Sei eine Sau, aber orthodox." (S. 33) Diese Orthodoxie, die sich nicht auf den kirchlichen Bereich beschränkt, läuft auf eine Abneigung gegen jegliche Veränderungen hinaus:

ERSTER RAT: Ich sage dir, er ist ein großer Herr. Seine klaren Augen werden die Wahrheit sehen. Er wird sich in unser Wesen schicken.
ZWEITER RAT: Ja hier ist Rußland. Hier wird nicht gepredigt, hier gilt der Text.
DRITTER RAT: Das Neue ist das Schlechte. Moskau will mit keiner Neuerung beladen sein.
(S. 38)

Diese Räte glauben, daß der „wahre Glaube" (S. 40) nur in Moskau herrscht, und in ihrer verkehrten Welt wird die *Ab*wesenheit von Zwang und Unterdrückung zum unerträglichen Zustand erklärt:

ZWEITER RAT: Was ist der Mensch? Ich frage euch. Nur freier Wille? Den Polen ist die Freiheit teuer, uns aber die Botmäßigkeit. Bot-mäßigkeit, das ist das reifere, überlegene Bewußtsein. Was ein Herr fehlet, erlaubt ihm seine Macht. Ich bin stolz, unfrei zu sein.
(S. 39)

Die konsequente Abschirmung gegen die Außenwelt („Die Ausländer sind Unchristen ..." – S. 40) führt zu einer extremen Rückständigkeit, gegen die der ‚Außenseiter' Dmitri vergeblich ankämpft. Er kann nur staunen, wie eng der Horizont seiner ‚Ratgeber' ist: „... Ihr müßt euch umsehn in der Welt ... Ich bin bei Gott kein Heide, aber ich kann denken. Habt ihr kein andres Land gesehn? Wißt ihr nichts, als was euch dünkt nach eurer Weise gut und recht zu sein?" (S. 30) (Diese Worte rufen natürlich gewisse Assoziationen hervor: auch der Georgier Josef Stalin hatte sich – anders als viele führende Bolschewiki – nicht ‚in der Welt umgesehen', ehe er die Macht übernahm.)

Wo bleibt aber – inmitten dieser düsteren Landschaft – die demokratische Zukunftsperspektive, auf die oben hingewiesen wurde? Ihm Rahmen des Braunschen Gesamtschaffens ist die Antwort auf diese Frage keine überraschende: sie bleibt beim Volk. Die Verwirklichung der ‚Basisdemokratie' wird zwar nicht vorgeführt, doch die Fundamente, auf die man bauen könnte, werden bloßgelegt. Sogar der Metropolit weiß – und es bekümmert ihn sehr –, daß das Volk „Veränderung" liebt (S. 11),[5] was Braun in bezug auf sowohl das 17. Jahrhundert als auch die Gegenwart dokumentiert. In der sehr gelungenen 16. Szene wollen drei hungernde Bauern die Hochzeit des Zaren Dmitri feiern, doch der Schnaps fehlt: sie sind also dazu gezwungen, die Ereignisse ‚nüchtern' zu betrachten.

ERSTER: Zar Boris war auch nicht schlechter.
ZWEITER: Nein, er war auch nicht besser.
ERSTER: Davon rede ich nicht. Er war auch nicht schlechter.
DRITTER: Es ist etwa gleich. ...
ERSTER: Wer herrscht, muß alle sehen.
DRITTER: Dann müssen alle herrschen.
(Brüllen vor Vergnügen ...)
(S. 44)

Diese Bauern werden schließlich von polnischen Soldaten „brutal" auseinandergedrängt, doch das Volk kommt noch einmal zu Wort. In der 18. Szene untersuchen die Massen auf dem „Roten Platz" (wohl kein zufälliger Anachronismus!) den Leichnam des ermordeten Dmitri. Sie wollen herausfinden, was für ein Wesen ein Zar wäre: „Wo steckt der Zar. / Wo ist der Zar darin? / Da, nichts ist anders. Nichts Besonderes. / Menschenblut. / Seht nach, wo das Edle steckt. / Nehmt ihn auseinander ... Ihr müßt tiefer suchen. / ... er ist ein Mensch. Nichts Besonderes." (S. 52)[6] Die Tatsache, daß Braun in

,Dmitri' drei alte Bolschewiki auftreten läßt, weist darauf hin, daß er die Oktoberrevolution als Antwort der Massen auf die jahrhundertelange Unterdrückung auffaßt. Es wird jedoch verdeutlicht, daß diese Revolution nur ein erster Schritt war, dem manche falschen Schritte folgten, die nicht zuletzt mit der im Stück dargestellten ,halbasiatischen Despotie' des zaristischen Rußland zusammenhingen. Brauns Bolschewiki werden ins Moskau des frühen 17. Jahrhunderts zurückbefördert, wo sie dem ,,pompösen" Zug des Zaren Dmitri ,,belustigt/interessiert/tränenlachend" zuschauen (S. 25). Ihr ,Gespräch' (jeder spricht nur einmal) heißt ,,Disput", doch sie reden im Grunde aneinander vorbei. Der erste erinnert sich an seine Ankunft (als Kriegskommissar) in Moskau: das ,,schwere Moskauer Barbarentum" habe ihn aus der ,,Zarenglocke" und der ,,Zarenkanone" angeblickt, und das Nebeneinander von dem mittelalterlichen Kreml und der ,,revolutionären Diktatur" sei ihm wie ein ,,völliges Paradoxon" vorgekommen. Der zweite ist ungeduldig und unterbricht die ,,Reminiszenz" seines Genossen: ihn interessiert nur die damalige Eroberung der Staatsmacht: man hätte auf das ,,Wundermittel" gesetzt, ,,den Unterdrückten Vertrauen in ihre eigenen Kräfte . . . einzuflößen" (S. 26), allerdings habe man nicht gewußt, ob die Massen ,,für sich selbst" arbeiten würden (,,nicht für die Kapitalisten, nicht für die Bürokraten, nicht unter Zwang"). Der dritte ist mit dieser Darstellung nicht zufrieden, weil sie eher von Parolen als von der Realität ausgeht. Er wiederholt die Bedenken, die ihm bereits während der Revolution kamen: ,,. . . Aber wenn, schrie ich, wenn die Massen sich von den Spitzen entfernen, wenn sich ein Abstand, eine Kluft auftut, wenn die Masse sich erregt, wenn sie denkt, kritisiert, wenn sie hartnäckig gegen ihre geliebten Führer stimmt, dann wird es ernst, dann ist es Aufgabe der Partei, sich ernsthaft in die Frage hineinzudenken, was die Masse will!" (ebd.) Mit diesen Worten schließt das Streitgespräch der alten Bolschewiki, aber ihr Disput ist offensichtlich nicht zu Ende, da die von ihnen angesprochenen Probleme kaum als gelöst gelten können. Die drei ,,erstarren in ihrem Text" und werden von Bühnenarbeitern hinausgetragen. Man könnte diesen Vorgang so deuten: man wird die ‚Alten' noch brauchen, weil die ‚Jungen' gewisse Fragen einfach nicht mehr stellen. Die Kämpfer der ersten Stunde werden sich erst dann endgültig zur Ruhe setzen können, nachdem die *ganze* Geschichte der KPdSU bzw. UdSSR dem Sowjetvolk zugänglich gemacht worden ist.[7]

In ‚Dmitri' zieht der Stückeschreiber Braun die Konsequenz aus der Kritik am herkömmlichen Trauerspiel, die er in seinem kleinen ‚Exkurs' (vgl. oben) vorbringt. Es wird nicht nur auf eine einheitliche Fabel, sondern auch auf ‚vorgeschriebene' Texte verzichtet. In der ersten Szene üben die Schauspieler z. B. noch ihre Auftritte, wobei etliche Verse mehrmals wiederholt werden. Es kommt auch vor, daß Akteure aus der Rolle fallen: mitten in der 12. Szene möchte der Metropolit-Darsteller einfach aufgeben („... Achgott, bin ich immer noch in dieser Geschichte. Ich mag sie gar nicht mehr verfolgen, ich hänge zu lange drin. Es gibt andere ... Ich habe Lust, ein andres Stück zu spielen – bei den Indianern oder den Schiiten. ..." – S. 32),[8] und die Darstellerin der Marfa kommt in einer schwierigen Lage nicht zurecht: „Oje, was soll ich jetzt spielen. Ich bin die Schauspielerin ... und muß diese Rolle zuendebringen, zu der mir nichts mehr einfällt. Eine Bombenrolle, aber jetzt wird sie mir gleichgültig ..." (S. 51) (Auch diese Worte stammen natürlich von Volker Braun, sind also eine Art ‚programmiertes Unbehagen'. Es ist eine Frage für sich, wie der Dramatiker bzw. Regisseur auf ‚spontane' Unlustbekundungen von seiten der Schauspieler reagieren würde.) Wie in ‚Schmitten' und ‚Simplex Deutsch' gibt es auch Traumszenen (13 und 17), in denen Dmitris Ängste Gestalt annehmen, und grotesk-surreale Film-Projektionen werden auch eingesetzt. Es ist noch nicht vorauszusehen, inwiefern die Auflösung der überlieferten Dramenform zu einer neuen Form führen wird, doch man kann zumindest feststellen, daß ‚Dmitri' Brauns angehende Beschäftigung mit den Stücken Heiner Müllers fortführt. Abgesehen von gewissen Techniken und einzelnen Motiven[9] zeugt vor allem eine ‚Gewalt-und-Blut-Faszination' von dieser Rezeption. Gewalttätigkeit muß natürlich gezeigt werden, will Braun vorführen, wie das Volk allzu oft unter die „Räder der Geschichte" gekommen ist, doch es leuchtet nicht ein, wie etwa das gegenseitige Zerfleischen von Bojaren und Popen (S. 37), Dmitris Ermordung eines Mörders (S. 23) oder die Tötung der Zarentochter Ksenja[10] bzw. Dmitris zur Erhellung dieses Phänomens beitragen soll. (Gewalt gegen die Massen spielt kaum eine Rolle im Stück.) Man weiß inzwischen, daß der Schock-Effekt solcher Bilder mit der Zeit eine gewisse Abstumpfung nach sich zieht, und dieser Prozeß könnte Brauns Absichten nur entgegenwirken.

14. Statt eines Nachworts

Nach der Leipziger Uraufführung von Volker Brauns *Schmitten* im Januar 1982 wurde das Stück sowohl in *Theater heute* als auch in *Theater der Zeit* abgedruckt.[1] Beide Zeitschriften ließen auch Kritiker zu Worte kommen: Andreas Roßmann bezeichnete *Schmitten* u. a. als „kritisch" und „provokativ",[2] und Peter Ullrich lobte das Bekenntnis des Leipziger Theaters „zu diesem so schwierigen und zugleich so produktiven Autor".[3] In der Tat: Braun ist ein ‚Schwieriger', dessen Texte oft provokativ wirken, und das hat vor allem damit zu tun, daß er Konflikte aushalten will, statt sie zu verschleiern bzw. zu bagatellisieren. Diese Grundeinstellung prägte auch seinen Beitrag zu der von Stephan Hermlin organisierten „Berliner Begegnung zur Friedensförderung" im Dezember 1981.[4] Bei diesem Schriftstellertreffen gab es etliche Teilnehmer, die „Frieden' als die Erhaltung des Status quo in Europa auffaßten. Dafür gab es andere – und zu ihnen gehörte Volker Braun –, die sich nicht mit einem ‚Frieden' abfinden wollten, der darauf beruhte, eine Auseinandersetzung mit tiefgreifenden politischen, sozialen und wirtschaftlichen Problemen auf absehbare Zeit zurückzustellen. Kennzeichnend für „diesen buckligen, diesen kleinen Frieden" seien, so Braun, „unterdrückerische Strukturen", „Kommandogewalt" und „Informationsmonopol". Er wolle sich den „Bedingungen eines *anderen* Friedens"[5] zuwenden: „... Erst unter gesellschaftlichen Bedingungen, in denen die Entscheidungsgewalt dem kleinen Kreis der Herrschenden abgenommen ist, wird dieser größere Frieden Gestalt, ein Frieden ohne Kernwaffen, ohne stehende Heere. Ohne private Industrie, privaten Boden, ohne Machtapparate. ..."

Brauns Behauptung, in der Friedensbewegung stecke „ein kommunistischer Impuls", war für viele aus West *und* Ost natürlich äußerst unbequem. Im winterlichen Berlin bewies Braun übrigens auch, daß sich seine Radikalität nicht auf die theoretische Ebene beschränkt: er war nämlich der einzige Redner, der darauf hinwies, daß Stefan Heyms Vorschlag, auf dem Alexanderplatz für den Frieden zu demonstrieren, überhaupt nicht diskutiert wurde. Diese Tendenz – den Leuten gerade das ins Gesicht zu sagen, was sie lieber verdrängen möchten – wird immer charakteristischer für die Arbeitsweise Volker Brauns. In der heutigen Welt ist derartiger Freimut mehr denn je vonnöten.

III. Anmerkungen

Einleitung

1 Peter von Becker, ‚Ein Erbe Brechts ist zu besichtigen', in Süddeutsche Zeitung, 26. 4. 77.

2 Stefan Howald, ‚Volker Braun: Das Wort ist gezielte Provokation', in Tages Anzeiger, 9. 6. 77.

3 Heft 55, 1977. Hrsg. von H. L. Arnold.

4 An Spezialuntersuchungen wird es nicht fehlen. Zur Zeit arbeiten z. B. Christine Cosentino (Rutgers University) und Wolfgang Ertl (University of Iowa) über Brauns Lyrik, und Rüdiger Mangel (z. Z. an der FU Berlin) befaßt sich mit Brauns Literaturbegriff.

5 Volker Braun, ‚Es genügt nicht die einfache Wahrheit' (Frankfurt/M. 1976), S. 54. Im folgenden wird dieses Buch als ‚Notate' bezeichnet, und weitere Zitate werden im Text nachgewiesen.

6 Leipzig 1972.

7 Es handelt sich um Auszüge aus dem Notat ‚Eine große Zeit für Kunst?' (1966). Vgl. ‚Notate', a. a. O., S. 22–27.

8 Volker Braun, ‚Wirkend für das Leben, lebt Literatur', in Neues Deutschland, 22. 4. 70.

9 Gerhardt Csejka, ‚Praktischer Dichter. Begegnung mit Volker Braun', in Neue Literatur (Bukarest) 1/1973, S. 53.

10 Vgl. die zugespitzte Formulierung im Gespräch mit Silvia Schlenstedt: „. . . so sehr mich die ästhetischen Probleme interessieren *müssen* (meine Hervorhebung, JR), weiß ich doch, daß die Lösung nicht in einer besonders glücklichen und verblüffenden Art der Darstellung des Gegebenen liegt, sondern im Aufbrechen des Gegebnen. . . ." Notate, a. a. O., S. 115. Vgl. auch S. 117.

11 Joachim Walther, Interview mit Volker Braun, in Akzente 5/1973, S. 391. Dort heißt es weiter: ,,... Wenn man nichts sagt, wird man für dumm gehalten und folglich wird man auch nicht angegriffen." (ebd.) Einige Jahre später meinte Braun, das ,,Völkchen" der Rezensenten pflege sich ,,an Sätze zu halten wie der Blinde an den Stock", Aus: Interview mit Klaus-Dieter Winzer, Okt. 1978. (unveröffentlicht).

12 Volker Braun im Gespräch mit Joachim Walther (Anm. 11), S. 388.

13 Als Braun zu schreiben anfing, beherrschte die pathetische Aufbauliteratur noch die Szene.

14 Interview in La Nouvelle Critique Nr. 121 (Feb. 1979), S. 21. Vom Verf. dieses Buches aus dem Französischen übertragen.

15 Notate, a. a. O., S. 106. Diese Sätze stammen aus dem Beitrag ‚Tabus', den Braun am 27. 3. 72 auf der Mitgliederversammlung des Bezirksverbandes Berlin des Schriftstellerverbandes gab. Vgl. die vieldiskutierte Äußerung Erich Honeckers auf dem 4. ZK-Plenum der SED im Dezember 1971: ,,... Wenn man von der festen Position des Sozialismus ausgeht, kann es meines Erachtens auf dem Gebiet von Kunst und Literatur keine Tabus geben. ..." Zitiert nach: Wolfgang Emmerich, ‚Kleine Literaturgeschichte der DDR' (Darmstadt und Neuwied 1981), S. 181.

16 Günther Deicke, ‚Auftritt einer neuen Generation', in Neue Deutsche Literatur (NDL) 2/1972, S. 18.

17 Rudolf Bahro, ‚Die Alternative' (Köln-Frankfurt/M. 1977), S. 408. Apropos ,,idealistisch": man sollte nicht vergessen, daß Braun, der die Not der Nachkriegszeit am eigenen Leib erfuhr, nicht der Arbeiterklasse, sondern dem Kleinbürgertum entstammt.

18 Abgedruckt in Die Andere Zeitung (Hamburg), 18. 4. 68.

19 Volker Braun, ‚Büchners Briefe' (1977). Hier und im folgenden wird nach dem Manuskript zitiert. Der Essay ist abgedruckt in der Zeitschrift Connaissance de la RDA, Nr. 7 (Okt. 1978), S. 8–17 und in *Georg Büchner III*. Sonderband der Zeitschrift *Text und Kritik,* hrsg. von H. L. Arnold (1981), S. 5–14.

20 Interview in La Nouvelle Critique (Anm. 14), S. 21.

21 Bernd Kolf, Interview mit Volker Braun (ca. 1974). Unveröffentlicht. Zitiert nach dem Manuskript.
Vgl. dazu auch Jürgen Kuczynski, ‚Gesellschaftliche Widersprüche', in Deutsche Zeitschrift für Philosophie 1972, S. 1269–1279.

22 ‚Zwanzig Fragen'. Klaus-Dieter Winzer interviewt Volker Braun (1978). (Anm. 11). In diesem Interview erwähnt Braun auch, er habe lange „mit dem massivsten Unbehagen" auf ‚Hinze und Kunze' geschaut; der Text mußte geändert werden, ehe er die „Sympathie" des Verfassers gewann.

23 Zitiert wird nach dem unveröffentlichten Manuskript.

24 In der letzten Szene des Dramas ‚Dmitri' rezitiert der dritte „falsche Demetrius" den ersten Satz von Ernst Blochs ‚Spuren': „Ich bin. Aber ich habe mich nicht. Darum werden wir erst." Vgl. E. B., ‚Spuren' (Frankfurt 1964 – Bibliothek Suhrkamp 54), S. 7.
Es ist auch symptomatisch, daß Braun in seinem Notat ‚Literatur und Geschichtsbewußtsein' Walter Benjamins ‚Geschichtsphilosophische Thesen' zitiert. (Vgl. ‚Notate', a. a. O., S. 139.)

25 1977. Zitiert wird nach dem unveröffentlichten Manuskript.

26 Zitiert wird nach dem unveröffentlichten Manuskript.

27 Karl-Heinz Schmidt, ‚Drei Ansichten zu einem Stück', in Forum 21/1968, S. 18.

28 Berlin/DDR 1978 (2. erw. Aufl.), S. 387, Sp. 1.

29 Interview mit Klaus-Dieter Winzer (Anm. 11): „Die lebenden Kollegen habe ich, als ich zu schreiben anfing, gern ignoriert." Im selben Interview antwortete Braun auf die Frage nach seiner „literarischen Traditionslinie": „... Am interessantesten, weil sie so viele Zeiten überdauerten, sind die sehr Alten; am interessantesten, aber nicht am verläßlichsten. ... Man geht auf ein Feld. Und sucht sich seine Leute. Der junge Schiller, der junge Goethe beispielsweise, Büchner, endlich Shakespeare. Später Brecht, Müller: falls man schon Eigenes kann. Dann sieht man schon nach Kollegen, die noch nicht da sind."

30 ‚Kulturpolitisches Wörterbuch' (Anm. 28), S. 388, Sp. 1.

31 Vgl. vor allem ,Schmitten', ,Simplex Deutsch' und ,Dmitri'. Die Verarbeitung des Faust-Stoffes in ,Hinze und Kunze' (ursprünglich ,Hans Faust') nimmt sich angesichts der neuesten Werke eher harmlos aus.

32 Bernd Kolf, Interview mit Volker Braun (Anm. 21).

33 Vgl. dazu Christel und Walfried Hartinger, ,Unterwegs in die Erfahrung. Zeitgenossenschaft und lyrische Subjektivität', in ,Ansichten', hrsg. von Klaus Walther (Halle/Saale 1976), S. 369 ff., 383 ff., 409 ff. und 456 ff. Vgl. dazu auch Heinz Czechowski, ,Bleibendes Landwüst', in ders., ,Spruch und Widerspruch' (Halle/Saale 1974), S. 106–130. (Zuerst in: Sinn und Form 8/1973.)

34 ebenda, S. 116 f.

35 Es kommt einer totalen Vernebelung der DDR-Verhältnisse gleich, Brechts Lyrik einer früheren Stufe des Sozialismus zuzurechnen: ,,... Brechts Lyrik wurde [für Braun, JR] zur Herausforderung, Abstände und zurückgelegte Strecken auszumessen ..." Aus: Ursula Heukenkamp, ,Dichterporträts', in ,Lyriker im Zwiegespräch', hrsg. von Ingrid Hähnel (Berlin und Weimar 1981), S. 235.
Zur Brecht-Rezeption vgl. Klaus Schuhmann, ,Untersuchungen zur Lyrik Brechts' (Berlin und Weimar 1977, 2. Aufl.), S. 148 bzw. 178–196. Vgl. dazu auch Ursula Heukenkamp, ,Wandel einer Mitteilung', in Sinn und Form 5/1978, S. 1079–1091.

36 Vgl. dazu Jay Rosellini, ,Poetry and Criticism in the German Democratic Republic', in New German Critique 9 (Herbst 1976), S. 155 f.

37 Klaus-Dieter Hähnel, ,Tradition und Entwicklung des Lyrikbegriffs', in ,Lyriker im Zwiegespräch' (Anm. 35), S. 287.

38 Volker Braun, ,Rose Paal und der Aufstieg der Lyrik', in NDL 5/1978, S. 104.

39 ebenda, S. 103.

40 Vgl. Bertolt Brecht, ,Arbeitsjournal' (Peking-Moskau-Havanna-Berlin o. J.), S. 89 ff. (Eintragung vom 22. 8. 40.)
Braun meint, die ,,sozialistische" Poesie sei von der ,,moder-

nen“ nicht zu trennen (‚Notate‘, a. a. O., S. 86). In seinem eigenen Werk hat er die beiden Strömungen aber eher nebeneinander entwickelt.

41 Persönliche Mitteilung Brauns im Gespräch mit dem Verfasser (Herbst 1980).

42 Bernd Kolf, Interview mit Volker Braun (Anm. 21).

43 Es gibt freilich noch krassere Beispiele für solche Theaterpolitik: Heiner Müllers ‚Der Bau‘ wurde erst 1980 – 16 Jahre nach seiner Fertigstellung – in Berlin/DDR uraufgeführt.

44 Vgl. dazu folgende Bemerkung Brauns: „Der ganze Sinn des Textes ist die theatralische Versinnlichung, die ihn als theatergemäß erweist.“ Aus: Interview mit Klaus-Dieter Winzer (Anm. 11).

45 Abdruck im ‚Notaten‘-Band (a. a. O.) und im DDR-Sammelband ‚Im Querschnitt‘ (Halle-Leipzig 1978).

46 Bernd Kolf, Interview mit Volker Braun (Anm. 21).

47 Jens Gerlach, ‚Absicht und Aussicht‘, in Berliner Zeitung (DDR), 2. 4. 65.

48 R. M., ‚Faust wird Marxist‘, in FAZ, 6. 9. 68.

49 Wolfgang Emmerich, ‚Kleine Literaturgeschichte der DDR‘ (Darmstadt und Neuwied 1981), S. 216.

50 Volker Braun, ‚Die Welt, wie sie ist‘. (Anm. 26)

51 ‚Das Programm – ein revolutionärer Plan‘, in ND, 31. 1./1. 2. 76.

52 Peter Schütt, „‚Es genügt nicht die einfache Wahrheit‘“, in Die Tat, 30. 6. 78.

53 Sabine Brandt, ‚Minnedienst am totalitären Staat‘, in FAZ, 7. 8. 65.

54 Reinhard Baumgart, ‚Vernunft, Gefühl und Schnauze‘, in Der Spiegel 19/1965.

55 Heinz Piontek, ‚Talent auf eigene Faust‘, in Die Welt, 26. 5. 66.

56 So Peter O. Chotjewitz in ‚Intern‘, Deutsche Volkszeitung, 9. 3. 78.

57 Vgl. z. B. Peter W. Jansen, ‚Das Stammeln der Utopie‘, in FAZ, 8. 12. 70; Ulrich Greiner, ‚Im Zwiespalt der Interessen‘, in FAZ, 30. 9. 72.

58 Vgl. z. B. Rudolf Krämer-Badoni, ‚Schulmeisternde Mutter des Sozialismus', in Die Welt, 27. 4. 77 und ders., ‚Die SED liest ‚Che' die Leviten', in Die Welt, 12. 12. 77.

59 Karl Corino, ‚Ich bin bis ins Innere ruhig', in Stuttgarter Zeitung, 7. 12. 74.

60 ders., ‚Liebe bringt Sand ins Staatsgetriebe', in Kölner Stadt-Anzeiger, 24. 12. 75.

61 Rolf Michaelis, ‚Zwei Welten in einem Land', in Die Zeit, 16. 1. 76.

62 Nikolaus Marggraf (d. i. Wolfram Schütte), ‚Unvollendete Geschichten', in Frankfurter Rundschau, 2. 12. 75.

63 Wolfgang Schivelbusch, ‚Fröhliche Kritik am Sozialismus', in FAZ, 30. 3. 76.

64 Neues Deutschland, 25. 11. 76. Auch abgedruckt in: Frankfurter Rundschau, 26. 11. 76 und in Exil. ‚Die Ausbürgerung Wolf Biermanns aus der DDR', hrsg. von Peter Roos (Köln 1977), S. 66.

65 s. w., ‚Großer Frieden. Volker Braun arrangiert sich', in FAZ, 6. 2. 78.

66 Leserbrief an die FAZ, abgedruckt in der Ausgabe vom 8. 2. 78.

67 Karl Mickel, dem Braun nahesteht, veröffentlicht seit Jahren sehr wenig.

Die Werke Volker Brauns

1. Zu den frühen Arbeiten

1 Vgl. die Periodisierung in der ‚Geschichte der Deutschen Demokratischen Republik' von Rolf Badstübner u. a. (Berlin/DDR 1981).

2 ‚Geschichte der Sozialistischen Einheitspartei Deutschlands. Abriß.' (Berlin/DDR 1978), S. 420.

3 Heinz Heitzer, ‚DDR. Geschichtlicher Überblick'. (Berlin/DDR 1979), S. 163.

4 Walter Ulbricht, ‚Fragen der Entwicklung der sozialistischen Literatur und Kultur', in ‚Dokumente zur Kunst-, Literatur- und Kulturpolitik der SED', hrsg. von Elimar Schubbe (Stutt-

gart 1972), S. 558 u. 553. Zuerst in Neues Deutschland, 15. 5. 1959.

5 ‚Poetische Gelegenheiten. Dr. Silvia Schlenstedt sprach mit Volker Braun', in Sonntag 17/1964, S. 12.

6 Im folgenden wird nach der Erstausgabe des Mitteldeutschen Verlags (Halle/Saale 1965) zitiert.

7 ‚Interview' (mit Silvia Schlenstedt), in ‚Es genügt nicht die einfache Wahrheit. Notate' (Frankfurt/M. 1976), S. 114. Zuerst in Weimarer Beiträge 10/1972.

8 Bertolt Brecht, ‚Zu den Epigrammen', in ders., ‚Über Lyrik' (Frankfurt/M. 1968), S. 92.

9 ‚Comme une gerçure toujours ouverte. Un entretien avec et autour de Volker Braun', in La Nouvelle Critique, Nr. 121 (Februar 1979), S. 19 und 21. Vom Verfasser aus dem Französischen übertragen. (Brauns Gesprächspartner waren Bernard Sobel und Jacques Poulet.)

10 Gerhardt Csejka, ‚Praktischer Dichter. Begegnung mit Volker Braun', in Neue Literatur (Bukarest) 1/1973, S. 54.

11 Karl Corino, ‚Gespräch mit Volker Braun', in Deutschland Archiv 2/1974, S. 166. Diese Frage werde, so Braun im selben Interview, „in den nächsten 50 oder 200 Jahren" in der Bundesrepublik aktuell sein.

12 Zitiert nach dem Abdruck von ‚Kipper Paul Bauch' in Deutsches Theater der Gegenwart, Bd. 2, hrsg. von Karlheinz Braun und Hellmuth Karasek (Frankfurt/M. 1967), S. 18.

13 Rolf Richter, ‚Poetische Wirklichkeitserkundung mit kleinen Mängeln', in Leipziger Volkszeitung, 29. 2. 72. Vgl. dazu auch Elke Wiegand, ‚Freunde von Volker Braun', in Theater der Zeit 10/1972, S. 47–48.

14 Braun war Mitte der 60er Jahre nicht der einzige DDR-Dramatiker, der so dachte. Vgl. Hans Pfeiffers ‚Begegnung mit Herkules' (1966) und Horst Kleineidams ‚Von Riesen und Menschen' (1967).

15 Volker Braun, ‚Hinze und Kunze', in ders., ‚Stücke I' (Frankfurt/M. 1975), S. 83.

16 Vgl. Brauns ‚Notate' zum Stück. Abdruck in Forum 16/1968, S. 8.

17 Abdruck in GDR Monitor, Nr. 3, 1980, S. 1–4. (Diese Zeitschrift erscheint in Dundee/Schottland. Herausgeber ist Ian Wallace.) Vgl. auch *Sinn und Form* 3/1982, S. 588–592.
18 Wolf Biermann, ‚Drei Kugeln auf Rudi Dutschke', in W. B., ‚Mit Marx- und Engelszungen' (West-Berlin 1968), S. 73.
19 Volker Braun, ‚Wir und ihr', in V. B., ‚Wir und nicht sie' (Frankfurt/M. 1970), S. 18.
20 Dieses Gedicht wurde später – die Ironie verschärfend – in „Fragen eines regierenden Arbeiters" umbenannt.
21 In ‚Landverweis' (S. 58) herrscht ein anderer Tonfall: „... Ist es [die DDR, JR] schätzungsweise / Der Nabel der Welt? Dazu will ich hier nichts sagen ..."

2. Das ungezwungne Leben Kasts (I)

1 Die meisten westlichen Kritiker interessieren sich weniger für das Genrespezifische der Prosa als für die politische Aussage.
2 Interview mit Joachim Walther, in Akzente 5/1973, S. 391.
3 V. Braun, ‚Wie Poesie?', in ‚Es genügt nicht die einfache Wahrheit', a. a. O., S. 75f. Hervorhebung im Text.
4 Aus dem Vorspruch zur ersten ‚Kast'-Ausgabe (Berlin und Weimar 1972), S. 6.
5 ‚Eine sozialistisch gekirnte Eingliederungsgeschichte' (Roland H. Wiegenstein, ‚Stimmen aus der DDR – laut und leise', in Merkur 6/1973, S. 580); ‚Bruchstücke einer sozialistischen Konfession' (Peter Sager, ‚Dreimal DDR-Alltag', in Deutsche Zeitung / Christ und Welt, 19. 1. 73); ‚Kast alias Volker Braun' (Wolf Scheller, ‚Jahre des Lernens', in Saarbrücker Zeitung, 16. 11. 73); ‚Dokumentarische Prosa' (Klaus Höpcke, ‚Kunst als Probe für Lösungen im Leben', in Neues Deutschland – Republik-Ausgabe, 21. 11. 72).
6 Interview mit J. Walther (Anm. 2), S. 385.
7 Vgl. den Vorspruch zur DDR-Erstausgabe: „Drei Berichte: / Entstanden im jugendlichen Jahrzehnt unserer Gesell- / schaft. / Für den Druck überarbeitet. / Im übrigen ist das Leben zu ändern." (S. 6) Im folgenden wird nach der zweiten westdeut-

schen Ausgabe zitiert (suhrkamp taschenbuch 546, 1979), da sie alle vier Berichte enthält und leicht zugänglich ist. In der zweiten Auflage fehlt der oben zitierte Vorspruch.

8 ‚Kulturpolitisches Wörterbuch' (Berlin 1978 – 2. erw. Aufl.), S. 111, Sp. 2.

9 ‚Poetische Gelegenheiten. Dr. Silvia Schlenstedt sprach mit Volker Braun', in Sonntag 17/1964, S. 13.

10 Hier weicht die Erzählung ganz deutlich vom Lebenslauf des Verfassers ab: Braun machte zuerst ein damals nach dem Abitur übliches praktisches Jahr (als Druckereiarbeiter); er wollte gleich danach auf die Universität gehen, doch bürokratische Irrtümer verzögerten den Studienbeginn um weitere zwei Jahre.

11 Mit ‚vorsintflutlicher' Handarbeit setzt sich Braun auch in den ‚Kippern' auseinander. Vgl. dazu auch das Gedicht ‚Bericht der Erbauer der Stadt Hoywoy' in ‚Provokation für mich' 1965.

12 Ein alter Meister liefert einen ernsthafteren Kommentar zum Heldenbegriff: „Wir sind schon so weit, daß wir beim Arbeiten Helden werden können. Wir müssen so weit kommen, daß wir es nicht mehr werden können – daß wir immer so sind ..." (S. 37) (Vgl. die Brecht-Worte (in ‚Leben des Galilei') über Länder, die Helden brauchen.) Dieser Meister stirbt an den Folgen eines Unfalls, der zu verhindern gewesen wäre; sein Tod wurde erst in der 2. Auflage hinzugefügt.

13 Charakteristisch ist dabei die Betonung der Bewegung, des Prozeßhaften, nicht des gegenwärtigen Zustands. In der Bundesrepublik sieht er eher eine Rückwärtsbewegung: „... das andere Land, das dem alten, gewalttätigen glich ..." (S. 16)

14 Derartige Veranstaltungen fanden noch in den sechziger Jahren statt. Vgl. z. B. die Schilderung in Erik Neutschs' Roman ‚Spur der Steine' (1964).

15 In einem Interview tauchen ähnliche Worte wieder auf: echte Literatur sei kein „beamtenhaftes Nachsprechen von Thesen". Aus: Gerhardt Csejka, ‚Praktischer Dichter. Begegnung mit Volker Braun', in Neue Literatur (Bukarest) 1/1973, S. 55.

16 Im ‚Schlamm' zitiert Braun die Gedichte ‚Der schiefe Schornstein' (S. 32) und ‚Provokation für A. P.' (S. 38). Die geschil-

derte Motorradversteigerung (S. 19ff.) gibt es wieder in ‚Kipper Paul Bauch'.

3. Das ungezwungne Leben Kasts (II)

1 Zum ‚kalten Krieg der Kritiker' gehört Karl Corinos Kommentar zur Erzählung ‚Die Bretter': „... Sie endete mit der empörenden Pointe ‚Ich war bis ins Innere ruhig', dem Tenor politischer Lohnschreiberei ..." Aus: K. C., ‚Ich bin bis ins Innere ruhig', in Stuttgarter Zeitung, 7. 12. 1974. Vgl. Kasts Einschätzung der westlichen Nachrichten: „... Die westlichen Sender vergossen Wasser und Rotz zugunsten des wahren Sozialismus. Dazwischen Meldungen, von denen gut ein Drittel wahr sein konnte ..." (S. 114)

2 Vgl. Brauns Bekenntnis aus dem Jahr 1968: „Meine elende Schwäche ist den Helden meiner bisherigen Stücke beinahe zum Charakter geworden." Aus: ‚Provokateure oder: Die Schwäche meiner Arbeit', in ‚Es genügt nicht die einfache Wahrheit', a. a. O., S. 42.

3 In einer großartigen Episode läßt Braun seinen Helden die Tribüne, auf der die Genossen am Jahrestag der Gründung der DDR sitzen, als Symbol eben dieser Ungleichheit erleben. Kast möchte sich den vorbeimarschierenden Arbeitern anschließen, sieht aber ein, daß kein Einzelner den Zustand ändern könnte; im Selbstgespräch verschont er sich jedoch nicht: „... du selbst verewigst diesen Zustand, diese Trennung, diese Herrschaft über deine Genossen. Steh auf, erhebe dich, Genosse, geruhe, an eine Arbeit zu gehen, eine Arbeit, die diesen Zustand ändert. Das wird alles noch anders werden." (S. 175)

4 Die Tatsache, daß es solche „Zusammenstöße" überhaupt gibt, belebt die Hoffnung auf eine Veränderung der ‚Strukturen'. Konfliktlosigkeit wäre eher ein Grund für Pessimismus.

5 Kast schreibt an Susanne: „Ich halts ohne dich nicht aus, und bin froh, daß ich wegbin." (S. 187). Am Anfang von Goethes ‚Leiden' heißt es: „Wie froh bin ich, daß ich weg bin! ... Dich zu verlassen, den ich so liebe ... und froh zu sein: ..." Nach

Kasts Tod liegt Susanne mit ,,schwerem Fieber" nieder (S. 188); ,,Man fürchtete für Lottens Leben" nach Werthers Hinscheiden.

6 Vgl. Martin Gregor-Dellin, ,Das Schwierige an Kast', in Die Zeit, 1. 12. 1972.

7 Vgl. Peter Sager, ,Dreimal DDR-Alltag', in Deutsche Zeitung, 19. 1. 1973.

8. Ursula Reinhold, ,Volker Brauns Konzept und Realisierung einer gesellschaftsgestaltenden Dichtung im Sozialismus', in ,Weggenossen' (Leipzig 1975), S. 483.

9 dies., ,Das ungezwungene Leben Kasts', in Sonntag 4/1973, S. 6.

10 Fritz Rudolf Fries stimmt da zu, bleibt aber optimistisch: in der DDR kündige sich etwas an, ,,dessen Ausbleiben eine Figur wie den späten Kast doch erledigte". Aus: F. R. F., ,Laudatio für Volker Braun und Paul Gratzik', in Sinn und Form 3/1980, S. 545.

Gottfried Fischborns Behauptung, Braun zeige in ,Die Tribüne' u. a. ,,die Gefahren der Arriviertheit", ist nichts als Unsinn. Vgl. G. F., ,Reflektieren über Volker Braun', in Sonntag 20/1980, S. 7.

Zur 2. ,Kast'-Auflage vgl. auch Christoph Funke, ,Der große Anspruch', in Der Morgen, 13. 12. 1979.

4. Lenins Tod

1 Ein Jahr später legte Hartmut Lange (der 1965 aus der DDR gekommen war) sein Stück ,Trotzki in Coyoacan' vor.

2 Vgl. Manfred Durzak, ,Dürrenmatt/Frisch/Weiss" (Stuttgart 1972), S. 319.

3 Volker Canaris, ,Vorbemerkung', in ,Über Peter Weiss', hrsg. von Volker Canaris (Frankfurt 1970), S. 7.

4 Lew Ginsburg, ,Selbstdarstellung' und Selbstentlarvung des Peter Weiss', in ,Über Peter Weiss', a. a. O., S. 137ff.

5 Ernest Mandel, ,Trotzki im Exil', in ,Über Peter Weiss', a. a. O., S. 135.

6 Peter Weiss, ,Offener Brief an die ,Literaturnaja Gaseta, Moskau', in ,Über Peter Weiss', a. a. O., S. 150.

7 ebenda, S. 147.

8 Vgl. Volker Braun, Im Querschnitt (Halle-Leipzig 1978), S. 340. Diese Zeittafel erwähnt auch das Vorspiel ,Gericht über Kronstadt', das mir nicht zugänglich war.

9 Berlin 1977. 2. Auflage.

10 Leipzig 1972. 2. überarbeitete Auflage.

11 Joachim Walther, ,Autoren-Werkstatt: Volker Braun', in Die Weltbühne 8/1973, S. 234. Auch abgedruckt (in einer längeren Fassung) in Akzente 5/1973, S. 385–391. In der Einleitung zum Interview heißt es: ,,... Als er auf die Figuren seines Stücks ,Lenins Tod' zu sprechen kommt, steht er auf, kneift die Lider, ballt die Fäuste und schildert die Freude an solchen Stoffen." (S. 232)

12 Zitiert wird nach dem Manuskript (86 Seiten, Maschinenschrift). Zum ,Lenin-Jahr' schrieb Braun auch den Artikel ,Wirkend für das Leben, lebt Literatur', der im Neuen Deutschland vom 22. 4. 1970 erschien.

13 Vgl. W. I. Lenin, ,Werke' (Berlin 1962), Bd. 36, S. 575–596. Vgl. dazu Moshe Lewin, ,Lenin's Last Struggle' (New York und London 1978). (Französische Erstausgabe: ,Le dernier combat de Lénine'. Paris 1967).

14 Nadeshda träumt vom toten Lenin, ehe er stirbt: ,,... Iljitsch, er ging unter ihnen, obwohl er gestorben war. Und sie wußten, er war tot, und hörten ihm doch zu, und sprachen mit ihm, und er lachte und fluchte weiter ..." (S. 62)
Foerster verkündet: ,,Er ist so willensstark – er täuscht uns. Man weiß nicht, wie schlimm es steht ... Er ist ein fabelhafter Taktiker. Anpassungsfähig. Kein Doktrinär – ein Praktiker! Er nimmt den Weg, der zum Ziel führt." (S. 80f.)

15 Vgl. Friedrich Engels, Brief an Ferdinand Lassalle vom 18. 5. 1859. Abgedruckt in Marx und Engels, ,Über Kunst und Literatur' (Berlin 1967), Bd. I, S. 186. Dieser Brief gehört zur sog. ,Sickingen-Debatte'.

16 Beide Gedichte sind im Sammelband ,Im Querschnitt' enthal-

ten, und das ,Lied vom Kommunismus' findet man auch im Reclam-Band ,Gedichte' (Leipzig 1979, 3. erw. Aufl.).

5. Gegen die symmetrische Welt

1. Brief an den Bruder vom 1. Januar 1799. Teilabdruck in: Volker Braun, ,Gegen die symmetrische Welt' (Frankfurt 1974), S. 89. Im folgenden wird nach dieser Ausgabe zitiert. Die (textgleiche) Erstausgabe wurde 1974 vom Mitteldeutschen Verlag (Halle/Saale) herausgebracht.
Fast die Hälfte der Gedichte erschien bereits 1972 im Reclam-Sammelband ,Gedichte'. Dort heißt ,Hingebung' noch ,Marlies', ,Engere Heimat' noch ,Engere Heimat, Rochwitz'.

2 Wolf Biermann, ,,Enfant perdu", in W. B., Für meine Genossen' (West-Berlin 1972), S. 84.

3 Vgl. dazu Biermanns Lied ,Das kann doch nicht alles gewesen sein', in W. B., ,Preußischer Ikarus' (Köln 1978), S. 93. (Brauns ,Revolutionslied' entstammt seinem Stück ,Lenins Tod'.)

4 Das könnte ein Wortspiel sein: in den sechziger Jahren gaben Adolf Endler und Karl Mickel die Lyrikanthologie ,In diesem besseren Land' heraus.

5 Volker Braun, Interview mit Silvia Schlenstedt, in ,Es genügt nicht die einfache Wahrheit', a. a. O., S. 114f.

6 Die Entlarvung der leeren Sprüche und Parolen erfolgt am ausführlichsten in ,Eigene Kontinuität' (S. 39f.). Dieses Gedicht heißt im Suhrkamp-Sammelband ,Gedichte' (1979) ,Kontinuität'.

7 Im Gedicht ,Prag' wird die berühmte Formulierung aus Hölderlins ,Hyperion' auf den Kopf gestellt: ,,. . . Menschen seh ich, keine Handwerker . . ." (S. 51)

8 Sigrid Damm, ,Jeder Schritt, den ich tu, reißt mich auf', in Neue Deutsche Literatur 4/1975, S. 156.

9 Vgl. dazu Biermann ,In Prag ist Pariser Kommune', in W. B., ,Mit Marx- und Engelszungen' (West-Berlin 1968), S. 70.

10 Handelt es sich wirklich um eine ,,selbstzensierte" Sprache?

Vgl. Peter von Becker, ,Utopischer Realismus', in Süddeutsche Zeitung, 11. 12. 1974.

11 Yaak Karsunke, ,Selbstbewußtes Ungenügen', in Frankfurter Rundschau, 22. 3. 1975.

6. Tinka

1 XXIV. Parteitag der KPdSU, 30. März – 9. April 1971. Schlußworte, Direktiven, Resolutionen (Moskau/Berlin 1971), S. 46. Zitiert nach: ,Geschichte der Kommunistischen Partei der Sowjetunion' (Berlin 1978), S. 768.

2 ,Dokumente des VIII. Parteitages der Sozialistischen Einheitspartei Deutschlands' (Berlin 1974), S. 50. Vgl. dazu auch die Stichworte ,,Automatisierung" und ,,sozialistische Rationalisierung" im ,Kleinen Politischen Wörterbuch' (Berlin 1978, 3. Aufl.).

3 Im folgenden nach dem Abdruck in Volker Braun, ,Stücke I' (Frankfurt 1975) zitiert.

4 Hat Hans Kaufmann ein anderes Stück gelesen? Vgl. folgende Bemerkung zu ,Tinka': ,,... Es sind nicht sehr viele, die so beharrlich und mit so viel Talent wie Braun die führende Rolle der Arbeiterklasse in der entwickelten sozialistischen Gesellschaft zum Ausgangs- und Zielpunkt ihrer künstlerischen Arbeit machen. ,Tinka' ist ein neuer Beweis dafür ..." Aus: ,Volker Brauns ,Tinka', in Eva und Hans Kaufmann, ,Erwartung und Angebot' (Berlin 1976), S. 150.

5 Die Ludwig-Gestalt widerlegt die These, Tinkas Mitspieler würden alle verkleinert, wären alle ,beschädigte Menschen". Vgl. Christoph Funke, ,Das Versagen einer Liebe', in Der Morgen, 4. 6. 1976. Vgl. dazu auch K.-P. Gerhardt, ,Unbedingter Lebensanspruch', in Neue Zeit, 17. 6. 1976.

6 Notat von Volker Braun, zitiert von Luise Koepp in ihrem Gespräch mit dem Autor, das am 3. 5. 1976 von Radio DDR II gesendet wurde. Teilabdruck in: Heinz Klunker, ,Tinka – ein gesellschaftliches Experiment', in Text und Kritik 55 / ,Volker Braun', S. 40. (Siehe auch S. 44 und 46.)

7 Auch Hans Kast bekommt zu hören, daß er „die Strukturen immer noch nicht begriffen" hätte. Vgl. ‚Das ungezwungne Leben Kasts' (Frankfurt/M 1979), S. 164.

8 Es ist nicht Tinka, sondern Ludwig, der von der Emanzipierung der Frau redet: „. . . Das ist die Emanzipierung: sie macht sich von sich selbst frei. Die Frauen baun sich nach dem Bild des Manns um, statt was aus sich zu machen. Als wenn wir alles wären, was der Mensch sein kann. . . . Emanzipierung – müßte auch Erotisierung sein, sonst kommt die Frau zu sich, aber Mann und Frau nicht . . ." (S. 142f.) – Der Vergleich Liebe/Wasser trinken stammt von Alexandra Kollontai.

9 Unglaublich weltfremd ist die Empörung Rudolf Krämer-Badonis angesichts des Versuchs, Politik in die Liebe einzubringen. Früher war das natürlich kein Problem, da sich die Frau einfach nicht um Politik kümmern sollte! Vgl. K.-B., ‚Schulmeisternde Mutter des Sozialismus', in Die Welt, 27. 4. 1977.

10 Diese Worte erinnern an Brenners Bemerkung in der ersten Szene nach dem Tod des alten Werkleiters: „Jetzt sagt er nichts mehr . . ." (S. 129)

11 Für Wolfgang Schivelbusch ist Tinka „ein weiblicher Paul Bauch". Vgl. W. S., ‚Ein Don Quijote der DDR-Dramatik', in FAZ, 11. 3. 1975.

12 Abdruck in: Volker Braun, ‚Die Kipper' / ‚Hinze und Kunze' / ‚Tinka'. Drei Stücke (Berlin 1975), S. 139. Der Prolog wird von dem Darsteller Ludwigs gesprochen. – Prolog und Epilog wurden für die Inszenierung Friedo Solters am Deutschen Theater geschrieben.

13 Vgl. Volker Braun, ‚Über die Bauweise neuer Stücke', in ders., ‚Es genügt nicht die einfache Wahrheit', a. a. O., S. 136.

14 Volker Braun, Interview (mit Silvia Schlenstedt), in ‚Es genügt nicht die einfache Wahrheit', a. a. O., S. 122.

15 Vgl. Hans Kaufmann (Anm. 4), S. 141 ff.

16 Braun gibt seinen Gestalten gern Namen, die zu ihrer Einstellung passen.

17 Erika Stephan, ‚Tinka', in Sonntag 32/1976.

18 Volker Braun, ‚Über die Bauweise . . .' (Anm. 13), S. 134.

1 Fritz Rudolf Fries, ‚Laudatio für Volker Braun und Paul Gratzik', in Sinn und Form 3/1980, S. 545.

2 Sinn und Form 5/1975, S. 941–980.

3 Frankfurt 1977. Im folgenden wird nach der leichter zugänglichen Ausgabe von 1979 (Bibliothek Suhrkamp 648) zitiert.

4 Sibylle Wirsing, ‚Schwierigkeiten auf dem Weg zum Glück', in FAZ, 23. 12. 1975.

5 Carl Corino, ‚Beschreibung einer Entfremdung', in Deutsche Zeitung, 11. 11. 1977.

6 Peter O. Chotjewitz geht allerdings zu weit, wenn er behauptet, die Geschichte sei „eher harmlos", könne „einen informierten Bundesbürger kaum aufschrecken". Vgl. seine Buchbesprechung in der Deutschen Volkszeitung vom 9. 3. 1978.

7 Dieses „Irgendwas" entpuppt sich viel später als eine Flucht aus der Republik – die Frank nie vorhatte. Dieses Thema ist so tabuisiert, daß sich alle von Frank distanzieren, um nur nicht selbst in Verdacht zu kommen. Die ‚Deutschlandfrage' ist aber nicht das Thema der ‚Unvollendeten Geschichte'. Vgl. die Einleitung zum Abdruck eines Text-Auszuges in der Saarbrücker Zeitung vom 10. 1. 1976.

8 Vgl. Mathias Schreiber, ‚Gerüchte können tödlich sein', in Kölner Stadt-Anzeiger, 22. 10. 1977: „. . . Der Hang zur übertriebenen Gesinnungsschnüffelei und zur grundlosen politischen Verdächtigung hat gewiß auch hierzulande schon manches unschuldige Opfer gehabt . . ."

9 Christa Wolf, ‚Kindheitsmuster' (Berlin und Weimar ^{2}1977), S. 521.

10 Das Motto von ‚Nachdenken über Christa T.' („Was ist das: Dieses Zu-sich-selber-Kommen des Menschen?") stammt von Johannes R. Becher, dessen Werk auch in der ‚Unvollendeten Geschichte' eine Rolle spielt.

11 Zu seinen Verbrechen gehört der Einbruch „in mehreren Villen" (S. 10). Wie ironisch, daß im Sozialismus die ‚Gammler' die Einbrecher, nicht aber die Villenbesitzer sind!

12 Auch in ‚Das ungezwungne Lebens Kasts' (a. a. O., ‚Die Tribüne', S. 180) ist von einem Schüler die Rede, der nach Chile will, um als „Guerillero" zu kämpfen. Er wird der Republikflucht verdächtigt und von der Schule in eine Lehre gewiesen. In der DDR weiß man anscheinend – seltsamerweise! – nicht, was man mit jungen sozialistischen Idealisten anfangen sollte.

13 Vgl. z. B. A. W. Mytze, ‚Die Unvollendete', in Berliner Stimme, 31. 1. 1976; Arnd Rühle, ‚Selbstmord des Denkens', in Münchner Merkur, 30. 11. 1977; RH, ‚Fragezeichen über einem Staat', in Frankfurter Neue Presse, 7. 12. 1977.

14 Rolf Nemitz, ‚Die Widerspruchskunst des Volker Braun', in ‚Aktualisierung Brechts' / Argument-Sonderband 50 (West-Berlin 1980), S. 48.

15 Ähnliche Gedanken kommen im Gedicht ‚Im Ilmtal' (‚Gegen die symmetrische Welt') vor.

16 An dieser Stelle stollte Brauns Behandlung der Sexualität bzw. Sinnlichkeit zumindest erwähnt werden. Karins Entfremdung ist gezwungenermaßen auch eine Entfremdung von ihrem eigenen Körper. Ihre verdrängten Triebe manifestieren sich in wilden, grotesken Träumen und Visionen. (Vgl. S. 52f. und 73.)

17 Vgl. Charlotte W. Koerner, ‚Volker Brauns' Unvollendete Geschichte'. Erinnerung an Büchners ‚Lenz', in Basis 9 (1979), S. 149–168.

18 Vgl. z. B. Nikolaus Marggraf, ‚Unvollendete Geschichten', in Frankfurter Rundschau, 2. 12. 1975; Rolf Michaelis, ‚Zwei Welten in einem Land', in Die Zeit, 16. 1. 1976; RH, ‚Fragezeichen ...' (Anm. 13) und Mathias Schreiber, ‚Gerüchte ...' (Anm. 8).

19 Rüdiger Mangel, ‚Volker Brauns Konzeption einer operativen Literatur', unveröffentlichte Hausarbeit im Fach Deutsch, Universität Marburg, 1977, S. 135f.

20 Nikolaus Marggraf (Anm. 18).

8. Guevara oder Der Sonnenstaat

1 Man vermutet, daß die Absetzung auf Einspruch der kubanischen Botschaft zurückzuführen sei (bemängelt würde vor allem

die Darstellung Fidel Castros). Im DDR-Sammelband ,Im Querschnitt' kann man auf S. 340 nachlesen, daß das Stück 1976 in Leipzig (auf einer Studentenbühne) uraufgeführt wurde.

2 Der Aufsatz des Leipziger Germanisten Klaus Schuhmann (,Anmerkungen zu Volker Brauns ,Guevara oder Der Sonnenstaat') erschien in der westdeutschen Zeitschrift Text und Kritik (Nr. 55). – In seiner ,Laudatio' (a. a. O.) erwähnt F. R. Fries das Stück (die Utopie bleibe ,,diesseitig" – S. 545).

3 Volker Braun, ,Training des aufrechten Gangs' (Halle/Saale 1979), S. 55–58. Dem Braun-Gedicht vorangestellt sind Verse aus Hölderlins ,Die Völker schwiegen schlummerten'. – Andere Abdrucke: Text und Kritik 55 (S. 9–11) und im Suhrkamp-Band ,Gedichte' (S. 96–99).

4 Hans Magnus Enzensberger, ,Mausoleum' (Frankfurt 1975), S. 116f.

5 Volker Canaris, Interview mit Peter Weiss, in ,Der andere Hölderlin', hrsg. von Thomas Beckermann und Volker Canaris (Frankfurt 1972), S. 148. Vgl. auch Peter Weiss, ,Che Guevara!', in ders., ,Rapporte 2' (Frankfurt 1971), S. 82–90.

6 Ernst Wendt, ,Hölderlin oder Die Einführung des Wahnsinns', in ,Der andere Hölderlin', a. a. O., S. 158.

7 Volker Braun, ,Guevara oder Der Sonnenstaat' (Frankfurt 1977), S. 77. Im Folgenden wird nach dieser Ausgabe zitiert. Der Text erschien auch in Theater heute 1/1978, S. 38–45.

8 Helmut Schmitz, ,Ein Untergang zum Aufgang', in Frankfurter Rundschau, 12. 12. 77.

9 Abgedruckt im Programmheft des Mannheimer Nationaltheaters.

10 Es bleibt unklar, warum ausgerechnet Alexander von Humboldt und Regis Debray persifliert werden sollen. Im ,Bolivianischen Tagebuch' spricht Guevara von ,,dem sehr mutigen Debray". Vgl. Ernesto ,Che' Guevara, ,Bolivianisches Tagebuch' (München 1968), S. 199. (Eintragung vom 3. 10. 67.)

11 Dietmar N. Schmidt, ,Szenen eines Todes', in Deutsches Allgemeines Sonntagsblatt, 18. 12. 77.

12 Vgl. Brauns Notat (Anm. 9): ,,... es ist so schwierig zu

kämpfen, daß er am Schluß nur noch kämpfen kann. ..." In der Schlußszene sagt ,,Der Freund" dasselbe: ,,Ja, es ist so unmöglich, kämpfen, daß / Man nur noch kämpfen kann. ..." (S. 107)

13 Friedrich Hölderlin, ‚Empedokles', in ders., ‚Sämtliche Werke und Briefe', hrsg. von Günter Mieth (Berlin und Weimar 1970), Bd. III, S. 63.

14 Am Anfang fällt Guevaras Leichnam durch ein Loch in der Decke auf die Bühne, dann kommt das erste Zwischenspiel. Bei der Mannheimer Uraufführung wurde Szene 2 (‚Der Beruf der Toten') *vor* dem Zwischenspiel gespielt.

15 Als Kontrast dazu werden Guevara und die Guerilleros in den Bühnenanweisungen gar nicht beschrieben. Anders als Bumholdt und Bedray sollen sie wohl nicht als ‚kleinbürgerliche Individualisten' wirken.

16 Vgl. dazu Klaus Schuhmann (Anm. 2), S. 30.

17 Vgl. Guevaras Kritik an Monjes parteiorientierter Strategie: ,,... Das ist das Warten auf Godot, Genosse. ..." (S. 99) In diesem Fall muß man Brauns Behauptung zustimmen, das Stück sei nicht dokumentarisch!

18 Als eine Art Alibi läßt Braun seinen Bedray Brecht zitieren: ,,Ein gutes Stück braucht viele Untiefen, undurchsichtige Stellen, eine Menge Kies und erstaunlich viel Unvernunft, und es muß lebendig sein, vor es etwas anderes sein will." (S. 91)

19 Vgl. z. B. Christine Cosentino, ‚Volker Brauns roter Empedokles', in Monatshefte, Jg. 71, Heft 1 (Frühling 1979), S. 45; Georg Hensel, ‚Flucht in die Revolution', in FAZ, 12. 12. 77.

20 Brauns ‚Gewalt-Faszination' trägt aber manchmal voyeuristische Züge. Guevaras Taten sind für einen Bewohner der ‚friedlichen' DDR, die keine gewaltsame Revolution erlebt hat, die ihren Bürgern den Waffenbesitz verbietet, bestimmt unvorstellbar.

21 Brauns Guevara ist kein Rudolf Bahro. Vgl. Jens Wendland, ‚Karl Moor in Bolivien', in Süddeutsche Zeitung, 12. 12. 77: ,,... Die von Guevara dem KP-Politruk Monje entgegengeschleuderte Polemik ‚Genossen, dies ist die Zeit des Apparats

nicht mehr‘ wäre eines DDR-Kritikers Rudolf Bahro durchaus würdig ...“

22 D.h. Guevaras Schicksal, wie sie im Stück dargelegt wird. Brauns Feststellung, sein Werk sei nicht dokumentarisch, bezieht sich wohl hauptsächlich auf die Schlußszene, die die kubanischen Genossen bestimmt nicht begeistert hat.

9. Großer Frieden

1 Abdruck in: Volker Braun, ‚Im Querschnitt‘ (Halle-Leipzig 1978), S. 229–292.

2 Zitiert nach dem Leipziger Programmheft. Die Problematik wird im Berliner Programmheft nicht so scharf formuliert: die Worte „das noch andauert“ fehlen dort.

3 Abdruck nur im Leipziger Programmheft.

4 Vgl. Ernst Schumacher, ‚Inszenatorische Glanzleistung‘, in Berliner Zeitung, 25. 4. 1979.

5 Es ist nicht so lustig, daß die Königin nach mehrmaliger Vergewaltigung schwanger wird und sich nichts daraus macht. Vgl. Szene 9.2.

6 Der Verfasser war im Herbst 1980 im Theater am Schiffbauerdamm.

7 Als die ‚Blumenhöfe‘ (d.h. Bordelle) nach dem Bauernsieg zugemacht werden, meint die Puffmutter Bau Mu: „Ihr vergewaltigt das Kulturerbe aus bloßer Schamhaftigkeit.“ (S. 249) Nach der Kaiserkrönung Gau Dsus werden die Bordelle wieder zugelassen, „... den angespannten Dienern / Unserer Macht zugänglich nach Verdienst.“ (S. 284) Sicher denken nicht wenige DDR-Zuschauer dabei an die Intershop-Politik der SED. Die „Beamtenprüfung“ wird vom Publikum eindeutig als DDR-Persiflage verstanden. Vgl. auch die Rolle der „Zensoren“ in Szene 11.

8 Gottfried Fischborn meint, vielleicht wirke „der Glanz artistischer Mittel (die Schlachtszenen!) in Verbindung mit dem entlegenen Stoff heute eher exotisch und entrückend denn produktiv animierend (‚verfremdend‘)“. Es bleibe immer „ein Rest Chi-

noiserie". Vgl. G. F., ‚Reflektieren über Volker Braun', in Sonntag 20/1980.

9 Entgegen der Sichtweise der FAZ-Kritikerin muß man feststellen, daß ‚Großer Frieden' mit einem mutmaßlichen „Hoftheater des Sozialismus" gar nichts zu tun hat. Vgl. Sibylle Wirsing, „Das Hoftheater des Sozialismus", in FAZ, 27. 4. 1979. Vgl. dazu auch den Kurzartikel ‚Großer Frieden'. Volker Braun arrangiert sich', in FAZ, 6. 2. 1978.
Das Stück ist auch auf keinen Fall ein „Loblied auf die Macht". Vgl. Michael Stone, ‚Ein Loblied auf die Macht', in Der Tagesspiegel, 25. 4. 1979. Heinz Klunker blickt da eher durch. Vgl. H. K., ‚Training des aufrechten Gangs. Volker Braun und seine Provokation des ‚Großen Friedens', in Deutschland Archiv 3/1980, S. 285–289.

10 Es ist allerdings unvorstellbar, daß ‚Großer Frieden' als DDR-Gegenwartsstück so schnell (ca. drei Jahre nach der Entstehung) auf die Bühne gekommen wäre.

11 Marianne Eichholz, ‚Kein Ende der Kämpfe', in Süddeutsche Zeitung, 26. 4. 1979.

12 Die Huren Su Su, Jing Jing und Meh Meh scheinen ihre ‚Arbeit' eigentlich zu genießen.

13 Persönliche Mitteilung Volker Brauns im Gespräch mit dem Verfasser, Oktober 1980.

14 Abdruck in: Volker Braun, ‚Stücke 2' (Frankfurt/M. 1981), S. 99–171.

15 Die Sätze des Wang-Darstellers am Anfang des Stückes sind jetzt eher salopp-modern, und dadurch wird die Aura des Archaischen eindeutiger durchbrochen als vorher.

16 In Wangs Satz „Jetzt sind alle Schwänze / gleich" (S. 250) wurde das Wort „Schwänze" gestrichen, doch die meisten Formulierungen sind noch anzutreffen. Einige Beispiele aus der zweiten Fassung: „. . . mit dem Speer die Kammern öffnen für / Ein Getümmel in haarigen Löchern." (Wei, S. 113f.)
„. . . Die Revolution macht keinen Bogen um / Dein Loch, Verehrteste, sie zieht hinein . . ." (Wang zu Bau Mu, S. 123)
„Fick die Truppen." (Tschu Jün, S. 137)

Tschu Jüns Lob der Liebeskünste seiner Huren (S. 125) wurde auch nicht geändert.
Das Problematische an dieser Sprechweise liegt vor allem darin, daß sie ein reiner Männerbrauch ist, ein Kennzeichen des Patriarchats.

10. Training des aufrechten Gangs

1 Die DDR-Ausgabe erschien beim Mitteldeutschen Verlag. Der 1979 veröffentlichte Suhrkamp-Band ‚Gedichte' enthält in den Abschnitten IV und V – mit Ausnahme des „Anhangs" (sieben Kurzgedichte „aus dem Umkreis des ‚Guevara'-Stücks") – alle ‚Training'-Gedichte, und auch das Gedicht ‚Der Müggelsee', das der Mitteldeutsche Verlag nicht abdruckte. Im Folgenden wird nach der leichter zugänglichen Suhrkamp-Ausgabe zitiert,

2 Vgl. das ‚Statut der Sozialistischen Einheitspartei Deutschlands' (Berlin 1976), S. 4.

3 Volker Braun, ‚Gegen die symmetrische Welt' (Frankfurt/M. 1974), S. 86.

4 Im ‚Statut' heißt es: „. . . Ich bewege mich auf dem Boden der Gesetze / Gewiß doch, ihr Lieben: / Meines Herzens, das in jedem Körper schlägt / Legal und zerstörerisch, unzüchtig und sanft . . ." (S. 109)

5 Der Zyklus ‚Der Stoff zum Leben' wurde in der Suhrkamp-Sammlung an erster Stelle abgedruckt.

6 Braun zitiert aus Goethes ‚Italienischer Reise'.

7 Braun zitiert die Worte ‚Der Zukunft zugewandt' aus Bechers Text für die DDR-Nationalhymne.

8 Stephan Hermlin, ‚Gedichte' (Leipzig 1980), S. 55.

9 Bertolt Brecht, ‚Gesammelte Gedichte' (Frankfurt/M. 1976), Bd. 3, S. 1012.

10 Vgl. Biermanns Kommentar nach dem Gang durch den ‚Hugenottenfriedhof', wo Brecht begraben liegt: „. . . Wie nah sind uns manche Tote, doch / Wie tot sind uns manche, die leben". In: W. B., ‚Für meine Genossen' (West-Berlin 1972), S. 14. – Braun setzt sich allerdings nicht mit der Tatsache auseinander,

daß Brecht selbst in den letzten Jahren seines Lebens nicht immer die ganze Wahrheit sagte – zumindest nicht öffentlich.

11 Vgl. dazu das Kurzgedicht ‚Lustgarten, Preußen‘ (S. 119): „Das Gras gepflastert. / O Schweiß der Ämter, die Weisheit / Des Volks demselben, eh sie / Zitiert wird, einzu- / Rammen in das Gemüte.“

12 In ‚Richtplatz bei Mühlhausen‘ (S. 140) gedenkt Braun der Gefallenen im Bauernkrieg.

13 Vgl. das Prosagedicht ‚Höhlengleichnis‘ (S. 100f.). Der Titel des Bandes taucht am Ende dieses Textes auf (S. 101, unten).

14 Dieses Gedicht ist in der DDR noch nicht gedruckt worden (vgl. Anm. 1), doch es wurde beim ‚Volker-Braun-Abend‘ im Theater am Schiffbauerdamm vorgetragen.

15 Vgl. Biermanns ‚Rücksichtslose Schimpferei‘, in W. B., ‚Die Drahtharfe‘ (West-Berlin 1970): „. . . Das Kollektiv liegt schief // Ich bin der Einzelne / das Kollektiv hat sich von mir / isoliert . . .“ (S. 69)

16 Vgl. das Gedicht ‚Empfang‘ (S. 95f.).

11. Schmitten

1 Im Folgenden wird nach der Suhrkamp-Ausgabe ‚Stücke 2‘ (Frankfurt/M. 1981) zitiert. [Auf dem Manuskript wurde Schmitten noch als ‚Komödie‘ bezeichnet. In der Buchausgabe fehlt jede Gattungsbezeichnung.]

2 Volker Braun hat ‚Schmitten‘ 1978 im Dramatik-Zirkel im Haus der jungen Talente (Berlin/DDR) selbst vorgelesen. – Im Rahmen des ‚Stückemarkts‘ beim West-Berliner Theatertreffen 1981 wurde das Stück von mehreren Schauspielern vorgelesen. Vgl. dazu die Rezension von Andreas Roßmann im Tagesspiegel vom 19. 5. 1981.

3 Volker Braun, ‚Arbeitsnotiz‘ zu ‚Schmitten‘ vom 2. 10. 1977. Hier und im folgenden nach dem Manuskript zitiert. Abdruck (leicht gekürzt) im Programmheft des Leipziger Kellertheaters (Jan. 1982).

4 ders., ‚Arbeitsnotiz‘ zu ‚Schmitten‘ vom 6. 4. 1978.

5 In ,Tinka' hat das ,Arbeitertheater' eine andere Funktion; dort soll es die Intrigen der Werksleitung entlarven.

6 Vor ihrem Weggang spricht die Sekretärin einige Sätze, die aus Tinka (Szene 11) stammen bzw. aus der Urfassung von ,Schmitten' übernommen wurden.

7 Im Stück wird ein Tonband abgespielt, auf dem eine Passage aus dem Werk ,Entwicklung der Arbeit' (West-Berlin 1978) von dem neuen Werkleiter vorgelesen wird. Da heißt es u.a.: ,,... wird Kooperation im Modus des bloßen ,ich bin nur ein Rädchen im Getriebe' obsolet. Mit dem Vordringen der Elektrotechnik funktioniert der Arbeitende nicht mehr als Lückenbüßer unvollkommener mechanischer Maschinerie, fungiert aber auch nicht mehr als simples Regelglied, das stupideste physische und geistige Routinearbeit leistet." (S. 17)

8 Wie bei der ,Unvollendeten Geschichte' geht Braun natürlich weit über eine naturalistische Wiedergabe des Falles hinaus.

9 Wie Karin in der ,Unvollendeten Geschichte' kommen Schmitten die Wälder ,,preußisch gerade" vor: ,,... Die Bäume, ich muß lachen. In Reih und Glied. Wie ein Feld. Das blüht alles nach Plan. Die haben sie auch erzogen." (S. 25)

10 Volker Braun, ,Arbeitsnotiz' zu ,Schmitten' vom 24. 1. 1978.

12. Simplex Deutsch

1 Zitiert im Folgenden nach ,Stücke 2' (Frankfurt/M. 1981).

2 Diese Bezeichnung findet man als Untertitel sowohl beim Erstdruck (Theater der Zeit 7/1980, S. 64–72) als auch im Programmheft des Berliner Ensembles von 1980.

3 ,Arbeitsnotiz' zu ,Schmitten' vom 23. 5. 78.

4 ,Arbeitsnotiz' zu ,Simplex Deutsch' vom 16. 1. 80. Abgedruckt in dem Programmheft des Berliner Ensembles und in Theater der Zeit 7/1980, S. 63.

5 ,Arbeitsnotiz' zu ,Simplex Deutsch' vom 10. 8. 78. Abgedruckt im Programmheft des Berliner Ensembles und in Theater der Zeit 7/1980, S. 63.

6 Braun zitiert eine Notiz Brechts aus dem Jahre 1943: „es wäre ein gutes stück für die deutschen, in dem man zeigen könnte, wie einer an ihrem knechtsinn untergeht, dh ihn als führer zunächst willig akzeptiert, worauf er später an ihrer unselbständigkeit mit ihnen zugrunde geht. bauernkrieg." Aus: Bertolt Brecht, ‚Arbeitsjournal' (Peking/Moskau/Havanna/Berlin, o.J.), S. 310. Eintragung vom 5. 11. 43.

7 Vgl. Heiner Müller, ‚Mauser', in ders., ‚Mauser. Texte 6' (West-Berlin 1978), S. 55: „... Wissend, das tägliche Brot der Revolution / ... Ist der Tod ihrer Feinde, wissend, das Gras noch / Müssen wir ausreißen, damit es grün bleibt. ..."

8 ebenda, S. 58.

9 ebenda, S. 85. (‚Verabschiedung des Lehrstücks')

10 Am Ende dieser Szene heißt es in den Bühnenanweisungen: „Schauspieler [der die „übergeordnete Leitung" spielt, JR] will aufstehen, kommt nicht los vom Stuhl. Zwei Bühnenarbeiter tragen ihn mit dem Stuhl hinaus." (S. 192) Auch die übergeordnete Leitung hat also wenig Bewegungsfreiheit.

11 Vor der Affäre mit Lisa ist Bebel ein Arbeitstier, das sehr einseitig lebt, wie seine Frau berichtet: „Endlich denkt er einmal an sich. Und macht, was ihm gefällt. Weil ihm so ist. Ich dachte, er schafft es nicht mehr." (S. 200). – Bebel ist also eine Art Gegentyp zu Schmitten, die ihre Bedürfnisse grundsätzlich nicht unterdrückt.

12 Bei Schiller werden die Söhne des Kammerdieners von Lady Milford ‚gerettet'. Bei Braun lehnt die Kehrfrau das Angebot Bebels ab, ihre Töchter in die Tagesschicht zu übernehmen: „... Wir leben nicht im Feudalismus. So schöne Lösungen sind nicht mehr erlaubt. Soviel Bewußtsein haben wir." (S. 199)

13 Vgl. Brauns ‚Arbeitsnotiz' zu ‚Simplex Deutsch' vom 7. 1. 80 (Abdruck im Programmheft des Berliner Ensembles): „... das beckett-bäumchen ist die weltzeituhr am alexanderplatz, verweigert wird sich der besten sache aus den besten gründen. ..." Man stelle sich Godot/Beckett als SED-Funktionär, Estragon und Wladimir als DDR-Jugendliche vor!

14 Abdruck in Volker Braun, ‚Training des aufrechten Gangs'

(Halle/Saale 1979), S. 9. Auch in ders., ‚Gedichte‘ (Frankfurt/M. 1979), S. 111.

15 Darin stimmen Kritiker aus Ost und West miteinander überein. Vgl. Jürgen Beckelmann, ‚Die Wiederauferstehung Bebels sowie die Wut einer Mumie‘, in Frankfurter Rundschau, 13. 6. 80 und Rainer Kerndl, ‚Mensch und Geschichte in Momentaufnahmen‘, in Neues Deutschland, 5. 5. 80.

16 „... ausflippen in alkohol, droge, kriminalität oder in den politischen untergrund, in die falsche hoffnung, die zu nichts wird, preisgeben des bürgerlichen wohllebens – um auf die wirklichen werte zu kommen (der rechtsanwalt mahler, die pfarrerstochter ensslin). die (individuellen) ausbrüche mit tödlichem ausgang, selbstmörderisch in mörderischer zeit; unter andern verhältnissen aber vielleicht produktiv (kollektiv) ...“ ‚Arbeitsnotiz‘ zu ‚Simplex Deutsch‘ vom 1. 7. 78. Abdruck im BE-Programmheft und in Theater der Zeit 7/1980, S. 63.

17 Dieser Text soll von einer Großmutter im Rollstuhl, die eine „Bloch-Maske“ trägt, rezitiert werden. Im Berliner Ensemble wurde die Maske nicht verwendet.

18 Der erste Teil des Titels ist ein Spruch aus der Bauernkriegszeit, und der zweite Teil spielt auf den Film ‚Der diskrete Charme der Bourgeoisie‘ des spanischen Regisseurs Luis Buñuel an.

19 U. a. den Verfasser, der im Herbst 1980 einer Aufführung im Berliner Ensemble beiwohnte.

20 Der West-Berliner Kritiker Michael Stone bekannte, daß ihn der Abend „maßlos“ verwirrt habe. Vgl. M. S., ‚Uraufführung auf der Probebühne‘, in Der Tagesspiegel, 29. 5. 80.

21 Ingrid Seyfarth, ‚Simplex Deutsch‘ von Volker Braun. Uraufführung: Berliner Ensemble‘, in Sonntag 21/1980, S. 4.

22 Vgl. Andreas Roßmann, ‚Vom Dialog zum Diskurs‘, in Deutschland Archiv 8/1980, S. 795. Auch in: Stuttgarter Zeitung, 10. 5. 80.

23 Vgl. Jürgen Beckelmann (Anm. 15).

1 Im Folgenden wird nach dem unveröffentlichten Manuskript zitiert. Braun stellte *Dmitri* 1981 bei der „3. Woche des sozialistischen Theaters" in Leipzig vor. Vgl. *Theater der Zeit* 5/1981, S. 73.

2 Es ist wohl kein Zufall, daß Braun den Namen seines Vorgängers ohne das Wörtchen „von" schreibt.

3 Friedrich Schiller, ‚Demetrius'. Einzelaufzeichnungen. In: F. S., ‚Sämtliche Werke', hrsg. von Gerhard Fricke und Herbert G. Göpfert (München 1959), Bd. III, S. 100.

4 Noch einmal sollte erwähnt werden, daß die ‚Dmitri'-Niederschrift bereits im Februar 1980 fertig war. Es wäre also falsch, das Stück als eine Reaktion auf die Gdansker Ereignisse von August 1980 zu deuten.

5 Vgl. Hiobs Worte bei Schiller: „Der Völker Herz ist wankelmütig, Fürstin, / Sie lieben die Veränderung, sie glauben / Durch eine neue Herrschaft zu gewinnen ..." Aus: ‚Demetrius' (Anm. 3), S. 42, v. 1078–1080. Braun beurteilt diese Liebe zur Veränderung natürlich etwas anders als Schiller.

6 Dieser ‚Untersuchung' wohnt der Pole Mnischek bei, der den Zynismus der Mächtigen verkörpert: „... Das Volk glaubt alles. ... Die Lüge, unser täglich Brot. ..." (S. 52)

7 Am Schluß des Stückes wird angedeutet, daß diese Fragen auch für die DDR relevant sind. Ein ‚vierter Demetrius' tritt auf, der wie ein DDR-Arbeiter redet: „... Ich hab genuch von Politik im Betrieb und der Zeitung. Den Fehler mach ich ni und zieh mir mit der Aktivität Konsequenzen aufs Haupt. Ich bin genuch gestraft. Soll sich um die Posten reißen wer will, ich spiel ni mit. Da bleibsch Zuschauer, was mei Recht is." (S. 56) Diese Worte könnten von August Bebel jun. (‚Simplex Deutsch') stammen.

8 Schließlich macht er aber weiter: „... ich habe ein Amt, ich muß dem Status opfern. ..." (S. 32) *Ganz* emanzipiert sind die Schauspieler noch nicht.

9 Vgl. z. B. Dmitris Auftritt in der Zwangsjacke (Szene 17): in Müllers ‚Leben Gundlings Friedrich von Preußen Lessings Schlaf

Traum Schrei' wird die Zwangsjacke ironisch als „ein Instrument der Dialektik ... eine Schule der Freiheit" bezeichnet. Vgl. H. M., ‚Die Schlacht' / ‚Traktor' / ‚Leben Gundlings ...' (Berlin/DDR 1981), S. 90. In Müllers Stück kommt auch Schiller vor.

10 Ein Film in Zeitlupe (S. 36) zeigt die Tötung Ksenjas. Die Ksenja-Gestalt hat leider viel Ähnlichkeit mit Fan Feh in der ersten Fassung des ‚Großen Friedens'.

14. Statt eines Nachworts

1 Vgl. *Theater heute* 4/1982, S. 17–21 und *Theater der Zeit* 4/1982, S. 67–72.

2 Andreas Roßmann, ‚Neue Leiden einer neuen Zeit', in *Theater heute* 4/1982, S. 16. Vgl. ders., ‚Baukasten Wirklichkeit', in *Deutschland Archiv* 4/1982, S. 345f.

3 Peter Ullrich, ‚Bekenntnis zu einem schwierigen, produktiven Autor', in *Theater der Zeit* 4/1982, S. 66. In derselben Nummer findet man die Kritik von Peter Reichel (S. 64f.), die wesentlich negativer ausgefallen ist.

4 *Berliner Begegnung zur Friedensförderung. Protokolle des Schriftstellertreffens am 13./14. Dezember 1981* (Darmstadt und Neuwied 1982). Brauns Rede ist auf S. 159–161 abgedruckt.

5 Ähnliche Formulierungen sind beim Westberliner Peter Schneider zu finden. Vgl. P. S., ‚Warnung vor diesem Frieden', in *Kursbuch* 68 (Juni 1982), S. 180–187.

IV. Zeittafel

(Die Kursiv gesetzten Jahreszahlen bedeuten das Erscheinungs- bzw. Aufführungsjahr in der Bundesrepublik.)

1939	Geboren in Dresden-Rochwitz. Vier Brüder.
1945	Vater gefallen.
1948	Mit einem Roten-Kreuz-Transport in der Schweiz.
1957	Abitur.
1957–1958	Druckereiarbeiter in Dresden.
1958–1960	Tiefbauarbeiter in der Schwarzen Pumpe, Facharbeiterlehrgang, Maschinist im Tagebau Burghammer.
1959	‚Der Schlamm'. Bericht (erschienen 1972/*1972* mit ‚Der Hörsaal' und ‚Die Bühne' als *Das ungezwungne Leben Kasts*).
1959–1964	*Provokation für mich*. Gedichte (erschienen 1965; die Ausgabe *‚Vorläufiges'* von *1966* enthält die meisten Gedichte aus *‚Provokation für mich'*, die ‚Annachronik' und einige Gedichte aus dem späteren Band *‚Wir und nicht sie'*).
1960–1964	Studium der Philosophie an der Karl-Marx-Universität Leipzig.
1962–1965	*‚Die Kipper'*. Schauspiel (uraufgeführt 1972 in Leipzig / *1973* in Wuppertal).
1964	Reise nach Sibirien. ‚Der Hörsaal'. Bericht.
1965	*‚Freunde'*. Schauspiel (ursprünglicher Titel: *‚Mink'*; uraufgeführt 1972 in Leipzig).
1965–1966	Auf Einladung Helene Weigels Mitarbeiter am Berliner Ensemble.
1965–1968	*‚Wir und nicht sie'*. Gedichte (erschienen 1970/*1970*).
1966	*‚KriegsErklärung'*. Fotogramme für eine Vietnam-Matinee des Berliner Ensembles (erschienen 1967).
1967–1971	Frei arbeitend in Berlin.

1967–1977	*‚Hinze und Kunze'. Schauspiel* (uraufgeführt in der 1. Fassung – Titel: *‚Hans Faust'* – 1968 in Weimar; Uraufführung von ‚Hinze und Kunze' 1973 in Karl-Marx-Stadt).
1968	‚Die Bühne'. Bericht (ursprünglicher Titel: ‚Die Bretter').
1969–1973	*‚Gegen die symmetrische Welt'*. Gedichte (erschienen 1974/*1974*).
1969–1978	*‚Schmitten'*. Schauspiel. Uraufgeführt 1982 in Leipzig.
1970	*‚Lenins Tod'*. Schauspiel.
	‚Gericht über Kronstadt'. Vorspiel.
1971	Lesungen in Frankreich. Heinrich-Heine-Preis.
1971–1972	Für eine Spielzeit Mitarbeiter an den Städtischen Theatern Leipzig.
1972–1973	*‚Tinka'*. Schauspiel (uraufgeführt 1976 in Karl-Marx-Stadt / *1977* in Mannheim).
1972–1977	Mitarbeiter am Deutschen Theater Berlin.
1973	Vorstandsmitglied des Schriftstellerverbands der DDR.
1974	„Was bleibt zu tun?" Flugschrift.
	‚Unvollendete Geschichte'. Erzählung (erschienen 1975/*1977*). ‚Die Tribüne'. Bericht (letzter Teil des *‚Ungezwungnen Lebens Kasts'*, erschienen 1979/*1979*).
1974–1977	*‚Training des aufrechten Gangs'*. Gedichte (erschienen 1979; die meisten Gedichte aus dieser Sammlung sind in ‚Gedichte'/1979 enthalten).
1975	*‚Guevara oder Der Sonnenstaat'*. Schauspiel (uraufgeführt *1977* in Mannheim).
1976	Reise nach Kuba und Peru. Lesungen in Italien.
	‚Es genügt nicht die einfache Wahrheit'. Notate, 1964 bis 1973 erschienen (1976/*1976*).
	‚Großer Frieden'. Schauspiel (uraufgeführt 1979 am Berliner Ensemble).
	17. November: Braun gehört zu den Erstunterzeichnern der ‚Biermann-Petition'.
	25. November: Das *Neue Deutschland* veröffentlicht eine Erklärung Volker Brauns zur ‚Biermann-Petition'.

	November: Braun erhält eine „einfache Rüge" von der SED.
	Dezember: Braun wird aus dem Vorstand der Berliner Sektion des DDR-Schriftstellerverbandes ausgeschlossen.
Seit 1977	Mitarbeiter am Berliner Ensemble.
1977	‚Weitgehend durchdachter Plan einer schmerzlosen und radikalen Lösung der herangereiften ideologischen Probleme des realen Sozialismus'. Satire.
1978	‚Büchners Briefe'. Essay (1978 in Frankreich erschienen).
	Mai: Von den Initiatoren der ‚Biermann-Petition' nehmen nur Volker Braun und Stephan Hermlin am VIII. Schriftstellerkongreß der DDR teil.
1978–1979	‚*Simplex Deutsch*'. Schauspiel (uraufgeführt 1980 auf der Probebühne des Berliner Ensembles).
1979	‚Die Welt, wie sie ist'. Essay.
1980	Lesungen in England. Heinrich-Mann-Preis.
	‚*Dmitri*'. Schauspiel.
	‚Geschichten von Hinze und Kunze'. (Eine Auswahl erscheint in der Zeitschrift *GDR Monitor*.)
1981	Mai: Szenische Lesung von ‚*Schmitten*' beim Westberliner Theatertreffen. Entstehung eines Romans über „Hinze und Kunze".

V. Auswahlbibliographie

Zeitungen und Zeitschriften

DA	Deutschland Archiv
DASB	Deutsches Allgemeines Sonntagsblatt
DVZ	Deutsche Volkszeitung
FAZ	Frankfurter Allgemeine Zeitung
FR	Frankfurter Rundschau
ND	Neues Deutschland
NDL	Neue Deutsche Literatur
SüdZ	Süddeutsche Zeitung
SuF	Sinn und Form
TdZ	Theater der Zeit
Tsp	Der Tagesspiegel
TuK	Text und Kritik
WAZ	Westdeutsche Allgemeine Zeitung
WB	Weimarer Beiträge

1. Bibliographien

Hönes, Winfried. „Bibliographie Volker Braun". In: *TuK* 55: *‚Volker Braun'* (1977), S. 58–64.

Behn, Manfred. In: *‚Kritisches Lexikon zur deutschsprachigen Gegenwartsliteratur'*. Hrsg. von H. L. Arnold. München 1978ff.

Schubert, Holger J. In: Braun, Volker. *‚Im Querschnitt'*. Halle-Leipzig 1978. S. 342f.

2. Primärliteratur

A. Lyrik, Dramen, Prosa

‚Provokation für mich'. Gedichte. Halle/Saale 1965. 2. erw. Aufl. 1965, 5. erw. u. ver. Aufl. 1975.

,Vorläufiges'. Gedichte. Frankfurt/M. 1966.

,Kipper Paul Bauch'. Schauspiel. In: *Forum* 18/1966. Auch in: *Deutsches Theater der Gegenwart*. Band 2. Hrsg. von Karlheinz Braun. Frankfurt/M. 1967, S. 5–104.

,KriegsErklärung'. Fotogramme. Halle/Saale 1967.

,Wir und nicht sie'. Gedichte. Halle/Saale 1970. 3. ver. Aufl. 1979. Lizenzausgabe: Frankfurt/M. 1970. (edition suhrkamp 397)

,Freunde'. Schauspiel. In: *,Neue Stücke. Autoren der Deutschen Demokratischen Republik'*. Berlin/DDR 1971, S. 367–387.

,Die Kipper'. Schauspiel. Berlin und Weimar 1972. Auch in: *SuF* 1/1972, S. 90ff. und *,Spectaculum* 16', Frankfurt/M. 1972.

,Das ungezwungne Leben Kasts'. Drei Berichte. Berlin und Weimar 1972. Lizenzausgabe: Frankfurt/M. 1972. 2. Aufl. Berlin und Weimar 1973, 3. erw. Aufl. Berlin und Weimar 1979 mit dem vierten Teil ,,Die Tribüne". Lizenzausgabe: Frankfurt/M. 1979. (suhrkamp taschenbuch 546)

,Gedichte'. Auswahl und Nachwort von Christel und Walfried Hartinger. Leipzig 1972. Erw. Aufl. 1976 und 1979.

,Hinze und Kunze'. Schauspiel. In: *,Spectaculum* 19'. Frankfurt/M. 1973.

,Gegen die symmetrische Welt'. Gedichte. Halle/Saale 1974. Lizenzausgabe: Frankfurt/M. 1974. 4. Aufl. Halle-Leipzig 1980.

,Unvollendete Geschichte'. Frankfurt/M. 1977. Auch Frankfurt/M. 1979 (Bibliothek Suhrkamp 648). Zuerst in: *SuF* 5/1975.

,Die Kipper/Hinze und Kunze/Tinka'. Berlin/DDR 1975. Lizenzausgabe: *,Stücke 1'*, Frankfurt/M. 1975 (suhrkamp taschenbuch 198). 2. ver. Aufl. von ,Stücke 1': Frankfurt/M. 1981. (Überarbeitet wurden *,Hinze und Kunze'* und *,Tinka'*.)

,Tinka'. Schauspiel. In: *Theater heute* 6/1977, S. 49–58.

,Der Stoff zum Leben'. Gedichte. Pfaffenweiler 1977.

,Zeit-Gedichte'. München 1977.

,Poesiealbum 115'. Berlin/DDR 1977.

,Im Querschnitt'. Gedichte, Prosa, Stücke, Aufsätze. Hrsg. von Holger J. Schubert mit einem Vorwort von Dieter Schlenstedt. Halle-Leipzig 1978.

Training des aufrechten Gangs. Gedichte. Halle-Leipzig 1979.

,*Gedichte*'. Frankfurt/M. 1979. (suhrkamp taschenbuch 499). Dieser Band enthält eine Auswahl aus den früheren Bänden, alle Gedichte aus ,*Training des aufrechten Gangs*' (außer dem ,,Anhang") und die beiden Gedichte ,,Hinlängliche Erfahrung" und ,,Der Müggelsee", die in der DDR noch nicht gedruckt worden sind.

,*Stücke 2*'. Frankfurt/M. 1981. (suhrkamp taschenbuch 680). Enthält *Schmitten, ,Guevara oder Der Sonnenstaat', ,Großer Frieden'* und ,*Simplex Deutsch*'. Die erste Fassung vom ,*Guevara*'-Stück erschien 1977 in Frankfurt/M. beim Suhrkamp Theaterverlag sowie in *Theater heute* 1/1978, S. 38–45. Die erste Fassung von ,*Großer Frieden*' erschien im Sammelband ,*Im Querschnitt*' (vgl. oben). ,*Simplex Deutsch*' wurde zuerst in *TdZ* 7/1980 abgedruckt. Dort findet man auch ,,Arbeitsnotizen" von Volker Braun.

,Schmitten'. In: *Theater der Zeit* 4/1982, S. 67–72. Auch in: *Theater heute* 4/1982, S. 17–21.

B. Sonstige Schriften

,Offener Brief' (an Wilfried Adling). In: *TdZ* 8/1967, S. 14.

,Notate' (zu ,*Hans Faust*'). In: *Forum* 16/1968.

,Brief an die außerparlamentarische Opposition'. In: *Die Andere Zeitung* (Hamburg), 18. 4. 68.

,Wirkend für das Leben, lebt Literatur'. In: *ND,* 22. 4. 70.

,Was bleibt zu tun?' Flugschrift (1974). Unveröffentlicht.

Antwort auf die Frage von Manfred Jendryschik ,,Was verstehen Sie in der (in Ihrer) Lyrik unter dem Begriff zeitgenössisch?" In: M. J., ,*Lokaltermine*' (Halle/Saale 1974), S. 147.

,*Es genügt nicht die einfache Wahrheit*'. Notate. Leipzig 1975. Lizenzausgabe Frankfurt/M. 1976 (edition suhrkamp 799).

,Das Programm – ein revolutionärer Plan' (Wortmeldungen zum IX. Parteitag der SED). In: *ND,* 31. 1./1. 2. 76.

,Weitgehend durchdachter Plan einer schmerzlosen und radikalen Lösung der herangereiften ideologischen Probleme des realen Sozialismus'. (1977) Unveröffentlicht.

Brief an die Redaktion der *FAZ*. In: *FAZ,* 8. 2. 78. Braun antwor-

tet auf den *FAZ*-Bericht ‚Großer Frieden, Volker Braun arrangiert sich' vom 6. 2. 78.
‚Rose Paal und der Aufstieg der Lyrik'. In: *NDL* 5/1978, S. 101–105.
‚Büchners Briefe'. Essay. In: *Connaissance de la RDA,* Okt. 1978, S. 8–17.
‚Die Welt, wie sie ist'. Essay. (1979) Unveröffentlicht.
‚Geschichten von Hinze und Kunze'. In: *GDR Monitor,* Nr. 3, 1980, S. 1–4.
‚Geschichten von Hinze und Kunze'. In: *Das Argument* 128 (Juli–Aug. 1981), S. 487–490.
‚Traumnotiz'. In: *Argument-Sonderband* 75 (1981): *‚Ästhetik des Widerstands* lesen'. S. 10–11.
‚Büchners Briefe'. In: *Georg Büchner III.* Sonderband der Zeitschrift *Text und Kritik,* hrsg. von H. L. Arnold. (1981). S. 5–14.
‚Geschichten von Hinze und Kunze'. In: *Sinn und Form* 3/1982, S. 588–592.
‚Arbeitsnotizen' zu *Schmitten.* Abdruck im Programmheft des Leipziger Kellertheaters zur Uraufführung (Jan. 1982).

C. Interviews

Schlenstedt, Silvia. ‚Poetische Gelegenheiten. Dr. Silvia Schlenstedt sprach mit Volker Braun'. In: *Sonntag* 17/1964.
Höpcke, Klaus. ‚Ab-fall und Aufstieg. Gespräch mit Volker Braun'. In: *ND,* 17. 9. 66.
Walther, Joachim. Interview mit Volker Braun. In: *Akzente* 5/1973, S. 385–391. Gekürzte bzw. überarbeitete Fassungen dieses Interviews findet man in *Die Weltbühne* 8/1973, S. 232–234 und in *‚Meinetwegen Schmetterlinge'. ‚Gespräche mit Schriftstellern'.* Hrsg. von Joachim Walther (Berlin 1973), S. 98–103.
Schlenstedt, Silvia. ‚Das Wir und das Ich. Interview mit Volker Braun'. In: *‚Auskünfte. Werkstattgespräche mit DDR-Autoren'.* Berlin/Weimar 1974, S. 319–334. Auch in: *‚Es genügt nicht die einfache Wahrheit'* (vgl. oben), S. 114–127. Zuerst in: *WB* 10/1972.
Csejka, Gerhardt. ‚Praktischer Dichter. Begegnung mit Volker Braun'. In: *Neue Literatur* (Bukarest), 1/1973, S. 53–56.

Corino, Carl. ‚Bühnensprache für die Arbeitswelt. Gespräche mit dem Theaterschriftsteller Volker Braun'. In: *Deutsche Zeitung,* 8. 2. 74. Auch in: *DA* 2/1974, S. 165–167.

Kolf, Bernd. Interview mit Volker Braun. (ca. 1974) Unveröffentlicht.

P. v. B. „Volker Braun: ‚Training des aufrechten Gangs'". In: *SüdZ,* 26. 4. 77.

Schönfeldt, Heinz. „Ein ‚großer Fall', eine ‚Herausforderung'. Gespräch mit dem Schriftsteller Volker Braun". In: *Mannheimer Morgen,* 10. 12. 77.

‚Zwanzig Fragen'. Klaus-Dieter Winzer interviewt Volker Braun. (1978) Unveröffentlicht.

Poulet, Jacques und Bernard Sobel. ‚Comme une gerçure toujours ouverte. Un entretien avec et autour de Volker Braun'. In: *La Nouvelle Critique,* Nr. 121 (Feb. 1979), S. 19–22.

Wenderoth, Horst. „‚Dann ist alles aus'. Lesung von Volker Braun in West-Berlin". In: *Die Welt,* 5. 7. 80.

3. Sekundärliteratur

A. Allgemeine Darstellungen

Allenstein, Bernd und Manfred Behn. ‚Volker Braun'. In: *‚Kritisches Lexikon zur deutschsprachigen Gegenwartsliteratur'.* Hrsg. von H. L. Arnold. München 1978ff.

Bathrick, David. ‚Geschichtsbewußtsein als Selbstbewußtsein. Die Literatur in der DDR'. In: *Literatur nach 1945 I.* Hrsg. von Jost Hermand. Wiesbaden 1979. (*Neues Handbuch der Literaturwissenschaft,* Band 21.) S. 273–314. Bes. S. 279.

Berg, Jan u. a. *‚Sozialgeschichte der deutschen Literatur von 1918 bis zur Gegenwart'.* Frankfurt/M. 1981. Bes. S. 554f.

Deicke, Günther. ‚Begegnung mit Volker Braun'. In: *Sonntag* 44/1969.

ders. ‚Auftritt einer neuen Generation'. In: *NDL* 2/1972, S. 18–22.

Emmerich, Wolfgang. *‚Kleine Literaturgeschichte der DDR'.* Darmstadt und Neuwied 1981. Bes. S. 165–168.

Fischborn, Gottfried. ‚Reflektieren über Volker Braun'. In: *Sonntag* 20/1980.

Fries, Fritz Rudolf. ‚Laudatio für Volker Braun und Paul Gratzik'. In: *SuF* 3/1980, S. 540–546.

Goldhahn, Johannes u. a. ‚Unsere Hauptaufgabe ist es, die neue Lebensweise zu zeigen ...' In: *Deutschunterricht* 9/1974, S. 496–507. Bes. S. 503–506.

Haase, Horst u. a. *‚Geschichte der Literatur der Deutschen Demokratischen Republik'*. Berlin/DDR 1977. 2. Aufl. Bes. S. 665–668 und 749–755.

Hartinger, Christel und Walfried. ‚Volker Braun'. In: *‚Literatur der DDR in Einzeldarstellungen'*. Hrsg. von Hans Jürgen Geerdts. Stuttgart 1972. S. 504–522. Überarbeitet und erweitert als Nachwort zu Volker Brauns *‚Gedichten'* (Leipzig 1972; erweiterte Auflage 1976 bzw. 1979).

Heukenkamp, Ursula. ‚Aber die Erwartung ist groß'. In: *SuF* 4/1977, S. 898–906.

dies. ‚Wandel einer Mitteilung'. In: *SuF* 5/1978, S. 1079–1091.

Jäger, Manfred. ‚Das Handeln als Basis und Ziel dichterischer Praxis. Zu Volker Brauns Reflexionen über Poesie und Politik'. In: *TuK* 55 (1977), S. 12–21.

ders. ‚Volker Braun'. In: *‚Einführung in die deutsche Literatur des 20. Jahrhunderts'*. Band 3: Bundesrepublik und DDR. Hrsg. von Erhard Schütz und Jochen Vogt. Opladen 1980. S. 192–203.

Kaufmann, Hans. ‚Veränderte Literaturlandschaft'. In: *WB* 3/1981, S. 27–53. Bes. S. 34f.

Nemitz, Rolf. ‚Die Widerspruchskunst des Volker Braun'. In: *‚Aktualisierung Brechts'*. Hrsg. von Wolfgang Fritz Haug, Klaus Pierwoß und Karen Ruoff. *Argument*-Sonderband AS 50 (1980), S. 43–56.

Reinhold, Ursula. ‚Volker Brauns Konzept und Realisierung einer gesellschaftsgestaltenden Dichtung im Sozialismus'. In: *‚Weggenossen'* (Leipzig 1975), S. 448–489.

Schlenstedt, Dieter. ‚Vorwort' zu Volker Braun. *‚Im Querschnitt'* (vgl. oben), S. 8–20.

Schuhmann, Klaus. ‚Aspekte des Verhältnisses zwischen Individuum und Gesellschaft in der Gegenwartsliteratur der DDR'. In: *WB* 7/1975, S. 15ff.

ders. ,Weite und Vielfalt der Wirklichkeitsdarstellung in der DDR-Literatur'. In: *WB* 8/1980, S. 5–23. Bes. S. 14f.

Schulz, Jo. ,Weiterwirkende Kraft der Poesie. Aus der Laudatio anläßlich der Verleihung des Heinrich-Heine-Preises'. In: *ND*, 19. 12. 71.

Wallace, Ian. ,The Pyramid and the Mountain: Volker Braun in the 1970's'. In: *The GDR under Honecker*. Hrsg. von Ian Wallace. Dundee 1982.

Werth, Wolfgang. ,Die Alternative. Zur Kulturpolitik der DDR. Eine Chronik'. In: ,*Tintenfisch* 14' (1978), S. 92–100.

B. Zur Lyrik

Baumgart, Reinhard. ,Vernunft, Gefühl und Schnauze'. In: *Der Spiegel* 19/1965, S. 127. (zu ,*Provokation für mich*')

Buck, Theo. „,Wer' und ,Wie'. Fragen der revolutionären Emanzipation in Gedichten Brechts und Volker Brauns". In: *Recherches Germaniques* VII (1977), S. 151–172.

Cosentino, Christine. ,Literarische Tradition und Montagetechnik in der Lyrik Volker Brauns'. In: *Basis* 8 (1978), S. 190–200.

dies. ,Entfremdungs- und Integrationsmetaphern in der Lyrik Volker Brauns'. In: *Germanic Notes* 2/1980, S. 17–20.

Czechowski, Heinz. ,Bleibendes Landwüst. Zur Lyrik Volker Brauns'. In: ders., *Spruch und Widerspruch*. Halle/Saale 1974, S. 106–130.

Damm, Sigrid. ,Jeder Schritt, den ich tu, reißt mich auf'. In: *NDL* 4/1975, S. 149–160. (zu ,*Gegen die symmetrische Welt*')

Dau, Mathilde. ,Lyrik in den Kämpfen unserer Zeit'. In: *Sonntag* 20/1978. (zu ,*Training des aufrechten Gangs*')

Dautel, Klaus. ,Subjektivität und Unmittelbarkeit. Zur Entwicklung der DDR-Lyrik in den 70er Jahren'. In: *Text und Kontext* 7.1 (1979), S. 32–66.

Endler, Adolf. Rezension von Volker Brauns ,*Gedichte*' (Leipzig 1972). In: *Sonntag* 50/1972.

ders. ‚Lyrik und Lyriker'. In: *Sonntag* 16/1965. Bes. S. 9f.

Engler, Jürgen. ‚Welt im Fluß. Betrachtungen zu Gedichten von Karl Mickel, Heinz Czechowski und Volker Braun'. In: *NDL* 8/1977, S. 115–125.

Fehervary, Helen. ‚Hölderlin und Marx in der DDR'. In: *Basis* 5 (1975), S. 55–64.

dies. ‚Die erzählerische Kolonisierung des weiblichen Schweigens. Frau und Arbeit in der DDR-Literatur'. In: *Arbeit als Thema in der deutschen Literatur vom Mittelalter bis zur Gegenwart*. Hrsg. von Reinhold Grimm und Jost Hermand. Königstein 1979. S. 171–195. (zum Gedicht ‚Die Haltung einer Arbeiterin' aus *Gegen die symmetrische Welt.*)

Gogolin, Peter H. ‚Mein Fehler, der mich nicht reut'. In: *Kultur und Gesellschaft,* Juni 1980. (zu *‚Training des aufrechten Gangs'*)

Hähnel, Ingrid (Hg.). *‚Lyriker im Zwiegespräch. Traditionsbeziehungen im Gedicht'*. Berlin und Weimar 1981. Bes. S. 11–13, 168–170, 234–241, 277–282.

Jäger, Manfred. ‚Vom Wollen und Wünschen, vom Schreien und Tun. Die vorläufigen Provokationen des Lyrikers Volker Braun'. In: ders., *‚Sozialliteraten'*. Düsseldorf 1973, S. 116–128.

ders. ‚Zum Selbstverständnis der DDR-Lyriker. Das Beispiel Volker Braun'. In: *TuK* 9/9a: *‚Politische Lyrik'* (1973), S. 74–85.

Jendryschik, Manfred. Rezension von *‚Wir und nicht sie'*. In: *Sonntag* 24/1971.

ders. *‚Lokaltermine'*. Halle/Saale 1974. Bes. S. 91–119.

Kaufmann, Hans. „Wie ist die Lage? Kritische Bemerkungen zu Volker Brauns ‚Lagebericht'". In: *Forum* 6/1968, S. 13f.

Koch, Hans. ‚Unsere soziale Wirklichkeit im Spiegel der Literatur (I)'. In: *ND,* 26. 7. 66. (zu Gedichten aus *‚Wir und nicht sie'*)

Kluge, Gerhard. ‚Die Rehabilitierung des Ich. Einige Bemerkungen zu Themen und Tendenzen in der Lyrik der DDR der sechziger Jahre'. In: *‚Poesie und Politik'*, hrsg. von Wolfgang Kuttenkeuler. Stuttgart/Berlin/Köln/Mainz 1973, S. 206–235. Bes. S. 224ff.

Melchert, Rulo. ‚Was glaub ich denn, wenn nicht an uns'. In: *NDL* 7/1971, S. 133–138. (zu *‚Wir und nicht sie'*)

Richter, Hans. ,,Fragt ihr uns oft genug? Bemerkungen zu Volker Brauns *,Wir und nicht sie'.*" *In: Forum* 24/1970.

Rosellini, Jay. ,Subjektivität contra Politik? Anmerkungen zur Lyrik der DDR'. In: *,Deutsche Gegenwartsliteratur. Ausgangspositionen und aktuelle Entwicklungen'.* Hrsg. von Manfred Durzak. Stuttgart 1981. Bes. S. 533–536.

Schlenstedt, Silvia. ,Positiv und kritisch'. In: *ND.* Literaturbeilage 1, 1965. (zu *,Provokation für mich'*)

dies. ,Das WIR und das ICH des Volker Braun'. In: *WB* 10/1972, S. 52–69.

Schuhmann, Klaus. ,Brechtrezeption in der sozialistischen Gegenwartslyrik'. In: ders., *,Untersuchungen zur Lyrik Brechts'.* Berlin und Weimar 1977. Bes. S. 147 f. und 177–196.

Truölf, Hans-Jürgen. ,Er-lesene Genüsse'. In: *Bücherkommentare,* Jan.–Feb. 1978. (zu *,Der Stoff zum Leben'*)

von Törne, Volker. ,,Volker Braun: ,Provokation für A. P.'". In: *alternative* 38/39 (1964), S. 144.

Wallmann, Jürgen P. ,Wider die Parolen'. In: *DA* 8/1975, S. 871 ff. (zu *,Gegen die symmetrische Welt'*)

Weisbach, Reinhard. ,Historizität, Aktualität und sozialistische Verfassung des lyrischen Subjekts'. In: ders., *,Menschenbild, Dichter und Gedicht'.* Berlin und Weimar 1972. S. 268–273.

C. Zu den Dramen

Adling, Wilfried. ,Gestaltung – Wirklichkeit – literarisches Vorbild'. In: *TdZ* 2/1967, S. 14–16. (zu *,Kipper Paul Bauch'*)

ders. ,Offene Antwort auf einen offenen Brief'. In: *TdZ* 12/1967, S. 12 f.

Allemann, Urs. ,Es genügt nicht die einfache Wahrheit'. In: *Theater heute* 10/1976, S. 33–36. (zu *,Tinka'*)

Baumbach, Gerda. ,,Volker Brauns *,Tinka'* in Potsdam". In: *WB* 10/1977, S. 182–191.

Bennewitz, Fritz. ,,Weshalb wir *,Hans Faust'* spielen". In: *Forum* 16/1968.

Cosentino, Christine. ,,Volker Brauns roter Empedokles: *,Guevara* *oder Der Sonnenstaat*'". In: *Monatshefte* 71/1 (Spring 1979), S. 41–48.

dies. „Der ‚unruhige' Held: Utopie und Stagnation in Volker Brauns Stück *Großer Frieden*". In: *Neophilologus*, Jg. 66, Nr. 2 (April 1982), S. 259–268.

Crips, Liliane. ‚Volker Braun, la dialectique et le socialisme réel'. In: *Allemagnes d'aujourd'hui*. N. S. 68 (Mai–Juni 1979), S. 107–122. (zu ‚*Die Kipper*')

Cwojdrak, Günther. „‚*Kipper*'-Premiere in Leipzig". In: *Die Weltbühne* 11/1972.

ders. „‚*Die Kipper*' in Berlin". In: *Die Weltbühne* 15/1973.

ders. „‚*Tinka*' und ‚*Die Bauern*'". *In: Die Weltbühne* 23/1976.

Czechowski, Heinz. „Volker Braun: ‚*Die Kipper*'. Sprache, Stil, Struktur". In: ders., ‚*Spruch und Widerspruch*'. Halle/Saale 1974, S. 131–158.

‚Gespräch mit Fritz Bennewitz und Sigrid Busch'. In: *Forum* 16/1968. (zu ‚*Hans Faust*')

Gitzel, L. ‚Normbrecher'. In: *Forum* 23/1974. (zu ‚*Hinze und Kunze*')

Hafranke, Karl-Heinz. ‚Individualgeschichte und Gesellschaftsprozeß in unserer neueren Dramatik'. In: *WB* 4/1976, S. 12–35.

Hain, F. S. „‚*Die Kipper*' von Volker Braun". In: *TdZ* 1/1974, S. 51.

Henrichs, Benjamin. ‚Venceremos, wir werden sterben!' In: *Die Zeit*, 16. 12. 77. (zu ‚*Guevara*')

Hoefert, Sigfrid. „Die Faust-Problematik in Volker Brauns ‚*Hinze und Kunze*': Zur Erbeaneignung in der DDR". In: *Amsterdamer Beiträge zur Neueren Germanistik*, Bd. 7 (1978), S. 147–163.

Hüttich, Gunner. ‚Zur Entwicklung des Dramas in der DDR'. In: *Deutsche Gegenwartsliteratur. Ausgangspositionen und aktuelle Entwicklungen*. Hrsg. von Manfred Durzak. Stuttgart 1981. Bes. S. 571 f.

Jäger, Gerd. ‚Faßbarer Fortschritt'. In: *Theater heute* 10/1973, S. 29. (zu ‚*Die Kipper*'; dabei ein ‚Kurzinterview' mit Volker Braun)

Jehser, Werner. ‚Ethische Biographien. Moralische Werte in der Bühnendramatik'. In: *Forum* 16/1976. (zu ‚*Tinka*')

H. K. ,Ein Stück paßt nicht ins Konzept'. In: *SBZ Archiv* 24/1966, S. 1. (zu ,*Kipper Paul Bauch*')

Kaufmann, Eva und Hans. „Volker Brauns ,*Tinka*'". In: dies., ,*Erwartung und Angebot*'. Berlin/DDR 1976, S. 135–150.

Kaufmann, Hans, Karl-Heinz Schmidt und Klaus Schuhmann. „Drei Ansichten zu einem Stück. ,*Hans Faust*' in Weimar". In: *Forum* 21/1968.

Kerndl, Rainer. ,Die dritte Variante?' In: *ND*, 6. 9. 68. (zu ,*Hans Faust*')

ders. ,Angetreten, Großes zu vollbringen'. In: *ND*, 15. 3. 72. (zu ,*Die Kipper*')

ders. ,Anspruch und Widerspruch'. In: *ND*, 7. 4. 73. (,*Die Kipper*' in Berlin)

ders. ,Ein Theaterstück und die Zeitgeschichte'. In: *ND*, 18. 5. 73. (zu ,*Hinze und Kunze*')

ders. ,Szenen über eine frühe Revolution'. In: *ND*, 30. 4. 79. (zu ,*Großer Frieden*')

ders. ,Mensch und Geschichte in Momentaufnahmen'. In: *ND*, 5. 5. 80. (zu ,*Simplex Deutsch*')

Klatt, Gudrun. ,DDR-Dramatik am Beginn der 70er Jahre'. In: *WB* 10/1973, S. 117–130.

dies. und Therese Hörnigk. ,Sozialistische Wirklichkeit im Drama. Tendenzen der gegenwärtigen DDR-Dramatik'. In: *TdZ* 11/1974, S. 2–5.

Klunker, Heinz. ,*Zeitstücke und Zeitgenossen. Gegenwartstheater in der DDR*'. München 1975. Bes. S. 97–111. (zu ,*Die Kipper*')

ders. „,*Tinka*' – ein gesellschaftliches Experiment. Anmerkungen zur Rezeption in beiden deutschen Staaten". In: *TuK* 55: *Volker Braun* (1977), S. 35–48.

ders. ,Training des aufrechten Gangs'. In: *Die Weltwoche*, 5. 9. 79. (zu ,*Großer Frieden*') Vgl. auch *DA* 3/1980, S. 285–289.

Linzer, Martin. ,Der widerspruchsvolle Weg eines ungleich-gleichen Paars'. In: *TdZ* 7/1973, S. 5–8. (zu ,*Hinze und Kunze*')

Lützeler, P. M. „Goethes ,*Faust*' und der Sozialismus". In: *Basis* 5 (1975), bes. S. 48. (zu ,*Hinze und Kunze*')

Mennemeier, Franz Norbert. ,Dialektik von Vorgriff und kleinen

Schritten'. In: ders., *Modernes deutsches Drama* (München 1975), Bd. 2, S. 331–338. (zu ,*Die Kipper*')

Müller, Christoph. ,,Die vom Plansoll-Sozialismus Verwundeten. Volker Brauns ,*Tinka*' in Ost und West". In: *Theater heute* 6/1977, S. 44–46.

Müller, Karl-Heinz. ,Aus der Sippe Parsifals'. In: *TdZ* 8/1976, S. 33–35. (zu ,*Tinka*')

ders. ,,Nochmals: ,*Tinka*'. Kongruenz von Stück und Aufführung im Hans-Otto-Theater Potsdam". In: *TdZ* 4/1977, S. 23.

Nägele, Rainer, ,Brecht und das politische Theater'. In: ,*Literatur nach 1945 I*'. Hrsg. von Jost Hermand. Wiesbaden 1979. (,*Neues Handbuch der Literaturwissenschaft*'. Band 21.) S. 117–156. Bes. S. 131.

Nössig, Manfred. ,,,*Die Kipper*' von Volker Braun". In: *TdZ* 6/1973, S. 49.

Priewe, Anneliese. ,Der Verband diskutiert'. In: *TdZ* 4/1969, S. 44f. (zu ,*Hans Faust*')

Reichel, Peter. ,,,Ausgepowert'?" In: *Theater der Zeit* 4/1982, S. 64f. (zu *Schmitten*)

Rischbieter, Henning. ,,Revolutions-Romantik. Volker Brauns ,*Guevara*' uraufgeführt". In: *Theater heute* 1/1978, S. 8.

Rohmer, Rolf. ,Persönlichkeit und Gesellschaftsprozeß. Thematik und Dramaturgie in den Stücken Volker Brauns'. Nachwort zu: Volker Braun, ,*Die Kipper*'/,*Hinze und Kunze*'/,*Tinka*'. Berlin/DDR 1975, S. 199–209.

Roßmann, Andreas. ,Vom Dialog zum Diskurs'. In: *DA* 8/1980, S. 794f. (zu *Simplex Deutsch*).

ders. ,Die Reise nach drüben'. In: *Tsp*, 19. 5. 81. (zu ,*Schmitten*')

ders. ,Baukasten Wirklichkeit'. In: *Deutschland Archiv* 4/1982, S. 345f. (zu *Schmitten*) Vgl. ders. ,Neue Leiden einer neuen Zeit'. In: *Theater heute* 4/1982, S. 14–16.

Schivelbusch, Wolfgang. ,*Sozialistisches Drama nach Brecht*'. Darmstadt und Neuwied 1974. Bes. S. 51–57. (zu ,*Die Kipper*' und ,*Hinze und Kunze*')

Schmidt, Karl-Heinz. ,Zur Dramaturgie des Volker Braun'. In: *SuF* 2/1978, S. 433–450.

ders. ‚Wann findet die Menschheit zum großen Frieden?' In: *Text und Kontext* 7.1 (1979), S. 115–128.

Schuhmann, Klaus. „Anmerkungen zu Volker Brauns ‚*Guevara oder der Sonnenstaat*'". In: *TuK* 55: ‚*Volker Braun*' (1977), S. 27–34.

Seyfarth, Ingrid. ‚Individuum im Geschichtsprozeß'. In: *TdZ* 20/1968, S. 16–19 und 25. (zu ‚*Hans Faust*')

dies. „‚*Großer Frieden*' von Volker Braun". In: *Sonntag* 20/1979.

dies. „‚*Simplex Deutsch*' von Volker Braun". In: *Sonntag* 21/1980.

Stephan, Erika. ‚Die Chance, ganz gebraucht zu werden'. In: *Sonntag* 17/1972. (zu ‚*Die Kipper*')

dies. ‚Tinka'. In: *Sonntag* 32/1976.

Trilse, Christoph u. a. ‚*Theater Lexikon*'. Berlin/DDR 1978. (2. Aufl.) Vgl. den Kurzartikel über Volker Braun auf S. 73f.

Ullrich, Peter. ‚Bekenntnis zu einem schwierigen, produktiven Autor'. In: *Theater der Zeit* 4/1982, S. 65f.

Vormweg, Heinrich. ‚Provokation für alle. Einige Anmerkungen zu den Stücken Volker Brauns'. In: *TuK* 55: *Volker Braun* (1977), S. 22–26.

Ward, Margaret E. ‚Volker Brauns *Tinka:* Two Views'. In: *University of Dayton Review*, Vol. 13, No. 2 (Winter 1978), S. 63–76.

Wiegand, Elke. „‚*Freunde*' von Volker Braun". In: *TdZ* 10/1972, S. 47f.

D. Zur Prosa

anon. ‚Zwänge im Alltag'. In: *Der Spiegel* 5/1973. (zu *Kast*)

anon. ‚Da müßte der einzelne allerhand bedeuten'. In: *Der Spiegel* 52/1975. (zur ‚*Unvollendeten Geschichte*')

Beth, Hanno. „Die Ver(w)irrungen des Zöglings Karin. Zu Volker Brauns Erzählung ‚*Unvollendete Geschichte*'". In: *TuK* 55: *Volker Braun* (1977), S. 49–57.

Geerdts, Hans Jürgen. ‚Von der Kunst zu lieben und von der Liebe zur Kunst'. In: *NDL* 3/1973, S. 154–158. (zu ‚*Kast*')

Herting, Helga. ‚Zu einigen Entwicklungstendenzen in der Gegenwartsliteratur der DDR (II)'. In: *Deutschunterricht* 12/1973, S. 712ff. Bes. S. 713f. (zu ‚*Kast*')

Höpcke, Klaus. ‚Kunst als Probe für Lösungen im Leben‘. In: *ND,* 21. 11. 72. (zu *‚Kast‘*)

Koerner, Charlotte W. „Volker Brauns *‚Unvollendete Geschichte‘. Erinnerung an Büchners ‚Lenz‘*“. In: *Basis* 9 (1979), S. 149–168.

N. M. „Volker Braun las aus seiner ‚Unvollendeten Geschichte‘“. In: *FR,* 18. 10. 77.

Neubert, Reiner. ‚Die Jugend zwingt das Leben‘. In: *Deutschunterricht* 7–8/1973, S. 450–452. (zu *‚Kast‘*)

Reinhold, Ursula. ‚Das ungezwungne Leben Kasts‘. In: *Sonntag* 4/1973.

Schlenstedt, Silvia. „Volker Braun: *‚Das ungezwungne Leben Kasts‘*“. In: *WB* 3/1973, S. 136–143.

Siering, Johann. „Volker Braun, *‚Das ungezwungne Leben Kasts‘*“. In: *Neue Deutsche Hefte* 2/1973, S. 152–154.

Vassen, Florian. „Geschichte machen und Geschichten schreiben: Gedanken zu Volker Brauns ‚Unvollendeter Geschichte‘“. In: *Monatshefte,* Jg. 72, Nr. 2 (Sommer 1981), S. 207–224.

Wiegenstein, Roland H. ‚Stimmen aus der DDR – laut und leise‘. In: *Merkur* 6/1973, S. 579ff. (zu *‚Kast‘*)